Pourquoi voyager ?

17 leçons du XIXe siècle

Sylvain Venayre

Pourquoi voyager ?

17 leçons du XIXe siècle

CNRS ÉDITIONS
15 rue Malebranche - 75005 Paris

ISBN : 978-2-271-15515-3

Introduction

Des leçons pour aujourd'hui

En mars 2020, la décision la plus frappante pour endiguer la pandémie de Covid-19 fut certainement l'interdiction de voyager. Si tous les États ne confinèrent pas leur population, l'interdiction du voyage, elle, fut universelle. Avec les secteurs de l'événementiel et du spectacle, l'industrie du tourisme fut d'ailleurs la plus touchée par la crise, affectant des sociétés très différentes à travers le monde. Avions cloués au sol, bateaux retenus dans les ports, trains réduits au minimum, automobiles invitées à rester au garage : c'était comme si la planète était devenue immobile. Sous l'autorité des médecins, l'humanité tout entière était invitée à considérer les voyages comme néfastes pour la santé.

Une telle prescription aurait sidéré les Européens du XIXe siècle, à une époque où beaucoup d'entre eux s'efforçaient de penser ensemble la santé publique et la révolution des transports. Certes, on s'inquiétait alors des risques que faisaient courir les nouveaux modes de locomotion. Des chaudières explosaient sur les navires à vapeur. Des trains déraillaient tragiquement. La traversée des tunnels était source d'angoisses. Mais on ne doutait pas vraiment – en tout cas, dans les discours officiels – que ces accidents et ces dangers disparaîtraient un jour grâce aux perfectionnements techniques. Les catastrophes les plus spectaculaires n'empêchèrent d'ailleurs pas ce qu'on appelait « la marche du progrès ». On continua à construire des trains plus rapides et des paquebots plus grands que jamais.

La propagation des maladies par les voyageurs était un risque aussi, bien sûr, mais on pouvait le prévenir grâce à la pratique éprouvée de la quarantaine. Surtout, ce risque comptait peu en regard des bénéfices des voyages. D'innombrables publicistes répétaient alors ce lieu commun : les voyages sont aussi nécessaires à l'humanité que le flux sanguin à l'individu. On s'émerveillait, pour le dire comme un journal en 1860, de « cet immense réseau de viabilité, qui déjà figure sur les cartes comme le système artériel et veineux de la planète, rendant au globe le même service de circulation vitale que le sang dans le corps humain[1] ». Empêcher les voyages aurait semblé mortifère. La croissance harmonieuse de l'humanité impliquait au contraire de les multiplier.

Du point de vue de leur propre santé, les voyageurs avaient d'ailleurs tout à gagner à se déplacer. Depuis le XVIIe siècle, la variété des spectacles du monde était considérée comme un remède à cette flatteuse maladie des élites sociales : la mélancolie. Dans son *Anatomie de la mélancolie*, Robert Burton avait expliqué au début du XVIIe siècle que les individus, comme tous les êtres de l'univers, ont besoin de mouvement et de diversité. À partir de la seconde moitié du XVIIIe siècle, d'innombrables *splenetic travellers*, parmi lesquels Tobias Smollett et Laurence Sterne, parcoururent pour cette raison les routes d'Europe. Au siècle suivant, cependant que le prestige médical de la mélancolie s'était considérablement affaibli, les médecins continuèrent à prescrire le voyage comme remède à ces pathologies modernes qu'étaient l'ennui et la neurasthénie.

La nouvelle théorie médicale selon laquelle le bien-être de l'organisme était garanti par l'état des fibres du corps fit elle aussi du voyage une panacée. Le mot d'ordre était désormais l'affermissement. Les traités médicaux ressassaient le même exemple : une femme languissant à Paris, contrainte à un

1. *Le Moniteur du commerce*, n° 1, 7 avril 1860.

voyage en province pour toucher un héritage, avait recouvré, par la seule grâce de ce voyage, toute sa vigueur. D'après les médecins qui rapportaient l'anecdote, les épreuves de la route, l'affrontement des ornières et des cahots du chemin, les secousses et les vibrations du véhicule avaient affermi le corps de la voyageuse, lui rendant sa santé[2].

L'avènement de la théorie miasmatique renforça encore la réputation thérapeutique du voyage. Selon ce système de convictions scientifiques, les maladies étaient causées par des facteurs environnementaux, notamment l'air et l'eau, dont l'absence de mouvement entraînerait, par un processus de corruption, la formation des miasmes morbides. Par voie de conséquence, les malades étaient invités à quitter, au moins quelque temps, l'environnement qui leur avait nui. Pour le dire comme le célèbre docteur René Laënnec au début du XIXe siècle, « il n'est pas de maladie qu'un changement d'air ne guérisse ou ne soulage[3] ».

Même après le reflux de la théorie miasmatique, le changement d'air continua à être considéré comme un remède ou, au moins, un soulagement à toutes les maladies. Par certains aspects, la révolution pasteurienne elle-même contribua à conforter ces croyances. Dans les années 1890 fut en effet confirmée l'observation de Louis Pasteur sur l'affaiblissement des microbes avec l'accroissement de l'altitude : à partir de 1 700 mètres, les colonies microbiennes disparaîtraient. Une telle observation fut à l'origine de la certitude, prégnante au tournant des XIXe et XXe siècles, d'une asepsie garantie par le grand air de la montagne. Sanatoriums et stations d'altitude

2. Georges Vigarello, *Histoire des pratiques de santé. Le sain et le malsain depuis le Moyen Âge* (1993), Paris, Points, 1999, p. 156.
3. Marc Boyer, *Histoire générale du tourisme du XVIe au XXe siècle*, Paris, L'Harmattan, 2005, p. 284.

s'ajoutèrent alors aux stations thermales et aux stations balnéaires qui, depuis longtemps, justifiaient un déplacement à des fins de guérison.

L'impératif de la santé joua ainsi un grand rôle dans le développement des pratiques touristiques. Aller passer l'hiver dans le Midi, prendre un bain « à la lame » dans les mers froides, s'installer temporairement en altitude furent des pratiques de moins en moins considérées pour leurs bienfaits thérapeutiques et de plus en plus pour la seule jouissance des voyageurs. Comme vous le verrez dans ce livre, l'Église catholique elle-même l'accepta : aux pèlerins qui effectuaient de pieux voyages – parfois pour obtenir une guérison ou pour remercier le Ciel d'en avoir obtenu une –, elle reconnut, à partir des années 1860, le droit légitime à profiter du pèlerinage pour des activités de plaisir[4]. Loin de tout esprit de pénitence, des ecclésiastiques se mirent à publier des *Guides du pèlerin et du touriste* (où l'on pouvait, par exemple, mêler l'impératif d'un pèlerinage à Lourdes et la joie profane d'une excursion au cirque de Gavarnie).

Ce tourisme triomphant modifia bientôt le jugement porté sur les voyages. Dans un premier temps, la question fut esthétique. Pour les élites sociales qui avaient codifié le voyage d'agrément, les touristes étaient désormais trop nombreux. Leur présence empêchait de jouir pleinement des paysages. Dès les années 1830, George Sand se plaignait de la masse des touristes, « véritable plaie de notre génération, qui a juré de dénaturer par sa présence la physionomie de toutes les contrées du globe et d'emprisonner toutes les jouissances des promeneurs contemplatifs[5] ». Mis en place en France à partir de l'été

4. *Cf. infra*, chapitre 4.
5. George Sand, *Lettres d'un voyageur* (1837), Gallimard, coll. « Bibliothèque de la Pléiade », 1971, p. 666.

1847, les « trains de plaisir » inquiétaient : la multiplication des voyages populaires n'allait-elle pas altérer les charmes de la nature ? Ancien sous-préfet de Carpentras (c'est lui qui inspira à Alphonse Daudet le personnage du « sous-préfet aux champs » des *Lettres de mon moulin*) et habitué des paysages de Luchon, Stéphen Liégeard craignait ainsi dans les années 1870 que leur poésie « disparaisse à bref délai sous la victuaille du pique-nique de banlieue[6] ». On n'a pas attendu les premiers congés payés pour déplorer que, à cause des masses voyageuses, la nature n'était plus si pure.

Ces considérations, qui relevaient d'un solide mépris de classe, préparèrent les politiques de préservation des paysages. On s'alarma des dégâts que les touristes causaient aux lieux. L'« industrie touristique » (l'expression apparut dans les années 1860) passait en effet par de grandes infrastructures de transport et d'hébergement, dont les gares de chemin de fer, avec leurs ceintures d'hôtels, n'étaient que l'exemple le plus visible. Cela ne se faisait-il pas au détriment de cette belle nature, dont le spectacle constituait pourtant une des raisons de se déplacer ? L'élite touristique en était convaincue. À partir de 1907, le Touring Club de France organisa des conférences afin de mettre en garde contre un « vandalisme » qui ne concernait désormais plus seulement les monuments historiques, mais aussi les paysages.

Les parcs naturels furent la conséquence logique de ce mouvement. Dès 1864, aux États-Unis, la vallée de Yosemite avait été constituée en « réserve » et, en 1872, le Yellowstone était devenu le premier « parc national » du monde. Un congrès international pour la protection des paysages se tint à Paris en 1909. Cette même année était délimité en Suède le premier parc

6. Stéphen Liégeard, *Vingt journées d'un touriste au pays de Luchon*, Paris, Hachette, 1874, p. 1.

national d'Europe. En France, on en créa un en 1913 sur les flancs du Pelvoux, à l'initiative du Touring Club, du Club alpin français et de la Société des Touristes du Dauphiné : le parc de la Bérarde, qui devint en 1914 le parc naturel de l'Oisans.

La pratique du camping exprima ce désir de paysages naturels protégés. Un Camping Club fut créé à Londres en 1901. L'élite qui s'y réunissait n'était pas du tout guidée par la recherche de voyages à bon marché, comme ce fut le cas dans la seconde moitié du XXe siècle. Les premiers campeurs proposaient une autre manière de jouir du spectacle du monde, qui mêlait le souci de distinction sociale et le désir de profiter de paysages préservés des nuisances de la foule.

Porté par les congés payés et le développement des transports aériens, le « tourisme de masse » du dernier tiers du XXe siècle a eu pour conséquence d'accentuer un tel discours, que les anxiétés environnementales de ce début de XXIe siècle rendent encore plus prégnant. Il ne s'agit plus désormais de protéger la nature, mais la planète, que la multiplication des voyages conduirait à sa perte. Apparu en 2018 en Suède (là où avait été créé le premier parc national européen), le mouvement *flygskam*, ou « honte de l'avion », a donné un nom à cette idée. Les centaines de millions de touristes qui partent chaque année à des milliers de kilomètres de chez eux dans le but de jouir du spectacle de la nature sont accusés de détruire, par ce seul geste, le monde qu'ils prétendent chérir.

Au printemps 2020, certains se sont réjouis de pouvoir observer un ciel guéri des cicatrices que lui fait habituellement la circulation aérienne. Pour celles et ceux qui voulaient croire en un « monde d'après » la crise, dont l'humanité prendrait davantage soin, il fallait repenser la pratique des voyages. Les véhicules décarbonés, les circuits courts, le tourisme de proximité allaient constituer l'avenir de nos déplacements.

Quelques années après, force est de constater que le monde d'après ressemble beaucoup au monde d'avant. Selon une estimation de l'ONU publiée en janvier 2025, 1,4 milliard de touristes ont effectué un voyage à l'étranger en 2024, soit le même chiffre qu'avant la pandémie. L'industrie du transport aérien se porte comme un charme. Quelle que soit la honte ressentie par certains d'entre nous lorsque nous achetons un billet d'avion, nos désirs semblent à nouveau en accord avec ceux des hommes et des femmes du XIXe siècle.

Eux ne connaissaient certes pas l'avion (même s'ils rêvaient à la navigation aérienne). Mais ils avaient investi les pratiques du voyage de sens nouveaux, qui sont encore les nôtres. Artistes et écrivains faisaient du voyage le moyen de leurs œuvres – récits, romans, poèmes, dessins. Se déplacer permettait de penser le monde, non seulement dans son actualité, mais aussi dans son long passé. Les historiens eux-mêmes y croyaient. Des pratiques nouvelles s'inventèrent. On rêva de plus en plus intensément à l'Ailleurs et à l'aventure.

Le XIXe siècle nous a légué un imaginaire qui, ancré dans le romantisme, commande encore en grande partie le sens de nos flâneries à travers le monde. Que cet imaginaire ait accompagné la mondialisation du tourisme, résisté à la prise de conscience écologique du tournant des XXe et XXIe siècles et aux conséquences de la pandémie de 2020 dit assez sa puissance d'entraînement. Il est urgent de le connaître, ne serait-ce que pour lui résister intelligemment et orienter autrement les désirs qui le sous-tendent. Plutôt que de singer la littérature de voyages qui s'est inventée à cette époque, dans un perpétuel ressassement de la poésie des départs et du désir des rencontres, essayons de le comprendre. Ce sera d'autant plus plaisant que, pendant un peu plus d'un siècle, la restitution littéraire et savante de l'envie de voyages a été l'œuvre des meilleurs esprits.

Chateaubriand, Stendhal, Michelet, Flaubert, Gautier, Verne, Rimbaud, Conrad seront ici, avec d'autres, nos guides dans une histoire plus ambiguë qu'il n'y paraît.

On a coutume de dire qu'on sait mieux où l'on va si l'on sait d'où l'on vient. La métaphore a beaucoup servi, qui transforme le temps qui passe en espace parcouru et suggère que nos vies sont elles-mêmes des voyages. Elle est sûrement très juste. Mais nous pouvons la compliquer un peu – et la rendre peut-être plus intéressante – en reconnaissant que l'on ne vient pas seulement de l'espace qu'on a parcouru, mais aussi de tous ceux qui l'ont pensé et rêvé avant nous. Voyons donc un peu les réponses que l'on a pu donner au XIXe siècle à cette question que l'on pose aujourd'hui à nouveaux frais : pourquoi voyager ?

1.

Pour se demander pourquoi on voyage

Appelons-le René. En réalité, il s'appelait François-René et était vicomte de Chateaubriand. Mais il avait publié un petit roman intitulé *René* et le succès de ce roman avait été tel que la vie du personnage avait débordé sur celle de l'auteur. Souffrant d'un « vague des passions » dans lequel les écrivains romantiques allaient reconnaître la première expression du « mal du siècle », ce René de papier avait tenté de se guérir par une vie de voyages. Il avait visité Rome, la Grèce, Londres, l'Écosse avant de mourir en Louisiane. Or son créateur avait lui-même voyagé en Amérique du Nord, visitant Philadelphie, New York, Boston et poussant jusqu'aux chutes du Niagara. Il disait aussi avoir voyagé en Louisiane, ce qui était sans doute faux mais, après tout, il inventait sa vie. Puis, il était revenu en France avant de poursuivre, à Coblence et à Londres, une vie d'Émigré chassé par la Révolution. Enfin, par la grâce de quelques livres, dont *René*, il était devenu un homme de lettres en vue. On l'avait fait secrétaire d'ambassade à Rome.

Il avait eu le projet d'un nouveau livre, intitulé *Les Martyrs*, et il était parti en Grèce, en Asie mineure, en Palestine et en Égypte pour « chercher des images ». C'était un très long voyage. Revenu en France, il avait écrit et publié ce livre, qu'aujourd'hui on ne lit plus guère mais qui fut alors un grand succès. Puis, deux ans plus tard, c'est-à-dire en 1811, il rassemblait ses notes de voyage et en faisait un livre encore, qu'il intitula *Itinéraire de Paris à Jérusalem*.

Ce ne serait pas, de son vivant, son œuvre la plus célèbre. Dans l'histoire du récit de voyage, elle est pourtant considérée comme une rupture remarquable, pour la raison principale que René y a introduit, d'une façon inouïe jusque-là, la *personnalité* du voyageur[1]. Si je voulais résumer grossièrement les choses, je dirais qu'avant l'*Itinéraire*, le récit du voyage était centré sur les connaissances qu'à des titres divers son auteur avait rapportées de ses pérégrinations. Après l'*Itinéraire*, la subjectivité du voyageur l'emporterait sur l'objectivité du savoir. Ce basculement ferait du livre de Chateaubriand le premier des grands récits de voyages modernes. Bien sûr, on a déjà souvent noté que l'*Itinéraire* n'était pas apparu comme un coup de tonnerre dans un ciel serein et que son avènement avait été préparé, depuis la fin du XVIIIe siècle, par une lente évolution du genre des récits de voyage, qu'il s'agisse, à l'étranger, de ceux de Sterne ou de Goethe ou, en France, de ceux de Bernardin de Saint-Pierre ou du bien oublié Charles Dupaty[2]. Néanmoins, la place éminente de Chateaubriand dans les lettres françaises incite à considérer la date de parution de l'*Itinéraire* comme une de ces bornes chronologiques commodes, qui permettent à la science historique d'identifier des époques. L'époque ouverte en 1811 serait ainsi celle du récit de voyage *romantique*, définie tout à la fois par son caractère littéraire – avec toutes les ambiguïtés d'une telle notion, en un temps où la science et la littérature étaient encore étroitement mêlées[3] – et par l'assomption du moi du voyageur dans le récit de son voyage.

---

1. Philippe Antoine, *Les Récits de voyage de Chateaubriand. Contribution à l'étude d'un genre*, Paris, Champion, 1997.
2. Friedrich Wolfzettel, *Ce désir de vagabondage cosmopolite. Wege und Entwicklung des französischen Reiseberichts im 19. Jahrhundert*, Tübingen, Max Niemeyer Verlag, 1986.
3. Anne-Gaëlle Weber, *A beau mentir qui vient de loin. Savants, voyageurs et romanciers au XIXe siècle*, Paris, Champion, 2004.

Les voyageurs de long cours

René, c'est-à-dire Chateaubriand, empruntait évidemment aux écrivains qui l'avaient précédé. Il avait lu Rousseau, qu'on appelait souvent Jean-Jacques, et il savait que celui-ci avait identifié au milieu du XVIIIe siècle quatre sortes de « voyageurs de long cours » : les soldats, les missionnaires, les marchands et les marins[4]. Au cours de son voyage, René les avait rencontrés. Dans son récit, il s'identifiait volontiers à eux.

Ainsi des soldats, dont il parle souvent, célébrant tout à la fois le métier des armes et le voyage. Dans l'*Itinéraire*, il évoque Alexandre le Grand, désigné comme un « voyageur armé qui devait visiter tous les peuples de la terre[5] ». Parcourant la Palestine et l'Égypte, Chateaubriand a en tête les Croisés et les soldats de l'expédition de Bonaparte et de la bataille d'Aboukir[6]. Il pensait aussi à lui-même, bien sûr, à cette carrière voyageuse qu'il avait parcourue, dit-il, « sans gloire, mais non sans honneur[7] », dans les rangs des armées nomades de l'Émigration.

Plus encore, Chateaubriand, si chrétien, exaltait les missionnaires – bien davantage que Jean-Jacques, qui ne les aimait pas beaucoup. Les missions, à commencer par celles d'Athènes, deviennent sous sa plume de « touchantes institutions chrétiennes, par qui le voyageur trouve des amis et des secours dans les pays les plus barbares[8] ». Les missionnaires auraient tracé les premiers chemins : « aucun voyageur n'avait quitté ses foyers pour visiter le Parthénon, que déjà des religieux

4. Jean-Jacques Rousseau, *Discours sur l'origine et les fondements de l'inégalité parmi les hommes* (1755), Paris, Garnier-Flammarion, 1971, p. 180.
5. François-René de Chateaubriand, *Itinéraire de Paris à Jérusalem* (1811), édition de J.-C. Berchet, Paris, Gallimard, coll. « Folio », 2005, p. 83.
6. *Ibid.*, p. 108.
7. *Ibid.*, p. 96.
8. *Ibid.*, p. 281.

exilés sur ces ruines fameuses, nouveaux dieux hospitaliers, attendaient l'antiquaire et l'artiste[9]. » Chateaubriand n'était pas missionnaire. Mais lorsque, à Jérusalem, il fut décoré par ceux qui gardaient le tombeau du Christ de l'ordre rare du Saint-Sépulcre, il lui sembla vivre quelque chose de leurs pieux et aventureux voyages[10].

Les marchands identifiés par Rousseau, en revanche, Chateaubriand ne paraît pas les avoir rencontrés[11]. Néanmoins, il les a à l'esprit. Lorsqu'à Misitra il discute avec le chef de la loi, il précise que celui-ci « voulut savoir pourquoi je voyageais, puisque je n'étais ni marchand, ni médecin[12] ». On se demande un peu pourquoi il fait ce rapprochement. Chateaubriand ne se présente jamais comme un marchand. À plusieurs reprises, il passe en revanche pour un médecin, se soignant lui-même à l'aide d'une « triple dose de quinquina », par exemple, ayant « toujours été persuadé que les médecins français administrent ce remède avec trop de précaution et de timidité[13] » – et surtout soignant les autres quand ceux-ci le lui réclament, dans la mesure où « les Grecs ainsi que les Turcs supposent que tous les Francs ont des connaissances en médecine ». Et Chateaubriand de guérir une jeune fille « attaquée d'une fièvre putride », grâce à « du camphre pour la peste », un régime à base de raisin et de prières[14]. Aujourd'hui, nous lisons autrement ce genre de scènes, qui nous apparaissent comme le commencement d'un des lieux communs des voyageurs hors d'Europe au XIXe siècle : la démonstration de la supériorité de l'homme blanc, du fait de ses connaissances médicales.

9. *Ibid.*, p. 200.
10. *Ibid.*, p. 444-446.
11. Sinon à Smyrne (*ibid.*, p. 238).
12. *Ibid.*, p. 116.
13. *Ibid.*, p. 211.
14. *Ibid.*, p. 157-158.

Enfin, il croise des marins, dont lui-même endosse volontiers l'habit. Sur l'Adriatique, c'est par exemple ce matelot qui le voit se promener sur le gaillard d'arrière avec un carnet à la main et qui le prend « pour quelque officier de la marine française[15] ». C'est, plus nettement encore, au sortir de Rhodes, alors que l'équipage est incapable de trouver sa route et demande son avis à Chateaubriand, « car dans les cas un peu difficiles les Grecs et les Turcs ont toujours recours aux Francs[16] », celui-ci qui leur conseille de cingler à l'est, sauvant ainsi le navire. Les marins lui paraissent des incarnations du voyage :

> Il y a dans la vie du marin quelque chose d'aventureux qui nous plaît et nous attache. [...] Il est lui-même, dans ses destinées, l'image de l'homme ici-bas : toujours se promettant de rester au port, et toujours déployant ses voiles ; cherchant des îles enchantées où il n'arrive presque jamais, et dans lesquelles il s'ennuie s'il y touche ; ne parlant que de repos, et n'aimant que les tempêtes ; périssant au milieu d'un naufrage, ou mourant vieux nocher sur la rive, inconnu des jeunes navigateurs dont il regrette de ne pouvoir suivre le vaisseau[17].

Certaines destinées semblent ainsi au rêveur René métaphoriques de l'existence humaine. Il y songe en observant les hirondelles autant que les marins : « je me rappelle que dans mon enfance je passais des heures entières à voir, avec je ne sais quel plaisir triste, voltiger les hirondelles en automne ; un secret instinct me disait que je serai voyageur comme ces oiseaux[18] ». C'est une phrase qu'il avait déjà écrite dans *René*. Il la consigne à nouveau dans l'*Itinéraire*, persuadé d'être lui aussi voyageur par instinct. À propos des hirondelles, mais aussi des cigognes,

15. *Ibid.*, p. 79.
16. *Ibid.*, p. 274.
17. *Ibid.*, p. 457.
18. *Ibid.*, p. 276.

il ajoute que les voyages des oiseaux sont immuables et cela le rend plus rêveur encore, lui qui songe sans cesse à la fugacité du voyage humain[19].

Les anciens chrétiens faisaient de la vie un passage, Chateaubriand en fait un voyage. Il s'interroge : les humains ne sont-ils pas tous des voyageurs au long cours de leurs vies, en attente du retour au Paradis perdu ? Voilà pourquoi il nous invite à lire son récit comme les Mémoires d'une année de sa vie[20] – non seulement parce que son récit de voyage est centré sur le moi de son auteur, mais aussi parce que la vie n'est de toute façon qu'un voyage et le voyage, dans ces conditions, rien d'autre qu'une partie, mais une partie complète, de la vie. En Égypte, Chateaubriand écrit à propos des lieux de l'Amérique du Nord : « Lorsque je les visitai, j'étais dans une situation d'âme bien différente de celle où je me trouvais en contemplant les mausolées des Pharaons : je commençais alors le voyage, et maintenant je le finis[21]. » La pratique du voyage s'identifie pour lui au cheminement de l'existence. Elle le manifeste tout autant qu'elle le représente. Selon Chateaubriand, le voyage est, pour ainsi dire, le *phénomène* de la vie.

L'idée était plutôt neuve à l'époque. Avant le XIXe siècle, voyager pour voyager n'était pas légitime. Les arts du voyage, qu'on appelait depuis la Renaissance les *artes apodemicae* ou arts apodémiques, promouvaient une autre éthique[22]. Ils définissaient le voyage par son but. Un déplacement sans objet n'avait pas de sens. L'errance était une erreur (ce qu'indique déjà l'étymologie).

---

19. *Ibid.*, p. 98, 177 et 276.
20. *Ibid.*, p. 55 et 169.
21. *Ibid.*, p. 469.
22. Normand Doiron, *L'Art de voyager. Le déplacement à l'époque classique*, Paris/Sainte Foy, Presses de l'Université Laval/Klincksieck, 1995 et Daniel Roche, *Humeurs vagabondes. De la circulation des hommes et de l'utilité des voyages*, Paris, Fayard, 2003.

Le voyage devait être moral. Sa vérité tenait tout entière dans son dernier jour, au moment du retour, lorsque le voyageur pouvait faire la somme de tout ce que le voyage lui avait apporté et mettre cette somme au service du cours régulier de sa vie. Or, dès lors que, contrairement à Jean-Jacques, on ne s'intéressait plus aux seuls marins, soldats, marchands et missionnaires, les buts du voyage se réduisaient à quelques-uns. Si je compte bien, en lisant Chateaubriand, il y avait quatre raisons pour entreprendre un voyage, peut-être cinq.

Raisons de voyager

La première raison possible était la guérison. C'était à l'époque un motif valable pour monter dans un navire, une diligence ou un coche d'eau, y compris pour les femmes et c'est dire la force de cette légitimité. On pouvait aller en direction des sources d'eaux minérales, par exemple, ou depuis la seconde moitié du XVIIIe siècle (en Angleterre) en direction des bains de mer. Certains avaient même entrepris de mettre le Midi à la mode : les riches valétudinaires allaient y passer l'hiver, le changement d'air étant vivement conseillé par des médecins redevenus défenseurs des théories hippocratiques[23]. Mais les lieux de ces voyages de santé n'étaient pas du tout ceux de l'*Itinéraire*. Au contraire, Chateaubriand s'inquiète des risques qu'il fait courir à sa santé en voyageant si loin. En Grèce (à Lerne), il contracte une fièvre qui ne le quitte qu'en

23. Sur ce point, voir notamment Marc Boyer, *L'Invention du tourisme. Origine et développement du tourisme dans le Sud-Est de la France du XVIe siècle à la fin du Second Empire*, thèse d'État, Université de Lyon-II, 1997 (publiée en deux volumes aux éditions de l'Aube en 2000 et 2002) ; Paul Gerbod, *Loisirs et santé. Les thermalismes en Europe des origines à nos jours*, Paris, Champion, 2004 et Alain Corbin, *Le Territoire du vide. L'Occident et le désir de rivage. XVIIIe-XIXe siècles*, Paris, Aubier, 1988.

Égypte, après avoir causé plusieurs crises graves qui ont failli lui faire renoncer à son voyage, voire pire[24]. Montaigne voyageait pour sa santé. Chateaubriand, non.

Lui voyage plutôt pour une deuxième raison : il est en pèlerinage. Cela faisait des siècles – bien avant les voyages de santé – qu'il était légitime, voire glorieux, de se mettre en route sur les grands chemins pour un motif de pèlerinage[25]. Mais Chateaubriand n'est pas exactement un pèlerin comme on l'était au Moyen Âge[26]. Il a beau écrire : « Je serai peut-être le dernier Français sorti de mon pays pour voyager en Terre-Sainte avec les idées, le but et les sentiments d'un ancien pèlerin[27] ». Il a beau consacrer la partie la plus volumineuse de son récit à Jérusalem et multiplier les références à ces anciens pèlerins dont il se proclame le successeur. La différence entre eux et lui est criante. Elle apparaît par exemple lors de son départ de Tunis, lorsqu'il écrit qu'il est heureux de finir au tombeau de saint Louis « ce long pèlerinage aux tombeaux des grands hommes[28] ». À ses yeux, le Saint-Sépulcre n'est pas le seul objet digne d'un pèlerinage. À Jérusalem même, il indique à de multiples reprises qu'il est pèlerin au tombeau du Christ, certes, mais aussi au tombeau des grands Croisés, de même qu'il est pèlerin au tombeau tunisien de saint Louis et, peut-être plus encore, en Grèce.

C'est que Chateaubriand est Français et fier de l'être, ce qui n'est pas une mince affaire en ces lendemains de Révolution, cependant que les armées de Napoléon occupent une bonne

24. François-René de Chateaubriand, *Itinéraire de Paris à Jérusalem*, *op. cit.*, p. 143, 158, 208 et 263.
25. *Cf. infra*, chapitre 4.
26. *Ibid.*, p. 349.
27. *Ibid.*, p. 75.
28. *Ibid.*, p. 532.

partie de l'Europe[29]. Ce qu'il retrouve chez Godefroy de Bouillon et saint Louis, ce sont les origines de la France. En Grèce aussi : constatant avec bonheur la présence d'un magasin français au Pirée, il écrit : « ainsi il n'y a pas bien longtemps que les Athéniens étaient représentés, au Pirée, par le peuple qui leur ressemble le plus[30] ». De la même façon que le pèlerinage aux Lieux saints, depuis le Moyen Âge, représente en théorie un voyage retour en direction de l'origine (ce qui était manifesté, sur les mappemondes des XIIe et XIIIe siècles, par la présence de Jérusalem au centre du monde), le pèlerinage au tombeau de saint Louis, à celui de Godefroy de Bouillon, mais surtout en Grèce, correspond à un retour aux origines de la France.

Le pèlerinage de Chateaubriand est donc très éloigné de celui des « anciens pèlerins ». Avec le recul, nous y lisons aujourd'hui la première ébauche d'une définition nouvelle du pèlerin comme un individu en voyage en direction du lieu dont il a décidé, de façon très personnelle, qu'il était celui de ses propres origines (on doit d'ailleurs prendre au sérieux, de ce point de vue, l'image par laquelle Chateaubriand affirme être parti en Grèce « chercher les Muses dans leur patrie[31] », car la Grèce est aussi pour lui la terre d'origine de son identité de « poète »). L'*Itinéraire* est une des premières manifestations de ce processus de laïcisation du pèlerinage qui conduira les gens du XIXe siècle à voyager, par exemple, en direction des tombeaux des grands écrivains. Chateaubriand y pensera sûrement, lorsqu'il se fera bâtir son propre tombeau, au Grand Bé, au large de Saint-Malo. Ses cendres y attendront les pèlerins des temps futurs, héritiers non pas des « anciens pèlerins » mais de celui de l'*Itinéraire de Paris à Jérusalem*, venus se recueillir auprès du

29. *Ibid.*, p. 96, 285, 310 et 351.
30. *Ibid.*, p. 194.
31. *Ibid.*, p. 80.

grand homme – sur l'une des origines, désormais laïques, par lesquelles ils se définiront.

Chateaubriand a une autre raison pour voyager, dont les arts apodémiques proclament la légitimité depuis le XVIe siècle : l'étude. Il l'écrit : « un voyage en Orient complétait le cercle des études que je m'étais toujours promis d'achever[32] ». Lui viennent naturellement tout un tas de références littéraires renvoyant à cette tradition pédagogique, selon laquelle les rêves de voyage étaient un bon moyen d'éperonner chez les enfants le désir de savoir. Chateaubriand cite Ulysse, évidemment, si présent dans les humanités de l'époque, mais aussi Robinson Crusoé, qu'il qualifie de « fameux voyageur » et le *Voyage du jeune Anacharsis*, que l'abbé Barthélémy avait publié en 1788 et qui était alors un best-seller[33]. Surtout, il s'enflamme à l'évocation de la pratique qui, depuis longtemps, consistait à envoyer les jeunes artistes en Italie. À la fin du XVIIe siècle, Colbert avait institué pour cela l'Académie de France à Rome. Chateaubriand partait « chercher des images[34] » de la même façon que les étudiants des Beaux-Arts. Mais derrière l'équivalence se cache une double originalité, qui n'est pas mince : d'une part, Chateaubriand ne va pas chercher ses images en Italie, mais en Orient ; d'autre part, il n'est pas un praticien des Beaux-Arts, mais, comme il l'écrit lui-même, un poète, effectuant de ce fait, non pas un voyage d'artiste en Italie, mais un « voyage de poète » en Orient.

Ce double déplacement, géographique et artistique, est essentiel et il pourrait expliquer à lui seul l'originalité du livre de Chateaubriand. Cependant, le modèle qui pèse le plus lourd sur lui, au moment où il rédige son livre, n'est pas celui du voyage

32. *Ibid.*, p. 75. *Cf. infra*, chapitre 15.
33. *Ibid.*, p. 487, 296 et 133.
34. *Ibid.*, p. 55

d'étude, mais celui d'un quatrième type de voyage légitime au début du XIXe siècle : le voyage savant, effectué dans le seul but de rapporter des connaissances scientifiques neuves[35]. Quand il parle de « Voyage », Chateaubriand parle ainsi d'un récit de voyage savant[36] et, quand il parle d'un « voyageur », il parle d'un savant[37] – lequel peut lui-même devenir, selon une métonymie courante à l'époque, son propre livre. Il écrit souvent : « on lit dans ce voyageur », pour désigner le livre de ce voyageur, qui est toujours un voyageur savant[38]. Ses admirations sont alors celles de son époque, à commencer par Volney, dont le récit était jugé d'autant plus scientifique que Volney n'avait pas écrit un itinéraire, mais avait recomposé l'ensemble de ses notes pour produire une sorte de gigantesque dissertation sur l'Égypte et la Syrie[39]. Chateaubriand exprime toutes les habitudes des voyageurs savants en faisant référence aux meilleurs auteurs, ceux qui ont voyagé en Orient bien sûr, mais aussi à l'*Abrégé de l'Histoire générale des voyages* de Jean-François de La Harpe, au *Précis de la Géographie universelle* de Conrad Malte-Brun ou, dans le domaine de l'histoire naturelle, à la grande autorité de Carl von Linné et, dans le domaine de la science de l'Antiquité, à la docte Académie des Inscriptions, dont il laisse entendre, à deux reprises, qu'elle constitue pour lui un modèle scientifique absolu[40]. Tout au plus, une certaine aménité pour

35. Nicole Hafid-Martin, *Voyage et connaissance au tournant des Lumières (1780-1820),* Oxford, Voltaire Foundation, 1995.

36. François-René de Chateaubriand, *Itinéraire de Paris à Jérusalem, op. cit.*, p. 138, 226, 243, et 491.

37. *Ibid.*, p. 55, 63, 122, 188 et 233.

38. *Ibid.*, p. 249 et 289.

39. *Ibid.*, p. 68, 461 et 477. Sur la gloire de Volney, voir Yasmine Marcil, *La Fureur des voyages. Les récits de voyages dans la presse périodique (1750-1789)*, Paris, Champion, 2006.

40. François-René de Chateaubriand, *Itinéraire de Paris à Jérusalem, op. cit.*, p. 110 et 382.

Claude-Étienne Savary, lequel constituait à l'époque une sorte d'anti-Volney, pourrait éloigner Chateaubriand des sentiments partagés par son époque. Mais si Chateaubriand défend Savary, il le fait finalement au nom de critères qui relèvent de la quête de connaissances :

> Savary a un peu exagéré les agréments de ce lieu : cependant il n'a pas menti autant qu'on l'a voulu faire croire. Le pathos de ses descriptions a nui à son autorité comme voyageur ; mais c'est justice de dire que la vérité manque plus à son style qu'à son récit[41].

Chateaubriand refuse de parler d'un lieu qui a déjà été décrit par un voyageur savant, au motif que cela n'est plus à faire. Il proclame que le premier devoir du voyageur est de dire la vérité sur ce qu'il a vu, d'être, comme il le dit, « une espèce d'historien[42] ». Il est « comme le docteur Chandler : je déteste les descriptions qui manquent de vérité[43] ». Il refuse de faire « un Voyage avec des Voyages[44] » et célèbre ce qui lui semble être ses propres découvertes – démarche proprement savante, encore renforcée, à l'occasion des rééditions de son texte, par les précisions, en notes ou en annexes, sur les erreurs qu'il a pu commettre et les causes de ces erreurs[45]. Quant aux objets de son étude, principalement centrés sur la géographie et l'histoire de l'Antiquité, ils s'étendent aussi à la physique et à la botanique, selon une conception encyclopédique de la science qui n'a pas encore vraiment, dans le cas de Chateaubriand, fait place à cette spécialisation des savoirs pourtant en cours en son temps. Il entend faire œuvre d'« antiquaire » comme

41. *Ibid.*, p. 463.
42. *Ibid.*, p. 56.
43. *Ibid.*, p. 188.
44. *Ibid.*, p. 328.
45. *Ibid.*, p. 477.

de « naturaliste[46] ». La seule science qui ne l'intéresse pas, c'est finalement celle qui passionnait à la même époque la Société des Observateurs de l'Homme : l'anthropologie[47]. S'il écrit « je voyageais pour voir les peuples », il corrige aussitôt : « et surtout les Grecs qui étaient morts ». Ou encore : « avant de parler de Carthage, qui est ici le seul objet intéressant, il faut commencer par nous débarrasser de Tunis[48] ». Débarrassons-nous des sociétés actuelles, donc, qui nous empêchent de voir le passé et la nature. Jean-Jacques aurait peut-être trouvé dans René un bien mauvais lecteur de son œuvre.

Chateaubriand est prudent. « Je ne marche point sur les traces des Chardin, des Tavernier, des Chandler, des Mungo Park, des Humboldt[49] », écrit-il dans la préface à la première édition de l'*Itinéraire*, se qualifiant même, dans la préface à la troisième, de « chétif voyageur[50] », c'est-à-dire chétif savant. Une prétention démesurée à la modestie parcourt ainsi son livre – modestie ambiguë, évidemment, comme le prouve par exemple cette notation, lorsqu'il affirme avoir retrouvé les ruines de Sparte : « un simple pêcheur, par naufrage ou par aventure, détermine souvent la position de quelques écueils qui avaient échappé aux soins des pilotes les plus habiles[51] ». Est-ce bien de la modestie ? Depuis au moins les *Instructio peregrinatoris* de Linné (en fait, d'un de ses étudiants, en 1759), tout un corpus d'instructions s'efforçait de guider les voyageurs dans leurs démarches et leurs collectes, afin que les authentiques savants,

46. *Ibid.*, p. 319 et 324.
47. Jean-Luc Chappey, *La Société des observateurs de l'homme (1799-1804). Des anthropologues au temps de Bonaparte*, Paris, Société des études robespierristes, 2002.
48. À ce sujet, voir Sarga Moussa, *La Relation orientale. Enquête sur la communication dans les récits de voyage en Orient (1811-1861)*, Paris, Klincksieck, 1995.
49. François-René de Chateaubriand, *Itinéraire de Paris à Jérusalem*, *op. cit.*, p. 55.
50. *Ibid.*, p. 63.
51. *Ibid.*, p. 138.

restés dans les capitales européennes, puissent, à leur retour, travailler efficacement, à partir de leurs données, à produire de la connaissance sérieuse[52]. En faisant mine de discréditer son propre savoir, que fait exactement Chateaubriand, sinon prouver qu'on apprend davantage en voyageant qu'en étudiant ? Après avoir vu Jérusalem, il écrit :

> Je conçois maintenant ce que les historiens et les voyageurs rapportent de la surprise des Croisés et des pèlerins, à la première vue de Jérusalem. Je puis assurer que quiconque a eu comme moi la patience de lire à peu près deux cents relations modernes de la Terre-Sainte, les compilations rabbiniques, et les passages des anciens sur la Judée, ne connaît rien du tout encore[53].

En dépit de ses affirmations de modestie, Chateaubriand revendique bien la supériorité de l'ignorant voyageur sur le savant sédentaire. Il se garde de prendre explicitement parti dans le débat sur le lieu où se fait la science. Mais, ne serait-ce que parce qu'il connaît les termes du débat, il suggère son appartenance au monde savant. En 1824, il deviendra d'ailleurs le troisième président de la Société de Géographie de Paris (un titre honorifique, donné pour un an[54]). En 1832, son premier biographe le présentera non seulement comme un « poète » et un « homme d'État », mais aussi comme un « voyageur », c'est-à-dire un savant[55].

52. Claude Blanckaert (dir.), *Le Terrain des sciences humaines. Instructions et enquêtes (XVIIIe-XXe siècle)*, Paris, L'Harmattan, 1996 et Lorelaï Kury, *Histoire naturelle et voyages scientifiques (1780-1830)*, Paris, L'Harmattan, 2001.

53. François-René de Chateaubriand, *Itinéraire de Paris à Jérusalem*, *op. cit.*, p. 298.

54. Dominique Lejeune, *Les Sociétés de géographie et l'expansion coloniale au XIXe siècle*, Paris, Albin Michel, 1993, p. 24.

55. Scipion Marin, *Histoire de la vie et des ouvrages de M. de Chateaubriand, considéré comme poète, voyageur et homme d'État*, 1832.

Devenir touriste

Je pourrais m'arrêter là, dans la mesure où il n'y avait pas vraiment d'autres buts légitimes pour un voyageur au temps où Chateaubriand rédigeait son *Itinéraire*. Mais ce serait méconnaître une dernière raison de voyager, qui va s'épanouir au XIXe siècle et dont on trouve déjà l'expression dans son récit : le loisir. On ne parlait pas de tourisme dans la France de 1811. Le touriste ne fera une apparition timide qu'à la fin des années 1810 avant d'être mise sur le devant de la scène, et avec quel talent, par Stendhal en 1838[56]. Il n'empêche que le touriste, tel qu'il s'épanouira au XIXe siècle, procède directement d'une autre figure, plus discrète, qu'on trouve volontiers dans le texte de Chateaubriand : « l'Anglais ». *Touriste* sera d'ailleurs longtemps considéré comme un anglicisme. Quand Chateaubriand arrive à Athènes, deux « Anglais » en partent[57]. En Judée, on lui affirme qu'un « Anglais », déguisé en Arabe, a fait à plusieurs reprises le trajet délicat de Jérusalem à la mer Morte[58]. Dans la préface de 1826, il assure que « plus de quinze cents Anglais ont visité Athènes dans ces dernières années[59] ». Or ces « Anglais » présentent toutes les caractéristiques qui seront celles des futurs « touristes » :

> Il y a toujours quelques Anglais sur les chemins du Péloponnèse : les papas me dirent qu'ils avaient vu dans ces derniers temps des antiquaires et des officiers de cette nation. Il y a même à Misitra une maison grecque qu'on appelle l'Auberge anglaise : on y mange du roast-beef, et l'on y boit du vin de Porto. Le voyageur a sous ce rapport de grandes obligations aux Anglais : ce sont eux qui

56. *Cf. infra*, chapitre 2.
57. François-René de Chateaubriand, *Itinéraire de Paris à Jérusalem*, *op. cit.*, p. 173.
58. *Ibid.*, p. 334.
59. *Ibid.*, p. 68.

ont établi de bonnes auberges dans toute l'Europe, en Italie, en Suisse, en Allemagne, en Espagne, à Constantinople, à Athènes, et jusqu'aux portes de Sparte, en dépit de Lycurgue[60].

Ce sont les « Anglais » qui mettent alors en place ces pratiques du voyage qui, de l'amélioration des auberges à l'internationalisation de la nourriture en passant par la professionnalisation des guides, seront celles des touristes. Ajoutons la collecte des souvenirs, à laquelle René s'adonne frénétiquement :

> Je pris, en descendant de la citadelle, un morceau de marbre du Parthénon ; j'avais recueilli un fragment de la pierre du tombeau d'Agamemnon ; et depuis j'ai toujours dérobé quelque chose aux monuments sur lesquels j'ai passé. Ce ne sont pas d'aussi beaux souvenirs de mes voyages que ceux qu'ont rapporté M. de Choiseul et lord Elgin ; mais ils me suffisent. Je conserve aussi soigneusement de petites marques d'amitié que j'ai reçues de mes hôtes, entre autres un étui d'os que me donna le père Muñoz à Jaffa. Quand je revois ces bagatelles, je me retrace sur-le-champ mes courses et mes aventures ; je me dis : « J'étais là, telle chose m'advint. »[61]

En Égypte, bien que devant renoncer à aller lui-même aux Pyramides, il charge quelqu'un « d'écrire [s]on nom sur ces grands tombeaux, selon l'usage, à la première occasion : l'on doit remplir tous les petits devoirs d'un pieux voyageur[62] ». Vandale et graffeur, Chateaubriand inaugurait ainsi, dans le sillage des « Anglais », toute une série de pratiques qui, pour n'être pas encore complètement détachées de celles du pèlerinage (les souvenirs de voyage de Chateaubriand sont aussi des reliques), seront stigmatisées par la suite comme étant celles des touristes.

60. *Ibid.*, p. 127.
61. *Ibid.*, p. 187.
62. *Ibid.*, p. 473.

L'*Itinéraire* comporte plusieurs récits de rêves, ainsi que c'était souvent le cas au XIXe siècle dans les récits de voyage, particulièrement lorsque ceux-ci concernaient des ruines antiques[63]. L'un d'entre eux pourrait être qualifié de prémonitoire. Il annonce ce développement du tourisme qui sera le grand fait du XIXe siècle dans l'histoire du voyage, cette cinquième figure à venir du voyageur légitime, dont les écrivains du XIXe siècle furent, en dépit de leur volonté, des avatars particulièrement brillants :

> [...] je fus tout le chemin, occupé d'un rêve assez singulier. Je me figurais qu'on m'avait donné l'Attique en souveraineté. Je faisais publier dans toute l'Europe, que quiconque était fatigué des révolutions et désirait trouver la paix, vînt se consoler sur les ruines d'Athènes où je promettais repos et sûreté ; j'ouvrais des chemins, je bâtissais des auberges, je préparais toutes sortes de commodités pour les voyageurs ; j'achetais un port sur le golfe de Lépante, afin de rendre la traversée d'Orante à Athènes plus courte et plus facile. On sent bien que je ne négligeais pas les monuments : les chefs-d'œuvre de la citadelle étaient relevés sur leurs plans d'après leurs ruines [...][64].

Voyageur et rêveur, René ouvrait donc l'époque des voyages entrepris dans le seul but de jouir du spectacle du monde, des infrastructures que ceux-ci nécessiteront, du regard que les touristes jetteront sur les pays qu'ils visiteront. Il n'est pas surprenant que l'avènement du moi dans le récit de voyage, auquel on réduit souvent l'*Itinéraire de Paris à Jérusalem*, ait coïncidé avec le début de cette nouvelle époque, dans laquelle nous continuons à vivre.

---

63. Nathalie Richard, « Le voyage, l'archéologie, le rêve », *Sociétés et représentations*, n° 21, avril 2006, p. 225-240.
64. François-René de Chateaubriand, *Itinéraire de Paris à Jérusalem*, *op. cit.*, p. 205.

2.

Pour ne pas apprendre l'histoire

Celui-ci ne donne pas son nom. Il dit avoir fait des études jusqu'à l'âge de seize ans avant d'entrer dans un bureau des douanes. C'est un homme engagé du côté libéral, qui a été brusquement affecté à la Martinique après avoir chanté une chanson de Béranger. Il y a vécu une vie infiniment plaisante, jusqu'à ce qu'une inflammation du cerveau le contraigne à rentrer en France. Là, il s'est marié à la fille d'un riche marchand de fer, lequel marchand l'a ensuite associé à son commerce. Puis sa femme est morte et il est resté pendant douze ans à travailler dans le commerce de son beau-père (« j'ai perdu ma femme et suis resté dans les fers[1] »). En cette année 1837, il a fait fortune et compte maintenant, dès qu'il le pourra, « retourner à la Martinique, non plus pour y gagner ma vie, dit-il, mais pour en jouir[2] ». En attendant, il a décidé de voyager :

> En ma qualité de commis marchand, je courais chaque année la France, l'Allemagne ou l'Italie ; mais je travaillais en conscience à ma partie, je n'osais presque lever les yeux. Cette année, tout en faisant mes affaires, je me suis permis de doubler mes séjours à Lyon, Genève, Marseille, Bordeaux, et j'ai regardé autour de moi[3].

À plusieurs reprises, il revient sur cette situation originale de voyageur se déplaçant d'abord « pour son plaisir[4] ». C'est même ce qui justifie le titre de son ouvrage, publié l'année suivante,

1. Stendhal, *Mémoires d'un touriste* (1838), dans *Voyages en France*, édition de V. Del Litto, Paris, Gallimard, coll. « Bibliothèque de la Pléiade », 1992, p. 50.
2. *Ibid.*
3. *Ibid.*
4. *Ibid.*, p. 334.

Mémoires d'un touriste. Le mot était alors assez nouveau, récemment importé de l'anglais, pour désigner les voyageurs qui ne recherchent dans leurs voyages que l'assouvissement de leur désir de jouir du spectacle du monde. Les études sur les *Mémoires d'un touriste* ont d'ailleurs le plus souvent insisté sur cette spécificité du texte, qui a fait de son auteur, Henri Beyle, dit Stendhal, le premier « touriste » de la littérature française.

Il est également possible, mais pas nécessairement souhaitable, de faire des *Mémoires d'un touriste* non seulement le livre d'un voyageur, mais aussi celui d'un historien. Pour tout un ensemble de raisons, les lecteurs de 1838 auraient pu lire le livre de Stendhal, si ce livre les avait intéressés, ce qui n'a pas vraiment été le cas, comme le livre d'un historien. Et pour tout un autre ensemble de raisons, il est sans doute préférable qu'ils ne l'aient pas fait.

Qu'est-ce qu'un historien ?

Il n'était pas si évident, en 1838, de définir un historien[5]. Certes, l'histoire, c'est-à-dire la discipline historique, était omniprésente. La monarchie de Juillet, contestée à droite par la tradition et à gauche par les idées, prétendait tenir sa légitimité de l'histoire. On se convainquait que 1830 avait donné le fin mot de l'histoire de France en confirmant 1789. Comme Edgar Quinet devait l'écrire plus tard avec une belle ironie, le gouvernement représentatif était la consommation de l'histoire de France[6]. La discipline historique était appelée en renfort de la monarchie du roi des Français. Une partie du personnel

5. Sylvain Venayre, *Les Origines de la France. Quand les historiens racontaient la nation*, Paris, Seuil, 2013, p. 35-49.
6. Edgar Quinet, « Philosophie de l'histoire de France », *Revue des deux Mondes*, janvier-février 1855, p. 927.

politique de Louis-Philippe Ier avait écrit des livres d'histoire : Adolphe Thiers, François Guizot, Prosper de Barante, pour ne citer qu'eux. L'histoire de France passionnait l'opinion. François-René de Chateaubriand publiait des *Études historiques* en 1831 ; Augustin Thierry commençait à faire paraître les *Récits des temps mérovingiens* en 1833, l'année où Henri Martin publiait sa première *Histoire de France* et où Jules Michelet s'engageait dans un travail sur la même question, qui allait être une grande chose.

Le régime tâchait d'instituer des lieux où regrouper les historiens. En 1832, l'Académie des sciences morales et politiques refondée accueillait Thiers, Guizot, Pierre Daunou, François-Auguste Mignet, bientôt Amédée Thierry et Michelet – mais aussi Alexis de Tocqueville ou William Edwards. On rétablissait en province les facultés des lettres et dans chacune d'elles on créait une chaire d'histoire. Guizot soutenait la Société française d'archéologie, créée par Arcisse de Caumont en 1830. Il fondait la Société d'histoire de France en 1833 et le grand recueil des *Documents inédits relatifs à l'histoire de France* en 1835. Cette même année 1837 où le touriste de Stendhal entreprenait son voyage, on organisait la Commission des monuments historiques, où s'illustrait Prosper Mérimée. Au château de Versailles, on inaugurait la galerie des batailles de l'histoire de France.

Cet effort institutionnel était pourtant contrarié par la difficulté à définir précisément le métier d'historien. L'école libérale, qu'avaient voulu fonder Augustin Thierry et Guizot, ne reposait pas du tout sur la maîtrise des méthodes de la discipline, lentement élaborées depuis, au moins, le XVIIe siècle. Le vieux Daunou, ancien oratorien, formé très tôt aux règles de l'érudition monastique, reprochait d'ailleurs leur ignorance à ces jeunes gens venus à l'histoire par pure passion politique.

De plus, la découverte des philosophies de l'histoire, celles de Giambattista Vico, de Johann Gottfried von Herder, de Georg Wilhelm Friedrich Hegel, brouillait la frontière entre les disciplines. En 1829, lorsqu'une réorganisation de l'École normale conduisit Jules Michelet à choisir entre le cours de philosophie et le cours d'histoire, celui-ci choisit de ne conserver que le cours de philosophie (et c'est le refus du ministère d'entériner ce choix qui le conduisit à assumer finalement le cours d'histoire)[7]. Enfin, s'il fallait un dernier exemple pour montrer la difficulté à définir ce qu'était alors un historien, ce serait celui d'Henri Martin. Son *Histoire de France*, recommencée à partir de 1837, allait devenir un monument libéral et républicain. Mais le jeune homme qui s'engageait dans ce travail n'avait, après de modestes études de droit, aucune compétence particulière pour mener à bien un pareil projet. De façon générale, on pourrait dire que, dans les années 1830, l'histoire était partout et les historiens nulle part. Chateaubriand, Daunou, les frères Thierry, Guizot, Thiers, Martin, Michelet peuvent difficilement être rassemblés sous la seule étiquette d'*historiens*, leurs expériences et leurs compétences étant toutes très différentes. Une chose est sûre à propos des *Mémoires d'un touriste* : s'il ne s'agit pas d'un livre d'histoire, ce n'est pas parce que Stendhal ne pouvait pas être considéré comme un historien.

D'ailleurs, le narrateur des *Mémoires d'un touriste* participe de cette passion pour l'histoire de France. À Tours, par exemple, il est le plus gai des hommes en « coupant le bel exemplaire de Grégoire de Tours que vient de publier la Société de l'histoire de France[8] » (société qui avait donc à peine cinq ans). À la Grande Chartreuse, il s'amuse d'un pédant qui défigure « les

7. Sylvain Venayre, « Un exercice d'*estrangement* », dans Jules Michelet, *Introduction à l'histoire universelle*, Paris, Points, 2013, p. 133-157.
8. Stendhal, *Mémoires d'un touriste*, *op. cit.*, p. 205.

noms convenus des vieux personnages auxquels nous sommes accoutumés : il ne dit pas Clovis, mais Hlod-Wig ; Mérovée, mais Mere-Wig, ce qui a l'avantage d'amener une dissertation à chaque nom[9] ». Derrière ce pédant, il faut deviner l'influence d'Augustin Thierry, dont les *Récits des temps mérovingiens* avaient mis à la mode ces changements d'orthographe des noms anciens.

Le touriste suit donc l'actualité de l'historiographie. Pourtant, il ne nomme jamais les historiens de son temps. Michelet, Martin, Augustin Thierry même ne sont pas cités. Guizot et Thiers ne le sont qu'en tant que ministres[10]. Chateaubriand n'est pas mentionné pour les vues bizarres de ses *Études historiques* mais parce que l'auteur, qui ne l'aime pas, s'amuse de ses « phrases à effet[11] ».

Stendhal semble mépriser le métier d'historien. À Erdeven, il juge que les explications savantes relatives à l'existence des monuments druidiques sont aussi absurdes que les légendes colportées par les paysans[12]. Il professe par ailleurs un mépris « violent [...] pour la logique des savants venus après le XVIIe siècle[13] » et préfère citer longuement le texte original de César, plutôt que des considérations postérieures. On le voit également très agacé devant les interprétations historiques concernant l'église d'Ainay à Lyon :

> Chaque savant se moque de celui qui l'a précédé, et dit le contraire ; et ainsi de suite jusqu'à la fin du monde, ou des académies. Je conseille au lecteur de ne croire que ce qu'il voit, le fait matériel ; tout le reste change tous les trente ans, suivant la mode qui règne dans la science[14].

9. *Ibid.*, p. 406.
10. *Ibid.*, p. 199 et 259.
11. *Ibid.*, p. 164.
12. *Ibid.*, p. 289.
13. *Ibid.*, p. 291. Voir aussi p. 44.
14. *Ibid.*, p. 86.

De même, plus loin :

> Il y a des hommes qui aiment à méditer sur les conclusions morales qu'ils ont tirées d'un fait, mais ils ont le malheur de ne garder aucun souvenir des chiffres, ni des noms propres. Ces gens-là sont sujets à être arrêtés tout court au milieu d'une discussion animée par un sot qui sait une date[15].

Un sot qui sait une date : ce pourrait être une définition de l'historien. Toutefois, il n'est pas sûr que la formule nous renseigne vraiment sur l'opinion que Stendhal se faisait des historiens de son temps. Le touriste est d'abord tributaire du genre auquel appartiennent ses *Mémoires*, c'est-à-dire le récit de voyage, en mutation rapide depuis l'*Itinéraire de Paris à Jérusalem* de Chateaubriand[16]. Trois ans plus tôt, le *Voyage en Orient* d'Alphonse de Lamartine et le *Voyage en Suisse* d'Alexandre Dumas avaient fait triompher ce motif de l'*impression*, que de nombreux auteurs, à commencer par Stendhal lui-même, acclimataient au genre du récit de voyage. Contemporains des *Mémoires d'un touriste*, George Sand ou Théophile Gautier exprimaient également leur mépris pour les voyageurs uniquement préoccupés de connaissances historiques[17]. Les fameux « camps de César[18] » dont parle Stendhal suscitaient leurs sarcasmes. En réalité, en refusant au savoir des historiens toute dignité particulière, les auteurs de récits de voyages conféraient à leurs livres un statut ambigu, à la frontière de ce qu'on nommait de plus en plus précisément la littérature. C'est ainsi qu'il faut comprendre les multiples notations du touriste selon lesquelles « le présent voyage n'a

15. *Ibid.*, p. 54.
16. *Cf. supra*, chapitre 1.
17. *Cf. infra*, chapitre 8.
18. Stendhal, *Mémoires d'un touriste*, *op. cit.*, p. 293.

aucune prétention à la statistique et à la science[19] », ou encore : « ceci n'est pas un livre d'exactitude[20] ».

Cela dit, on ne peut pas résumer ce mépris pour les historiens à une seule stratégie d'auteur. Les attaques de Stendhal sont parfois beaucoup plus précises. Lisant Grégoire de Tours (et le lisant donc dans la belle édition de la toute nouvelle Société d'histoire de France voulue par Guizot), il s'exclame : « Quel contraste avec nos historiens alambiqués, qui prétendent à des vues nouvelles et de génie, et que tout le monde sait vendus à l'espoir d'une place à l'Académie, ou d'un avantage d'argent[21] ! » Laissons de côté le dédain pour les académies, qui s'inscrit logiquement dans la pente littéraire prise par le récit de voyage. Que penser en revanche de ces « vues nouvelles et de génie » auxquelles prétendent « nos historiens alambiqués » ? Il est difficile de savoir qui est visé exactement par le touriste. Mais il est certain que Stendhal ne critique pas ici les savants en général, ni même cette variété de savants que pouvaient être les historiens, mais bien les débats historiographiques qui animaient les années 1830.

L'histoire et le voyage

Pour comprendre ces débats et l'importance qu'ils pouvaient avoir pour le touriste, opérons un détour par l'imaginaire du voyage ou, plutôt, par le rapport que, dans les années 1830, les historiens entretenaient avec les pratiques et les représentations du voyage.

Le voyage d'étude jouissait alors d'une grande considération. Au moment des *Mémoires d'un touriste*, le plus célèbre était

19. *Ibid.*, p. 238.
20. *Ibid.*, p. 394.
21. *Ibid.*, p. 206.

peut-être celui que le jeune Alexis de Tocqueville avait entrepris aux États-Unis d'Amérique, et dont le résultat fut un premier livre publié en 1835, placé par Stendhal à l'égal de ceux de Pierre Bayle et de Montesquieu[22]. Quelques années plus tard, Astolphe de Custine fera paraître à son tour un livre de ce genre qui le fera passer, pendant quelques années, pour le Tocqueville de la Russie. Or de tels livres valaient précisément en ce qu'ils tâchaient de saisir le mouvement historique des sociétés étudiées. De la même façon, le touriste affirme à plusieurs reprises que son objectif de fixer les traits de la société française avant qu'ils ne s'évanouissent. « Voilà le pourquoi de ce journal, écrit-il ; c'est parce que la France change vite que j'ai osé l'écrire[23]. » À son époque, cela n'était pas très original. L'anthropologie était en train de se fonder sur de telles bases et d'ailleurs, n'en déplaise à Stendhal, on a vu que Chateaubriand l'avait déjà dit, en fidélité à une certaine tradition qu'on faisait remonter à Hérodote : le voyageur est « une espèce d'historien[24] ».

C'était d'autant plus vrai que les années 1830 voyaient triompher le grand mouvement de collecte des monuments et des documents de l'histoire de France à travers tout le territoire. Les voyages de Mérimée inspectant les monuments historiques en témoignent tout autant que ceux de Michelet, chef de la section historique aux Archives du royaume depuis 1830, recensant les différents fonds d'archives de France[25]. Ces deux modèles se retrouvent d'ailleurs dans le voyage de Stendhal, lequel débat avec Mérimée lui-même sur le bateau à vapeur de Chalon à Lyon, à propos du style de l'abbaye Saint-Philibert. Pour le touriste, c'est le seul moyen

22. *Ibid.*, p. 37.
23. *Ibid.*, p. 144.
24. *Cf. supra*, chapitre 1.
25. *Cf. infra*, chapitre 5

de connaître vraiment les monuments du passé. Les deux grossiers « savants » en archéologie gothique qu'il croise à la bibliothèque de Rouen incarnent exactement ce qu'il ne faut pas faire[26], de même que le « savant » Aubin-Louis Millin qui, dit-il, « parlant de Beaucaire, a décrit avec beaucoup de détails une église détruite dix ans avant son passage[27] ». Arcisse de Caumont n'est pas épargné. Stendhal, qui a lu l'*Histoire de l'art gothique* de l'antiquaire normand, estime qu'« on voit que M. de Caumont n'a pas voyagé, et les auteurs anglais qu'il suit ne connaissent pas le Midi de la France[28] ». Pour lui, il est impossible d'étudier les styles architecturaux, tout spécialement ceux antérieurs à « la Renaissance de 1500 », sans aller les observer soi-même.

Il faut en dire autant des archives. À propos de Gilles de Retz, Stendhal aimerait pouvoir obtenir la communication d'un des manuscrits du procès. Il en existe, assure-t-il, huit à la Bibliothèque royale de Paris et un neuvième au château de Nantes. Mais, hélas, dit-il, « je n'ai point assez de crédit pour cela[29] » (et ceci pourrait d'ailleurs être une définition de l'historien qu'il n'est pas, au moment où Michelet publie les premiers volumes d'une *Histoire de France* fondée en partie sur les archives auxquelles il a eu accès, justement grâce à son « crédit »). Une seule fois, il bénéficie d'une telle opportunité. À Lyon, on lui « a prêté par grâce spéciale un manuscrit de deux cents pages d'une petite écriture très fine ; c'est une histoire jour par jour et fort détaillée des deux émeutes. Un jour elle paraîtra, tout ce qu'il est permis d'en dire, c'est qu'elle contredit à peu près tout ce qui a été publié jusqu'ici[30] ». C'est aussi la

26. Stendhal, *Mémoires d'un touriste*, *op. cit.*, p. 345.
27. *Ibid.*, p. 352.
28. *Ibid.*, p. 225.
29. *Ibid.*, p. 263-264.
30. *Ibid.*, p. 122.

vertu du voyage de l'historien, que de découvrir des documents inédits. En tout cas, on ne saurait opposer en 1838 le travail sédentaire d'un historien enfermé dans des fonds d'archives et des bibliothèques, et l'activité du voyageur. Comme en témoigne Michelet, historien et grand voyageur à travers la France entière, les deux étaient liés.

Ce n'est pas tout. Le voyage était d'autant plus nécessaire aux historiens des années 1830 que, pour un grand nombre d'entre eux, ils se réclamaient du même libéralisme que Stendhal. S'additionnaient en l'occurrence deux systèmes de représentations.

Selon le premier, le voyage signifiait la liberté, et ce d'une façon bien précise : la liberté politique. On assurait que les grandes époques de la civilisation avaient été aussi celles des grandes routes. On rappelait que les temps féodaux avaient été ceux des obstacles. Les seigneurs locaux devaient leur pouvoir à leur isolement. La route servait donc plus que la seule cause du progrès : elle était aussi au service de la liberté. Au fond, elle s'apparentait à la révolution. L'étymologie venait à la rescousse : la route était la *via rupta*, la rupture – une rupture qui n'était maintenant plus seulement celle de l'espace, mais aussi celle du temps. Au lendemain des Trois Glorieuses, dit Balzac, les chevaux rétifs de l'attelage des diligences étaient surnommés « Polignac », du nom de ce ministre de Charles X dont la politique réactionnaire était rendue responsable de la révolution de 1830. Le voyage, la circulation, la vitesse s'opposaient ainsi à une réaction qui était un phénomène tout autant politique que mécanique. Le touriste est parfaitement en accord avec cet imaginaire. Il consacre d'ailleurs un petit développement à l'histoire des routes en France depuis Henri IV, soulignant que les meilleures se trouvent en Flandre : « on sait qu'à la fin du Moyen Âge la liberté sembla un instant vouloir s'établir en

Flandre. Aussitôt elle produisit ses miracles[31]. » C'est-à-dire des routes.

À cela s'ajoutait que, depuis les années 1820, les libéraux défendaient vigoureusement la pratique du voyage en France. Contre une monarchie absolue dont ils rappelaient qu'elle était celle de la sédentarité à la Cour de Versailles, ils célébraient l'itinérance à travers le territoire national. Contre ceux qui voulaient encore croire que le pouvoir s'incarnait dans le corps unique du roi – ce corps que Charles X fit sacrer –, ils préféraient montrer la diversité du corps de la France. C'est bien le sens du récit intitulé *Les Pyrénées et le Midi de la France pendant les mois de novembre et de décembre 1822*, que le jeune avocat libéral Adolphe Thiers avait fait paraître en 1823. Le *Tableau de la France*, que Jules Michelet plaça en 1834 au début du second livre de son *Histoire de France*, correspondait aussi à cette idéologie. En se fondant sur sa propre expérience de voyageur, l'historien y décrivait le visage de la nation.

On pourrait s'amuser à comparer les principes qui guident le *Tableau de la France* de Michelet et ceux des *Mémoires d'un touriste* – et particulièrement ce moment où, à Langres, le touriste décrit les « sept ou huit divisions » de la France, « qui ne se ressemblent pas du tout au fond », dit-il. À la rigueur de l'exposé de Michelet, cette rigueur dont Paule Petitier a bien montré qu'elle relevait du modèle de l'organogenèse[32], on pourrait opposer la désinvolture du touriste qui hésite entre sept ou huit divisions, en décrit finalement huit ou neuf, et oublie de son tableau la Flandre, la Bourgogne, la Franche-Comté, l'Auvergne et le Lyonnais, dont il parle pourtant par ailleurs.

31. *Ibid.*, p. 146.

32. Paule Petitier, *La Géographie de Michelet. Territoire et modèles naturels dans les premières œuvres de Michelet*, Paris, L'Harmattan, 1997.

Races et histoire

Cette désinvolture n'est pourtant pas le point essentiel de la critique que nous pouvons adresser aujourd'hui à Stendhal, lorsque celui-ci s'efforce d'être historien. Plus gênantes sont ses considérations sur les races humaines. Le sujet lui importe. Dès les rues de Dijon, il distingue deux races bien différentes, celle des descendants des Kymris, « grands, élancés, lents dans leurs mouvements, à la parole traînante », et celle des descendants des Galls, ou Gaëls, avec leurs têtes rondes et leurs regards pleins de gaieté[33]. Par la suite, à plusieurs reprises, le touriste détaille les différences entre les Galls, les Kymris, mais aussi les Ibères, reprenant mot à mot les descriptions proposées par le docteur William Edwards dans un livre intitulé *Des caractères physiologiques des races humaines considérés dans leurs rapports avec l'histoire*, livre paru en 1829 et qu'il qualifie de « lumineux[34] ».

Stendhal connaissait personnellement William Edwards, dont Michelet aussi était l'ami. C'était un homme de sa génération. Comme le touriste, Edwards avait d'ailleurs passé une partie de sa vie dans les Caraïbes, en l'occurrence à la Jamaïque, où il était né dans une famille de riches planteurs anglais. Il s'était marié en secondes noces avec une Française, avait lui-même obtenu la nationalité française en 1828 et vivait à Paris où il était membre de l'Académie des sciences morales et politiques. William Edwards était l'aîné de vingt-huit frères et sœurs plus jeunes que lui, dont Henri-Milne Edwards, qui fit une belle carrière au Muséum d'histoire naturelle, et Edward Edwards qui, au sein de cette famille très nombreuse, était le véritable ami de Stendhal. En 1839, il créerait la Société d'ethnographie de Paris, dont Jules Michelet serait un des membres.

---

33. Stendhal, *Mémoires d'un touriste*, *op. cit.*, p. 62.
34. *Ibid.*, p. 300, 309 et 336.

Inspiré par les débats sur la philosophie de l'histoire, William Edwards avait développé dans son livre le résultat des observations qu'il avait effectuées à l'occasion d'un voyage à travers la France, la Suisse et l'Italie. Lors de ce voyage, il avait tenté de retrouver, en naturaliste, les traces des anciennes races dans les populations actuelles. Ce n'était pas facile, disait-il, car le climat, la civilisation et plus encore le croisement des races avaient altéré, au cours des siècles, les caractères physiques de chaque « groupe humain ». Mais enfin c'était possible et, surtout, Edwards critiquait sévèrement les historiens qui se refusaient à penser ce type de continuité : « En histoire, quand un peuple est conquis, qu'il a perdu son indépendance, qu'il ne forme plus une nation, il a cessé d'exister et dans ces révolutions politiques comme dans les bouleversements de l'ancien monde, on croirait que chaque époque désastreuse fait disparaître les races qui avaient subsisté jusqu'alors[35]. »

Contre cet aveuglement des historiens, Edwards prétendait donc retrouver dans la population de la France actuelle l'héritage des races les plus anciennes de l'Europe et, plus précisément, des races qu'Amédée Thierry, le frère d'Augustin, avait identifiées dans son *Histoire des Gaulois*, parue en 1828. Dans ce livre, Amédée Thierry avait voulu faire connaître « une race de laquelle descendent les dix-neuf vingtièmes d'entre nous[36] ». Inspiré par le travail d'Augustin sur la conquête de l'Angleterre, Amédée était parti des différentes langues parlées sur le territoire français : non seulement les langues provenant du latin et de ce qu'il appelle « l'ancien idiome teuton », mais aussi le

35. William Edwards, *Des caractères physiques des races humaines considérés dans leurs rapports avec l'histoire. Lettre à M. Amédée Thierry*, Paris, Compère Jeune, 1829, p. 6.
36. Amédée Thierry, *Histoire des Gaulois depuis les temps les plus reculés jusqu'à l'entière soumission de la Gaule à la domination romaine*, tome I, Paris, Sautelet et Cie, 1828, p. I.

bas-breton et le basque. Ces langues lui avaient permis d'identifier des races anciennes : les Galls, les Ibères et les Kymris – que, à son avis, au terme d'un raisonnement un peu compliqué, on pouvait retrouver dans le texte de César. C'est à ces races principales que le docteur Edwards, fort de son voyage d'étude, conférait l'année suivante des caractéristiques physiques et morales soigneusement reprises par le touriste.

On peut se demander pourquoi Amédée Thierry et le docteur Edwards ne sont pas comptés au nombre de ces « historiens alambiqués, qui prétendent à des vues nouvelles et de génie, et que tout le monde sait vendus à l'espoir d'une place à l'Académie » (Amédée Thierry, en particulier, insistait lourdement sur le caractère nouveau de ses vues et toute sa carrière montre qu'il n'était pas insensible aux honneurs académiques). On doit surtout se demander pourquoi Stendhal, par-delà son amitié pour la famille Edwards, en faisait si grand cas.

L'intensité prise à cette époque par le débat sur les origines de la nation française constitue un facteur d'explication – intensité encore redoublée par le vif sentiment que, pour le dire comme le touriste, la France change vite : « par suite des chemins de fer, des bateaux à vapeur, et surtout de la liberté de la presse qui donne de l'intérêt aux journaux, dans peu d'années il n'y aura plus de Languedocien en France, plus de Provençal, plus de Gascon, on ne trouvera guère que des différences de races, lesquelles dureront plusieurs siècles[37] ». Dans la France en perpétuelle mutation des années 1830, les races semblaient fournir un point d'appui stable :

> À de grandes distances, dans les familles, on voit les mêmes traits se reproduire d'une façon presque identique. Tel enfant ressemble parfaitement à son grand-père, mort trente ans avant sa naissance,

37. Stendhal, *Mémoires d'un touriste*, *op. cit.*, p. 94.

et il n'est pas rare de rencontrer dans les rues de Paris un Gaël ou un Kymri de race pure[38].

De plus, les races gauloises offraient, aux yeux du touriste libéral, le moyen de penser les origines de la nation d'une façon toute différente de celle des historiens royalistes. À plusieurs reprises, Stendhal s'en prend aux « écrivains monarchiques » qui n'hésitent pas à « nous parler sans cesse de notre belle monarchie de quatorze siècles[39] » (comme si, de son point de vue libéral, le baptême de Clovis pouvait être l'origine de quoi que ce soit). Ailleurs, il a également cette réflexion :

> Les nigauds, ou plutôt les gens avisés, aidés par les simples, qui vantent aujourd'hui ces choses anciennes et veulent en rétablir les conséquences, disent à un homme de vingt ans : « Mon cher enfant, vous vous êtes nourri de lait à l'âge de six mois, et avec le plus grand succès, convenez-en ; hé bien ! revenez au lait. »

Ce qui signifiait : puisque la France a eu, dans ses origines, une monarchie fondée sur la religion chrétienne, alors il faut qu'elle ait à nouveau, à notre époque, un gouvernement monarchique et chrétien. Contre cette logique scandaleuse, Stendhal utilisait les races gauloises pour rappeler que la France avait bien d'autres origines que la seule monarchie. Pour le touriste, les Gaulois sont « nos aïeux[40] » et c'est d'ailleurs ce qui justifiait à ses yeux, que « César est le seul livre qu'il faille prendre en voyageant en France[41] ». Ainsi qu'Amédée Thierry et William Edwards l'avaient dit, c'est dans César qu'on peut retrouver les caractères physiques et moraux des Galls, des Kymris et des Ibères, qui sont encore la vérité de la nation d'au-

38. *Ibid.*, p. 97.
39. *Ibid.*, p. 176.
40. *Ibid.*, p. 56.
41. *Ibid.*, p. 15.

jourd'hui, vérité sans rapport direct avec la forme du gouvernement.

C'est aussi pour prouver cela, comme l'avait bien montré William Edwards, que le voyage en France était une nécessité. Stendhal ne voyageait donc pas seulement pour décrire la France qui changeait vite, ni seulement pour connaître les monuments et les documents du passé ou même pour célébrer, à travers tout le territoire, le véritable corps de la nation. Il était aussi à la recherche de ces races qui, selon Amédée Thierry et le docteur Edwards, étaient, bien davantage que la monarchie, aux origines de la France actuelle. Pour toutes ces raisons aussi, son récit de voyage était une œuvre d'historien.

Faut-il aujourd'hui lire ainsi les *Mémoires d'un touriste* ? Au motif que le voyage de Stendhal était mû par des questionnements que partageaient les historiens de son époque, faut-il le considérer comme le livre d'un historien ? Au risque d'invalider tout ce qui précède, il me semble que la réponse est : non. « Ceci n'est pas un livre d'exactitude », dit le touriste qui souhaite inscrire son récit, d'abord, dans le genre, assez neuf à l'époque, du récit de voyage littéraire. Il faut lui faire crédit de cette déclaration, qui doit nous empêcher de rechercher dans son texte une trop grande cohérence intellectuelle. Au même moment, Jules Michelet, également voyageur en France, également libéral, également lecteur d'Amédée Thierry et du docteur Edwards, remettait à leur juste place les considérations sur le passé ancien des races gauloises. Michelet mentionnait les Galls, les Kymris et les Ibères, lui aussi, mais pour mieux faire des Gaulois des « grands corps mous, blancs et blonds[42] », ce qui n'était pas du tout une notation raciale, mais une métaphore reléguant

42. Sylvain Venayre, *Les Origines de la France*, *op. cit.*, p. 88-96.

les races gauloises au rang des embryons. Contre la science des races, qui venait de faire sa timide apparition, Michelet célébrait le travail de la liberté, cette « action de personnel enfantement » de la France sur elle-même, qui devait servir de guide, dans les siècles suivants, à tous ceux qui souhaiteraient éviter les pièges du déterminisme. C'est en cela que Michelet nous est encore utile encore et qu'il peut, à bon droit, être considéré non seulement comme le créateur de l'histoire de France[43], mais aussi comme le seul véritable historien, au sens moderne du mot, des années 1830. Le touriste de Stendhal, quant à lui, peut sans doute nous servir à beaucoup de choses – penser l'histoire du voyage, par exemple – mais certainement pas de modèle de raisonnement historique.

43. Lucien Febvre, *Michelet, créateur de l'histoire de France. Cours au Collège de France, 1943-1944*, édition de B. Mazon et Y. Potin, Paris, Vuibert, 2014.

3.

Pour lire en route

À propos de ces feuilles volantes et de ces brochures qu'on vendait à la criée, dans les rues des grandes villes à la Belle Époque, on parle parfois d'une « littérature du trottoir[1] ». En décalant un peu l'image, on pourrait parler de la même façon, à propos des deux premiers tiers du XIXe siècle, d'une *littérature de la route.* Il ne s'agit pas d'encombrer le vocabulaire savant avec une nouvelle expression. Mais enfin on peut désigner grâce à elle un objet un peu original. La littérature du trottoir et la littérature de la route partagent en effet un certain nombre de traits communs. Dans les deux cas, il s'agit bien de formes où le livre est extrêmement minoritaire : plutôt des brochures, des livrets, des fascicules, des guides, des journaux. Dans les deux cas aussi, toutes ces productions étaient très bon marché, parfois gratuites, souvent imprimées sur du mauvais papier, rarement contraintes par l'impératif du dépôt légal et pratiquant l'emprunt et le plagiat à une assez large échelle.

Cependant, la littérature de la route diffère beaucoup de la littérature du trottoir. Elle n'était pas diffusée par des camelots vantant bruyamment leurs feuilles imprimées au hasard de leurs déambulations sur la chaussée. Au contraire, on la trouvait à des points fixes, aisément identifiables : là d'où partaient les diligences, les malles-poste, les coches d'eau, bientôt les chemins de fer et les bateaux à vapeur. On la trouvait en fait à chaque départ de voyageurs et jusque dans l'intérieur des voitures. Les conducteurs, à

1. Jean-Yves Mollier, « La librairie du trottoir à la Belle Époque », dans J.-Y. Mollier (dir.), *Le Commerce de la librairie en France au XIXe siècle. 1789-1914*, Paris, IMEC/Éditions de la MSH, 1997, p. 233-241.

commencer par ceux des diligences, étaient habilités à les vendre, à l'image de ce *Manuel du voyageur de Paris à Bruxelles par Saint-Quentin ou Péronne, Cambrai et Valenciennes*, que les postillons parisiens proposaient à leurs passagers à la fin des années 1820, ou de ce *Vade-mecum ou Itinéraire de Bordeaux à Paris*, que les postillons bordelais vendaient au milieu des années 1840 dans les diligences dont ils avaient la charge. Au début des années 1860 encore, tout acheteur d'un billet Paris-Londres par le bateau à vapeur se voyait remettre une plaquette de douze pages proposant un itinéraire d'une semaine imaginé pour les Français se rendant en Angleterre. Les chemins de fer se conformèrent à cette pratique ancienne. Des brochures étaient vendues dans les embarcadères, à l'image de ce *Petit Manuel du voyageur en Alsace*, quatre pages attachées que l'on pouvait se procurer dans toutes les gares des départements d'Alsace, dans les années 1840, pour le prix remarquable de 5 centimes les trois exemplaires. Chaque ligne de chemin de fer avait les siennes propres. Certaines coûtaient parfois un peu plus cher, tel ce *Manuel du voyageur sur les chemins de fer de Paris à Rouen, au Havre et à Dieppe*, qu'on trouvait au début des années 1850 non seulement dans toutes les gares du parcours, mais aussi dans les bureaux des Messageries Caillard et Compagnie, au prix de 25 centimes les quarante pages. Parfois, et même assez souvent, les compagnies, surtout celles de chemin de fer, les offraient gratuitement aux passagers.

Cette littérature de la route se trouvait notamment dans un lieu neuf, qui allait devenir au XIXe siècle un des lieux emblématiques de l'ennui moderne (avec la caserne et l'école) : la salle d'attente[2]. On la trouvait aussi dans les salons des hôtels, où de nombreuses brochures gratuites attendaient les voyageurs,

2. Stéphanie Sauget, « L'ennui dans les gares au XIXe siècle », dans P. Goetschel, C. Granger, N. Richard et S. Venayre (dir.), *L'Ennui. Histoire d'un état d'âme (XIXe-XXe siècles)*, Paris, Éditions de la Sorbonne, 2012, p. 225-236.

tel ce *Guide à l'usage des voyageurs de Bayonne en Espagne*, que l'hôtel Saint-Étienne de Bayonne offrait à ses clients au début des années 1840, ou cet *Itinéraire et carte du chemin de fer de Nancy à Metz et de Metz à Saarbruck,* de cinquante pages, disponible gratuitement dans tous les hôtels de Nancy, Metz et Pont-à-Mousson au début des années 1850, ou encore ce *Paris en wagon. Agenda du voyageur*, brochure de quarante pages qui dix ans plus tard était distribuée « gratis au nombre de 15 000 aux étrangers partant pour Paris dans les 40 hôtels les plus importants de la France et de l'étranger[3] ».

Journaux gratuits

À partir du début des années 1840, ces formes anciennes de la littérature de la route, brochures, fascicules, guides et livrets, furent progressivement remplacées par les formes nouvelles de l'imprimé périodique, en plein développement. Par exemple, on pouvait trouver dans les salles d'attente des embarcadères du chemin de fer de Paris, Versailles, Saint-Germain et Corbeil un journal périodique de quatre pages à l'intention des voyageurs sur les chemins de fer et les bateaux à vapeur. On pourrait en citer beaucoup d'autres, tel ce *Journal des voyageurs sur le chemin de fer d'Orléans*, lancé en 1846, ce *Journal du voyageur en chemin de fer*, lancé en 1857, jusqu'à ce *Wagon,* sous-titré *Gazette des voyageurs*, lancé tardivement en 1869. C'était vrai aussi des hôtels, qui se mirent à publier des journaux, tel le journal *Paris et ses environs*, qui était distribué gratuitement, à partir de 1845, aux voyageurs à leur arrivée dans certains hôtels meublés et qu'on trouvait également dans quelques cafés et restaurants, ou encore tel le *Journal des hôtels*, sous-titré *Guide*

3. *Paris en wagon. Agenda du voyageur*, Paris, Administration de publicité, s.d. [1859].

du voyageur à Paris, qui parut continûment de 1848 à 1863, ou le *Messager des hôtels*, lancé en 1851.

La périodicité de tous ces journaux était assez variable, hebdomadaire, bimensuelle ou mensuelle. Leur caractéristique la plus remarquable sans doute est que presque tous étaient gratuits. Dans les wagons du « P.O. » (la compagnie de chemin de fer Paris-Orléans), on pouvait trouver, à partir de 1842, un journal intitulé *Le Chemin de fer d'Orléans. Journal des voyageurs*, rangé dans une planchette contre la paroi. Après l'avoir lu, il fallait le ranger au même endroit afin que les voyageurs suivants puissent en profiter à leur tour (« MM. les voyageurs sont invités à replacer la planchette et le journal à l'endroit qui leur est assigné dans la voiture[4] »). Ce n'était pas une spécificité des chemins de fer. Les diligences tirées par les chevaux étaient également pourvues de telles planchettes. Sur le même modèle exactement que le journal *Le Chemin de fer d'Orléans*, existaient ainsi deux autres journaux, intitulés *La Malle-Poste* et *La Diligence*, fabriqués par le même imprimeur et dont les contenus étaient en grande partie les mêmes.

Cette gratuité intrigue évidemment un peu, aujourd'hui, dans la mesure où l'on pourrait y reconnaître le phénomène actuel des journaux gratuits, et ce d'autant plus que ceux que nous connaissons sont eux aussi étroitement corrélés aux moyens de transport, à commencer par ces magazines que les voyageurs trouvent à leur disposition à l'entrée des bouches de métro, dans les voitures des trains et dans les avions. Ce serait toutefois une erreur de perspective, car les journaux des années 1840 n'inventèrent pas la gratuité. Au contraire, ils ne firent que reprendre un principe qui existait déjà pour nombre de brochures, de fascicules, de guides et de livrets de l'époque précédente.

---

4. *Le Chemin de fer d'Orléans. Journal des voyageurs*, n° 1, novembre 1846.

J'ajoute que ces journaux étaient gratuits, certes, mais il serait faux de croire qu'ils l'étaient pour tous. Ils n'étaient proposés qu'aux clients de certains hôtels et à une certaine sorte de passagers. À la fin des années 1850, le *Journal du voyageur en chemin de fer*, par exemple, n'était disponible que pour les passagers des voitures de première et de deuxième classes. En ce temps où il y avait trois classes de voyageurs, la troisième en était dépourvue.

Quoi lire ?

Toute cette masse de papiers périodiques était beaucoup plus visible à cette époque qu'elle ne l'est aujourd'hui. Il faut faire un effort d'imagination pour se représenter la place qu'elle devait occuper dans l'espace public, par exemple dans la planchette des voitures du « P.O. », et considérer, du même coup, avec un peu d'étonnement, l'absence totale d'études historiques la concernant. Cette absence rend un peu délicate, et impressionniste, toute présentation du contenu de ces journaux. Tentons-la tout de même. Qu'est-ce que les innombrables utilisateurs des transports en commun des deux premiers tiers du XIXe siècle pouvaient bien y lire, dès qu'ils s'installaient sur les sièges des salles d'attente, dans les fauteuils des salons des hôtels, sur les banquettes des diligences et des wagons de chemin de fer ou dans les cabines des bateaux à vapeur ?

Le passage des brochures, fascicules, guides et livrets aux journaux périodiques a entraîné un certain nombre de transformations. Deux grandes thématiques, en particulier, pourtant caractéristiques des autres formes de la littérature de la route, ou au moins de certaines d'entre elles, disparurent avec l'avènement des journaux payants.

D'une part, les brochures, fascicules, guides et livrets pouvaient être des outils de promotion des compagnies de transport, notamment des compagnies de chemin de fer. On y trouvait presque toujours l'histoire de la compagnie exploitant la ligne, la législation dont elle dépendait, sa santé économique, les travaux d'établissement qu'elle assurait et la description des ouvrages d'art dont elle avait la charge. Tout cela disparut pratiquement des journaux gratuits.

D'autre part, ces journaux ne s'adressaient plus spécialement aux professionnels du voyage. Parmi les brochures, fascicules, guides et livrets, il en était en effet un certain nombre que les éditeurs destinaient tout exprès à ce groupe social neuf qu'était alors celui des voyageurs de commerce (groupe dont Balzac a fixé le type en 1833 avec *L'Illustre Gaudissart*). On y trouvait les principes de base d'arithmétique, comme la règle de trois, ou encore des modèles de billet à ordre, de quittance, de procuration, de lettre de change. On y trouvait aussi ces tours divertissants par lesquels les voyageurs de commerce, à l'étape ou dans la voiture, s'efforçaient de capter l'attention de leurs voisins (souvent au grand détriment de ces mêmes voisins, d'ailleurs : les récits de voyage sont pleins de récriminations contre cette véritable vermine des voitures et des tables d'hôte que constituaient alors les voyageurs de commerce). Tout cela disparut aussi des journaux, en particulier gratuits, pour se réfugier, mais un peu plus tard, dans la presse professionnelle des voyageurs de commerce, qui se développa à partir des années 1860.

À cela, il convient d'ajouter l'émergence, dans les journaux gratuits, d'un souci jusqu'alors inconnu : celui de la signature. On vit en effet apparaître des articles signés par leurs auteurs (ce qui ne signifie pas nécessairement, compte tenu de l'abondance des emprunts et des plagiats, que ces auteurs les avaient écrits exprès pour être publiés dans ces journaux). Le premier numéro du *Journal du voyageur en chemin de fer*, par exemple, contenait en 1857 un article signé par Nestor Roqueplan, lequel était alors un chroniqueur assez célèbre du Tout-Paris. Cela aurait été tout à fait insolite dans la littérature de la route de l'époque précédente.

Enfin, bien entendu, les annonces se multiplièrent, dans la foulée de l'impulsion donnée par des patrons de presse comme le célèbre Émile de Girardin. Il faut toutefois relativiser cette innovation, dans la mesure où les brochures distribuées gratuitement par les compagnies de transport, à commencer par les compagnies de chemin de fer, accueillaient également, à la même époque, un certain nombre d'annonces.

Outre ces différences, pour l'essentiel, les journaux gratuits remplissaient les mêmes fonctions que les brochures, fascicules, guides et livrets de l'époque précédente. Ces fonctions étaient, globalement, de trois ordres.

Le voyageur y trouvait d'abord des renseignements pratiques sur son itinéraire : des cartes, par exemple, ce qui contribua très certainement à acclimater la représentation cartographique du territoire dans l'ensemble de la société française. Plus souvent encore, on y trouvait les distances entre les différentes villes du parcours et, là aussi, il est bien évident que cette littérature est à compter au nombre des vecteurs essentiels qui, dans les premières décennies du XIXe siècle, contribuèrent à diffuser le système métrique à travers toute la France. Par la suite, les compagnies de chemin de fer donnèrent avec davantage de précision encore les heures des départs, le tarif des places, les correspondances. Parfois même, on indiquait les prix des consommations aux buffets des gares.

Toute cette littérature prétendait ensuite aider le voyageur à tromper l'ennui qui, depuis les salles d'attente jusqu'aux compartiments, semblait devoir accompagner inévitablement le voyage[5]. Plusieurs journaux s'intitulèrent explicitement *Le Passe-temps*. Dès la fin du XVIIIe siècle, le fameux *Guide des voyageurs* de Heinrich Ottokar Reichard avait estimé que, pour remédier aux heures d'ennui imposées par une longue navigation, « chaque voyageur doit se pourvoir de livres instructifs et amusants, surtout [disait Reichard] des relations de voyages[6] ». La littérature de la route des premières décennies du XIXe siècle se conforma à cette injonction. Dans les brochures et les journaux qui s'épanouirent alors, on pouvait lire par exemple un détail de la prise de Constantine, l'extrait d'un journal écrit à bord de *La Belle Poule*, des anecdotes de nature géographique sur le Japon, les Esquimaux ou l'Arabie, des descriptions des mœurs et coutumes des pays les plus éloignés, un récit des lynchages aux États-Unis d'Amérique, ce genre de choses, assez représentatives de ce qu'on y trouvait. Cette littérature redoublait donc volontiers sa fonction par son contenu : le lecteur était invité à tromper l'ennui de son voyage en lisant, d'abord, des extraits de récits de voyage. Il peut paraître paradoxal de meubler son ennui en voyage par la lecture de récits de voyages. En réalité, cela en dit long sur les attentes des voyageurs modernes, qui espèrent toujours, en voyage, faire l'expérience d'une autre texture du temps, avec cet espoir que l'intensité d'une émotion imprévue compensera, rétrospectivement, les nombreuses heures vides liées au déplacement.

Enfin, cette littérature informait le voyageur sur les régions qu'il traversait. Depuis longtemps, les brochures contenaient

5. Voir les articles de Karine Salomé, Stéphanie Sauget et Anne-Gaëlle Weber dans P. Goetschel, C. Granger, N. Richard et S. Venayre (dir.), *L'Ennui. Histoire d'un état d'âme (XIXe-XXe siècles)*, *op. cit.*

6. Heinrich Ottokar Reichard, *Guide des voyageurs en Europe* (1793), tome 1, Weimar, Au bureau d'industrie, 1805, p. CXVII.

en effet la description, même sommaire, des principales villes du parcours. Les « curiosités », comme on disait, les objets que l'on pouvait admirer étaient parfois mentionnés. Le modèle est ici ancien : depuis le XVIIIe siècle, les guides avaient pris l'habitude d'indiquer au voyageur en diligence « tous les lieux remarquables qui se trouvent, tant sur les grandes routes de poste que sur la droite ou la gauche de chaque route[7] ». On faisait de même pour le coche d'eau, le bateau à vapeur et le chemin de fer. La littérature de la route – cela pourrait être une de ses définitions – proposait ainsi un va-et-vient permanent entre le paysage et le texte imprimé, entre ce que l'œil pouvait apercevoir de chaque côté de la route parcourue et ce que l'esprit pouvait se représenter comme étant la nature du voyage.

La fin d'une époque

Le parcours en chemin de fer appelait, plus qu'aucun autre, la description du paysage observé. La plupart du temps, les voies ferrées du XIXe siècle ne reprenaient pas les tracés routiers préexistants, mais elles en créaient de nouveaux[8]. Les passagers n'étaient donc pas familiers des panoramas qu'ils pouvaient observer depuis la fenêtre de leur compartiment. Au début des années 1850, Napoléon Chaix tira argument de cette nouveauté pour lancer sa collection de guides :

> À l'aspect inaccoutumé de ces nouvelles routes, les voyageurs interrogent les cartes, questionnent leurs voisins, demandent le nom des stations, s'informent sur l'histoire et les monuments des pays qu'ils traversent. De ce besoin de voir et de connaître est née

7. Marc Desportes, *Paysages en mouvement. Transports et perception de l'espace. XVIIIe-XXe siècle*, Gallimard, 2005, p. 50-51.
8. *Ibid.*, p. 117.

cette collection de Guides descriptifs et pittoresques que nous publions sous le titre de Bibliothèque du Voyageur[9].

En réalité, la collection Chaix signalait l'avènement d'un nouvel âge du guide de voyage, qui allait contribuer à faire disparaître la littérature de la route. Les deux plus remarquables représentants de ces nouveaux guides seraient, non pas ceux de Chaix, mais les traductions des guides allemands de Karl Baedeker et, au sein de la librairie Hachette, les guides d'Adolphe Joanne (ancêtres de nos Guides bleus)[10]. À cela s'ajoutait un journal, mais d'un genre différent, l'*Indicateur des chemins de fer*, que Chaix lui-même lança avec succès en 1849. Les voyageurs en train – et en bateau à vapeur – pouvaient y trouver à bon marché tous les renseignements sur les horaires et les tarifs. Ces mutations sont décisives car, que ce soit dans sa fonction de pourvoyeuse d'informations pratiques, avec l'*Indicateur des chemins de fer*, ou dans celle de description des régions traversées, avec Baedeker et Joanne, la littérature de la route était désormais très efficacement concurrencée.

Elle le fut également dans sa fonction du divertissement. L'offensive, ici, s'est développée en deux temps. D'une part, Louis Hachette obtint en 1852 le monopole des bibliothèques de gare. Il lança alors une collection de livres explicitement destinés aux voyageurs : la « Bibliothèque des chemins de fer ». Ce faisant, il permit à tous ceux qui prenaient le train d'acheter, sur le lieu même de leur départ, de nombreux ouvrages bon

9. *Nouveau Guide de Paris à Strasbourg et à Bâle*, Chaix, coll. « Bibliothèque du voyageur », s.d. [1852], préface.

10. Goulven Guilcher, « La rivalité Chaix-Hachette pour la conquête d'un marché de la lecture ferroviaire. 1846-1865 », *Revue d'histoire des chemins de fer*, H.S. n° 3, 1992, p. 275-305 et Karine Taveaux, « Les bibliothèques de gare et du Métropolitain : un monopole Hachette (1870-1901) », dans R. Beautier, E. Cazenave et M. Palmer (dir.), *La Presse selon le XIXe siècle*, Universités de Paris-3 et Paris-13, 1997, p. 124-136.

marché qu'on regrouperait un jour sous l'appellation péjorative de « littérature de gare[11] ». Cette littérature de gare vint s'ajouter aux nouvelles collections de guides pour concurrencer la littérature de la route. D'autre part, à partir du lancement du *Petit Journal* en 1863, le formidable développement des journaux vendus au numéro conduisit les voyageurs à acheter des journaux à un sou, eux-mêmes vendus dans les gares, soit à la criée, soit par l'intermédiaire des kiosques Hachette. Cette double offensive accentua le déclin de la littérature de la route, qui fut extrêmement rapide à partir des années 1860, en dépit de la persistance d'exemples isolés jusqu'à la fin du XIXe siècle.

On pourrait se demander quel intérêt il peut y avoir à ressusciter aujourd'hui cette littérature de la route, ensemble d'imprimés au fond très peu passionnants. Certes, montrer l'apparition puis la disparition d'un phénomène n'est pas quelque chose de négligeable. C'est d'ailleurs la raison d'être des études historiques, même si ce phénomène semble aussi dérisoire que celui des journaux gratuits que les voyageurs pouvaient trouver dans leurs voitures ou dans leurs hôtels dans les deux premiers tiers du XIXe siècle. Mais il n'y a pas que cela. Avec l'effacement de cette littérature si particulière, disparut en effet un certain type de publications : celles qui liaient explicitement la pratique du voyage et la lecture d'extraits de récits de voyage. À partir des années 1860 et du triomphe des quotidiens payants, les représentations du temps l'ont emporté sur celles de l'espace. Les voyageurs étaient désormais invités à s'accorder, non plus au paysage qu'ils traversaient ou à l'immensité supposée du monde, mais aux rythmes nouveaux des transports rapides et de l'accélération de l'information.

---

11. Stéphanie Sauget, À *la recherche des Pas-Perdus. Dans la matrice des gares parisiennes (1837-1914)*, thèse, Université Paris 1, 2005, p. 219.

4.

Pour n'y prendre aucun plaisir

Pour le *Grand Dictionnaire universel du XIXe siècle* de Pierre Larousse, publié dans les années 1870, l'affaire était entendue : les pèlerinages, qui avaient complètement disparu sous la Révolution avant de faire une réapparition timide sous la Restauration, sont demeurés un phénomène marginal au XIXe siècle. Même la « réaction cléricale » que fut, pour Larousse, le Second Empire ne signifia pas le retour de la pratique :

> Ce vagabondage religieux n'atteignit pas cependant une grande intensité ; en dehors du soi-disant miracle de la Salette, des prédications du curé d'Ars, qui attiraient quelques centaines de dévots, de quelques voyages en terre sainte organisés par une agence spéciale, il ne resterait pas grand-chose à citer de cette époque.

Au fond, dit le *Dictionnaire*, il a fallu attendre les années 1872 et 1873 pour voir les pèlerinages se multiplier, tout particulièrement à Lourdes. Mais seul le contexte politique, avec la chute de la Rome pontificale et l'avènement de la République en France, pouvait expliquer cette aberration anachronique.

Les historiens ont depuis longtemps sérieusement révisé l'opinion de Pierre Larousse. Ce furent bien plus que « quelques centaines de dévots » qui affluèrent à Ars : entre soixante et quatre-vingt mille par an aux alentours de 1850. De même, on compta trente mille pèlerins à Paray-le-Monial pour le seul jour du 22 juin 1865, au lendemain de la béatification de Marguerite-Marie. En 1908 enfin, un million de pèlerins se pressèrent à Lourdes pour le cinquantenaire des apparitions de la Vierge à Bernadette, couronnant un mouvement de grande ampleur qui avait fait de Marie, tout au long du XIXe siècle, l'interlocutrice privilégiée des pèlerins français[1].

Les lendemains de l'« Année terrible » virent certes une recrudescence massive des pèlerinages en France, au point que Pie IX cautionna, du 22 juillet au 22 août 1873, un « mois des pèlerinages » qui mit en mouvement des foules impressionnantes et dont le sanctuaire de Lourdes, accessible par le train depuis 1867, fut le premier bénéficiaire. Mais un tel essor n'était pas le seul produit des circonstances politiques et les études historiques l'ont désormais replacé dans la continuité d'une « pastorale pèlerine » qui court sur tout le XIXe siècle[2].

Depuis les lendemains de la Révolution et de l'Empire, d'innombrables guides du pèlerin, écrits par des ecclésiastiques et publiés sous l'autorité de l'Église, conseillèrent les fidèles en route pour les différents sanctuaires de France. Loin de se borner à la répétition d'un discours en grande partie construit au fil des luttes religieuses du XVIe siècle[3], les auteurs de ces livres réagirent à la révolution du voyage en cours dans la France des deux premiers tiers du XIXe siècle. Alors que se modifiaient radicalement les conditions du déplacement, ils ont progressivement défini une figure originale du pèlerin mêlant l'idéal catholique, l'esthétique romantique et les nouveaux codes du voyage d'agrément imposés par le siècle.

1. Philippe Boutry et Joachim Bouflet, « Un signe dans le ciel ». Les apparitions de la Vierge, Paris, Grasset, 1997 et Ruth Harris, *Lourdes : la grande histoire des apparitions, des pèlerinages et des guérisons*, Paris, JC Lattès, 2001.
2. Sylvain Milbach, « "L'année des pèlerinages" (1873), miroir de la pastorale pèlerine du XIXe siècle », dans Catherine Vincent (dir.), *Identités pèlerines*, Rouen, Publications de l'Université de Rouen, 2004.
3. Philippe Boutry et Dominique Julia (dir.), *Pèlerins et pèlerinages dans l'Europe moderne*, Rome, École française de Rome, 2000 et Philippe Boutry, Pierre-Antoine Fabre et Dominique Julia (dir.), *Rendre ses vœux. Les identités pèlerines dans l'Europe moderne (XVIe-XVIIIe siècles)*, Paris, Éditions de l'EHESS, 2000.

Qu'est-ce qu'un pèlerin catholique ?

L'idéal catholique du pèlerinage est moins évident qu'on pourrait le penser. Les guides de pèlerinage du XIXe siècle soulignent tous que Dieu est partout et que, à ce titre, il n'est pas nécessaire de se déplacer pour le trouver. Ils citent volontiers une phrase de l'*Imitation de Jésus-Christ*, selon laquelle « il est rare que ceux qui courent à un grand nombre de pèlerinages parviennent à une haute sainteté ». Ils condamnent l'excès des pèlerinages ou les mauvais usages que l'on pouvait faire de ceux-ci – excès et mauvais usages que ces guides cherchaient justement à prévenir. Cependant, le pèlerinage, entrepris avec soin et dans un esprit chrétien, demeurait à leurs yeux une bonne action. Quatre raisons pouvaient le justifier.

La première est que, convenablement mené, il est un moyen de retremper sa foi. « Pieux voyage », il est l'occasion, selon une métaphore souvent employée, de réchauffer une foi attiédie par le temps, de retrouver la chaleur de la première communion. Il devait d'ailleurs s'accompagner de multiples prières, de saintes lectures – à commencer par celle de l'*Imitation* –, d'aumônes, de jeûne et, surtout, des sacrements de la confession et de la communion. Bien des guides se présentaient comme de simples catalogues de cantiques, de prières et de méditations chrétiennes. Certains, à l'image de ceux qui furent inspirés par le curé d'Ars au milieu du siècle, n'étaient même que cela : des manuels d'exercices de piété, des livres de dévotion que les pèlerins devaient méditer en cheminant.

Sans doute ces exercices auraient-ils pu être pratiqués dans le cadre de la paroisse de résidence mais, comme le dit un guide de 1836, « on est tiède dans ses exercices ordinaires[4] ». Des prières

4. A. B. Caillau, *Le Jour de Marie ou Le Guide du pèlerin de Roc-Amadour*, Paris, Camus, 1836, introduction.

inédites, des exercices nouveaux et jusqu'à l'écoute, en confession, par un prêtre inconnu de soi : autant de ruptures qui redoublaient celles imposées par le voyage et qui étaient propres à raffermir la foi des fidèles. Un guide de 1855 vantait ainsi les qualités de la Vierge : « Elle connaît la faiblesse humaine ; elle sait que l'accoutumance fait perdre aux choses leur prix, aux hommes leur mérite ; que les miracles et la nouveauté sont les seuls remèdes à ce genre de maladie[5]. »

De fait, les miracles constituaient une deuxième bonne raison d'entreprendre un pèlerinage. Partant prier Dieu par l'intercession de son Fils, de ses Saints ou, surtout, de sa Mère, le pèlerin catholique pouvait espérer la réalisation d'un vœu. Une telle demande était bien souvent satisfaite, ainsi que le proclamaient, dans tous les sanctuaires, d'innombrables ex-voto. Les prières des pèlerins étaient entendues. Il était essentiel d'en être persuadé, les auteurs de guides répétant que les miracles témoignent de la vérité du catholicisme, seule religion au monde qui puisse s'enorgueillir de telles marques de l'amour de Dieu.

Un troisième ensemble de raisons d'entreprendre un pèlerinage résultait de la volonté du fidèle d'expier ses péchés. Le pèlerinage devait être entrepris dans un esprit de pénitence. Les indulgences, accordées par les Papes à tel ou tel sanctuaire, étaient un moyen de remettre les peines dues aux péchés. Ce n'était pas le seul. Un sommeil difficile, un chemin pénible, des aliments grossiers, les risques des rencontres : l'épreuve de la route était aussi une ascèse qui sanctifiait et, à ce titre, elle faisait pleinement partie de la vertu du pèlerinage.

Enfin, le pèlerinage permettait de témoigner de sa foi aux yeux du monde. Il était une profession publique de foi. Or une

5. Abbé F. Rossigneux, *Guide du pèlerin à Notre-Dame de Bétharram*, Pau, Vignancour, 1855, introduction.

telle conception induisait la nécessité de la foule. Non seulement la vue des autres était le moyen de retremper sa foi mais, comme l'affirmait un manuel de 1864, « les pèlerinages, si nombreux aujourd'hui, sont encore le démenti le plus formel que l'on puisse donner à l'impiété, qui proclame depuis si longtemps que l'Église touche à sa dernière heure [...]. En se multipliant et en devenant de plus en plus populaires les pèlerinages finiront par exercer une influence immense sur les masses, qu'ils rendront plus chrétiennes[6]. » Face à un siècle de plus en plus nettement ressenti comme impie, dans lequel l'incroyance semblait faire des progrès constants, le pèlerinage public prouvait aux yeux du monde la vitalité de l'Église et la foi de ses fidèles. Face à la modernité incroyante du siècle, portée notamment par des journaux en grande majorité libéraux, les pèlerinages proposaient au public une protestation qui était aussi une propagande. En un temps où l'Église ne disposait pas encore de sa propre presse, ils apparaissaient, aux côtés du sermon dominical, comme l'un de ses principaux médias. Cela explique l'importance des chiffres avancés par les guides. Il était essentiel de pouvoir affirmer que le nombre des pèlerins au tombeau de saint Jean-François Régis à Lalouvesc, par exemple, s'élevait « annuellement aux environs de quatre-vingt mille[7] » et qu'on en avait même compté cent vingt mille en 1849. L'effet de masse faisait partie de la pastorale pèlerine. Le combatif Pierre Larousse le comprenait d'ailleurs parfaitement en minimisant, dans les années 1870, le nombre des pèlerins français.

Cette logique renversait la signification traditionnelle du pèlerinage. L'intérêt de celui-ci n'était plus seulement de mener les fidèles à un endroit où la Vérité s'était manifestée. C'était

6. Abbé Ozanam, *Petit Guide des pèlerinages*, Paris, Bertin, p. 17.

7. *Vie et miracles de saint J.-F. Régis ou Le Livre des pèlerins au tombeau du saint*, Limoges, Ardant, 1854, « Avis de l'auteur ».

désormais le pèlerinage lui-même qui manifestait la Vérité, les foules prouvant la foi. À la fin du siècle, Joris-Karl Huysmans tira toutes les conclusions d'un tel renversement en faisant l'hypothèse que, même si la Vierge n'était pas apparue à La Salette ou à Lourdes, sa présence en ces lieux n'en serait pas moins certaine, tant elle avait dû y être attirée « par l'afflux des prières, par les effluences jaillies de la foi des foules[8] ».

Du reste, le pèlerinage n'impliquait pas nécessairement de devoir se rendre dans un lieu où la présence du Fils, des saints ou de la Vierge avait été réellement attestée. La pratique de plus en plus répandue du « chemin de la Croix » en témoigne. Comme tout le monde ne pouvait pas faire le pèlerinage de Jérusalem, les Papes accordèrent, dit un guide de 1862, « les mêmes indulgences à des représentations de la Voie Douloureuse, établies canoniquement dans nos églises[9] ». Le modèle était ici les « Exercices spirituels » de saint Ignace de Loyola et, tout particulièrement, sa méthode de « méditation contemplative », selon laquelle il fallait faire « la construction des lieux[10] ». Bien des sanctuaires de France, à commencer par celui de Montmartre, à Paris, offrirent ainsi le moyen d'un pèlerinage qu'on pourrait dire au second degré, le fidèle faisant comme si son voyage à la colline de Montmartre était un voyage au Golgotha de la Terre Sainte.

La pratique, qui rejoignait les processions aux calvaires encouragées par les missions de la Restauration, et en attendant

8. Joris-Karl Huysmans, *En route* (1895), édition de D. Millet, Paris, Gallimard, coll. « Folio », 1996 p. 175.

9. Abbé Gendry, *Les Stations de la Voie Douloureuse à Jérusalem. Souvenirs et impressions d'un pèlerin*, Paris, Tolra et Haton, s.d. [1862], préface.

10. Dominique Julia, « Pour une géographie européenne du pèlerinage à l'époque moderne et contemporaine », dans Philippe Boutry et Dominique Julia (dir.), *Pèlerins et pèlerinages dans l'Europe moderne*, *op. cit.*, p. 3-126.

les répliques de la grotte de Lourdes de la fin du XIXe siècle[11], eut pour conséquence le développement d'un type de récit de pèlerinage en Terre Sainte dont le but était précisément de permettre la « construction des lieux » héritée de saint Ignace. Pour le dire comme l'auteur d'un des récits rapportés par les premiers pèlerins à avoir bénéficié de l'Œuvre des pèlerinages en Terre Sainte, fondée en 1853 par la Société Saint-Vincent-de-Paul : « si des obstacles insurmontables s'opposent à votre généreux dessein, faites du moins en esprit, à l'aide de ce petit livre, le pèlerinage de Jérusalem[12] ». Le récit devait chercher à faire voir les lieux saints, afin de faciliter leur représentation au lecteur qui n'y était pas allé. Mais il devait également faire goûter les saintes émotions ressenties par le pèlerin de Jérusalem. Il était écrit pour révéler toutes les impressions et les transmettre à ceux qui, n'ayant pas l'expérience des lieux, pouvaient malgré tout, grâce aux descriptions, réussir leur construction à la manière d'Ignace.

Qu'est-ce qu'un pèlerin romantique ?

Un tel objectif s'accordait aux modalités du récit de voyage romantique, tout entier fondé sur la restitution des impressions et des sentiments du voyageur. La pastorale pèlerine se colora ainsi de bon nombre de motifs romantiques, à commencer par les formes prises par l'expression de la réminiscence. Certes, le pèlerinage catholique était depuis longtemps considéré comme une manifestation de la condition même de l'homme sur la Terre. N'était-il pas écrit dans l'*Ancien Testament* « que nous

11. Michel Lagrée, « Les répliques de la grotte de Lourdes. Suggestions pour une enquête », dans *Homo religiosus. Autour de Jean Delumeau*, Paris, Fayard, 1997, p. 25-33.

12. Abbé Becq, *Impressions d'un pèlerin de Terre Sainte au printemps de 1855*, Tours, Mame, 1859, préface.

n'avons pas ici-bas une demeure permanente, mais que nous en cherchons une autre future[13] » ? Et dans le *Nouveau Testament* que « l'homme est un pèlerin sur la terre ; le but de son pèlerinage est le Seigneur[14] » ? Exilée du Jardin d'Éden, dans l'attente du Jugement Dernier, l'humanité tout entière était en marche en direction du Ciel. Du même coup, pour le dire comme un guide de 1867, « la dévotion des pèlerinages, si ancienne dans l'Église et même dans le monde, est comme une réminiscence de cette grande vérité[15] ».

Ces conceptions étaient redoublées par le fait que le pèlerin, loin de tracer une route nouvelle, met ses pas dans les pas de ceux qui l'ont précédé. Il imite d'abord Jésus lui-même, lequel « a voulu honorer le pèlerin en apparaissant sous cette forme aux disciples d'Emmaüs[16] ». Il imite la Vierge au tombeau de son Fils. Il imite les disciples des Apôtres et tous les illustres pèlerins du passé, Constantin, Charlemagne, saint Louis, les Croisés, dont les guides ressassaient les noms. Inconnu lui-même, il imite enfin ses prédécesseurs inconnus, manifestant une idée elle aussi présente dans l'*Ancien Testament*, et souvent répétée par les guides : « Nous sommes des pèlerins devant vous comme l'ont été nos pères[17] ».

Tout cela s'accordait à l'imaginaire romantique. Si les peuples païens eux-mêmes avaient accompli des pèlerinages, comme le répétaient les guides catholiques, c'était bien, selon

---

13. Héb. XIII, 14, cité dans Améric Mini, *Le Pèlerin sur la terre, citoyen du ciel ou véritable portrait spirituel du bienheureux Benoît Joseph Labre*, Lille, Lefort, s.d. [1863], introduction.
14. Cor. 5-6, cité dans dans *Manuel du pèlerin à Notre-Dame de Fourvières*, Lyon, Perrin/Josserand, 1867, chapitre I.
15. *Ibid.*
16. *Ibid.*
17. I. Paralip., XXX, 15, cité en ouverture du *Manuel du pèlerin à Notre-Dame de Torcé*, Le Mans, Gallienne, 1856.

l'un d'entre eux, publié en 1843, parce que le pèlerinage répondait à un « instinct secret » de l'homme (vous aurez reconnu l'expression utilisée par Chateaubriand dans l'*Itinéraire de Paris à Jérusalem*[18]). Le pèlerinage n'exprimait donc pas seulement un désir de retremper sa foi, de bénéficier d'un miracle, d'expier ses péchés ou de manifester la force de l'Église. Il était aussi, dans une logique romantique, désir de voyage.

Or ce désir tenait à la définition de l'homme comme un être imparfait ou, plus exactement, comme un être défini par le manque. Sans doute l'idée selon laquelle l'unité de l'homme a été brisée par la Chute correspondait-elle à l'enseignement de l'Église. Mais, de Félicité de Lamennais à Adam Mickiewicz, les écrivains romantiques illustraient ce manque par des motifs moins absolus que l'exil de l'Éden – la ruine de la patrie polonaise, par exemple, chez Mickiewicz. Dans le contexte français du XIXe siècle, cette expression d'une unité brisée renvoyait moins à la Chute des théologiens qu'à la Révolution des penseurs politiques du catholicisme. En voyageant, les pèlerins répondaient peut-être à une injonction venue du fond des âges. Ils n'en contribuaient pas moins, dans une logique contre-révolutionnaire, à renouer la chaîne des temps, interrompue en 1789. « Qu'ils viennent », dit un guide de 1854, « comme autrefois leurs pères et leurs aïeux [...] qu'ils reviennent avec la foi antique ; les miracles reparaîtront avec elle ; et sous son aimable empire renaîtront ces temps heureux où le monde n'était qu'une famille, où toutes les nations étaient des sœurs, où tous les hommes étaient des frères[19] ! » Marchant en direction du sacré, le pèlerin était en route vers l'origine de toutes choses. Son voyage était très profondément un retour, manifes-

18. *Cf. supra*, chapitre 1.

19. Abbé Tridon, *Manuel du pèlerin de Sainte-Reine*, 2e éd., Paris, Société de St-Victor pour la propagation des bons livres, 1854, « Aux pieux pèlerins ».

tant le regret d'un monde perdu. Certains en voyaient la preuve dans l'attirance des pèlerins pour les régions de montagnes, les zones reculées où, pour le dire comme un guide de 1841, l'on « trouve plusieurs vestiges de la foi primitive[20] ».

Les atours médiévaux du pèlerinage furent une des expressions de cette nostalgie fondamentale. Les guides identifiaient dans les pèlerins du XIXe siècle les héritiers de la piété du Moyen Âge. Lorsqu'en 1873 les Assomptionnistes créèrent l'hebdomadaire *Le Pèlerin*, bâtons et bourdons moyenâgeux servirent d'emblèmes à un journal pourtant fondé sur les possibilités modernes offertes par le chemin de fer, les rotatives et le télégraphe électrique. Le pèlerinage actualisait une époque passée du voyage, lorsque tout déplacement était long et difficile. Avant les moyens de transport modernes, écrit en 1841 l'auteur d'une *Physiologie du voyageur*, « qu'était-ce donc [...] qu'un voyage de cent lieues ? c'était un pèlerinage auquel on ne se résignait pas sans avoir fait d'abord son testament[21]. »

Accordé aux motifs romantiques de l'unité perdue et d'un Moyen Âge rêvé, le pèlerinage était également une pratique de l'homme sensible. Les pèlerins partaient en quête de l'impression autant que les voyageurs romantiques. Les « impressions des sens », affirmait un guide de 1840, permettent un « culte sensible » de Dieu : « qui ne connaît le pouvoir des sens sur l'âme ? Est-il rien de plus capable de provoquer en elle de vives impressions que la vue des objets qui lui rappellent de grands et touchants souvenirs[22] ? » À l'appui de sa démonstration, le guide citait d'ailleurs le passage de l'*Itinéraire de Paris*

20. *Guide religieux et pittoresque du pèlerin à La Louvesc*, Grenoble, Prudhomme, 1841.
21. Maurice Alhoy, *Physiologie du voyageur*, Paris, Aubert et Cie, s.d. [1841], p. 20.
22. *Les Pèlerinages aux sanctuaires de la Mère de Dieu*, Lyon, Périsse frères, 1840, « Discours préliminaire sur les pèlerinages ».

à Jérusalem où Chateaubriand décrivait la forte impression que lui avait fait, depuis le bateau, la vue des rivages de la Terre Sainte. Réagissant notamment contre « ce protestantisme glacial qui veut retrancher tout culte extérieur et sensible[23] », la pastorale pèlerine accueillait ainsi volontiers les consignes qui, à la même époque, mettaient la quête émotionnelle des impressions au cœur des vertus du voyage.

On accordait une importance nouvelle aux paysages. Les guides reprenaient une antique opposition entre les montagnes et les plaines – le pèlerin gravissant la montagne se rapprochant du Ciel, en même temps qu'il retrouvait toute une série de divines montagnes, celles d'Abraham, de Noé et de Moïse, et qu'il s'éloignait d'une vie définie comme « vallée de larmes[24] ». Mais cet ancien contraste était désormais renforcé par une vision romantique qui faisait de la montagne un espace produisant sur l'âme des impressions plus profondes que la monotonie des plaines. La vue des versants escarpés, le bruit des torrents, la gifle du vent excitaient les facultés de l'âme en même temps que les sens – sans compter que, selon une logique déjà à l'œuvre dans le *Génie du christianisme* de Chateaubriand, la beauté et le sublime de la nature manifestaient l'existence de Dieu.

Pèlerin et touriste !

À cela s'ajoutait un dernier déplacement : celui né de la contrainte où se trouvaient les guides catholiques de définir le pèlerinage en relation avec les formes nouvelles, et bientôt dominantes, du voyage d'agrément.

23. *Guide du pèlerin au calvaire de Montmartre, op. cit.*
24. *Ibid.*

Depuis fort longtemps, l'Église s'inquiétait des troubles raisons qui poussaient les pèlerins sur les routes, multipliant les admonestations contre les mauvais penchants. Au XVIe siècle, les critiques des humanistes et des Réformés vis-à-vis de la pratique du pèlerinage avaient d'ailleurs traduit cette anxiété[25]. Les guides du pèlerin de la première moitié du XIXe siècle s'en faisaient encore l'écho. L'un d'eux rappelait qu'« un pèlerinage est un acte de piété. Le faire dans un but de voyage, de curiosité ou de plaisir, ce serait en méconnaître le caractère[26] ». Un autre pointait « certains défauts qui ne se glissent que trop souvent dans ces sortes de voyages [...] : la curiosité de voir les choses nouvelles, les légèretés, la dissipation, les excès de bouche[27] », c'est-à-dire toutes les caractéristiques du voyage d'agrément dont on devine qu'elles pouvaient aussi être celles du pèlerinage mal pratiqué. En 1867, un auteur fulminait à propos des touristes :

> Ils ne veulent pas s'agenouiller, il est vrai, aux sanctuaires de Dieu, de sa Mère ou de ses Saints, mais ils sont assidus aux pèlerinages du monde et de Satan, aux eaux, aux bains de mer, aux voyages d'agréments, aux théâtres, aux courses de chevaux, aux expositions, aux concours de bestiaux ! [...] On ne veut pas vénérer l'image de la plus pure des Vierges, mais on ira s'extasier dans les salons de peinture, dans les parcs royaux devant les images éhontées de la volupté. On ne veut pas vénérer les reliques des Saints ou les lieux de leur passage, mais on visitera avec respect l'encrier de Luther, la canne de Voltaire, ou la redingote usée d'un empereur[28].

Non seulement les pèlerins catholiques risquaient de se conduire comme des touristes, mais le voyage d'agrément se

25. Dominique Julia, « Pour une géographie européenne du pèlerinage à l'époque moderne et contemporaine », *op. cit.*
26. *Le Pèlerin de Verdelais*, Bordeaux, Ducot, 1849.
27. *La Vie de Saint-Fiacre*, Gangneux, 1821.
28. *Manuel du pèlerin à Notre-Dame de Fourvières* 1867.

donnait parfois des airs de pèlerinage. « N'avons-nous pas vu même, de nos jours, l'impie, qui se moque de nos pèlerinages chrétiens, en instituer de ridicules aux lieux célèbres où vécurent des hommes fameux, les Voltaire et les Rousseau[29] ? » s'indignait un auteur de 1843. Les voyages à Ermenonville et aux Charmettes apparaissaient comme un inadmissible renouvellement laïc, voire antireligieux, du pèlerinage. Le jeune Edgar Quinet témoigne d'une telle évolution lorsque, faisant en 1823 le tour du lac Léman à pied, il écrit à sa mère avoir fait sa « prière » dans le parc de Coppet[30].

Voyageant souvent en groupe, sur des chemins balisés et un guide à la main, les touristes exprimaient un certain ridicule du voyage – auquel on opposait les vrais voyageurs, sachant comprendre et sentir. Or le pèlerin aussi voyageait en groupe – et même en foule, la nouvelle pastorale pèlerine lui en faisant gloire. Il parcourait des chemins balisés. Les guides lui étaient plus nécessaires qu'à tout autre voyageur, dans la mesure où le pèlerin avait à rester deux fois dans le droit chemin – au sens propre et au sens figuré. En 1864, le premier périodique français à être intitulé *Le Pèlerin* fut ainsi un journal destiné aux touristes, mais se refusant à endosser une identité trop méprisée :

> Nous sommes un pèlerin du dix-neuvième siècle ; un pèlerin, disons-nous, et non un touriste. Le touriste voyage pour son agrément personnel ; des choses il ne voit que la surface. [...] Le pèlerin, au contraire, pénètre au fond des choses, persuadé que

29. *Le Pèlerin de Mattaincourt*, Mirecourt, Fricadel-Dubiez, 1843, « Des pèlerinages ».

30. Sylvain Venayre, « Du mal du pays au désir d'exil. Les sens du voyage selon Edgar Quinet (1814-1830) », dans Nicolas Bourguinat et Sylvain Venayre (dir.), *Voyager en Europe de Humboldt à Stendhal*, Paris, Nouveau Monde, 2007, p. 429-444.

dans la contemplation d'une œuvre de la divinité, il y a toujours à gagner pour notre esprit. Il étudie le sens intime[31].

Le journal témoignait d'une attitude plus générale des récits de voyage touristiques, par laquelle leurs auteurs couvraient leurs modestes circuits du prestige attaché au pèlerinage. La poétique figure du pèlerin anoblissait la prosaïque pratique touristique.

Bientôt, cependant, quelque chose changea. On se mit à admettre, de plus en plus explicitement, la possibilité d'être tout à la fois pèlerin et touriste. En 1856, un guide au sanctuaire du Mont Saint-Odile se proposait ainsi d'« accompagner le promeneur dans son excursion[32] », dans une formule qui évoque bien moins le modèle des anciens pèlerins que celui des touristes modernes. En 1860, un *Guide du touriste à Notre-Dame du Puy* évoquait à peine la dimension de pèlerinage du lieu. La même année, un guide à Notre-Dame de Chartres évoquait « la contemplation de toutes les merveilles archéologiques et religieuses que la cathédrale renferme dans son sein[33] » et invitait le lecteur à admirer les deux choses de façon égale – l'art et le divin. Chartres est du reste un cas remarquable, qui devait intéresser tout autant le pieux voyageur que l'amateur d'antiquités nationales, sensible à l'ancienneté de la Vierge druidique à laquelle le sanctuaire avait d'abord été dédié – et qui renvoyait aux présumées racines celtes de la France – tout autant qu'à la piété catholique. En 1867, la publication d'un très explicite *Guide du touriste et du pèlerin à Notre-Dame de Chartres* signalait, dans son titre même, la convergence de ces deux figures majeures du voyage.

31. « À nos lecteurs », *Le Pèlerin. Journal du monde élégant*, n° 1, 1er mai 1864.
32. N. Schir, *Guide du pèlerin au Mont Sainte-Odile*, Colmar, Hoffmann, 1856, introduction.
33. *Guide du visiteur et du pèlerin à Notre-Dame de Chartres*, Paris, Camus, 1860, avant-propos.

La pastorale pèlerine s'infléchit alors sensiblement. En 1865, la *Philosophie du pèlerin de Bar-sur-Seine* était explicite : « parmi les motifs qui font marcher le pèlerinage il peut se trouver des considérations très humaines. Un peu d'esprit mercantile, un peu d'esprit artistique, un peu d'amour du grand air peut se mêler à l'or de sa piété[34]. » Désormais, le pèlerinage n'excluait plus ni le voyage d'affaires ni le voyage d'agrément. En 1864, un *Petit Guide des pèlerinages* faisait le point sur cette évolution assez récente :

> Nous ne ferons certes pas un crime aux curieux ou à ceux qui veulent faire un voyage d'agrément, de profiter des trains à prix réduits destinés aux pèlerinages ; mais alors on est touriste et non pèlerin. [...] Il faut donc que le pèlerin, pour mériter ce nom, entreprenne son voyage sous l'inspiration de la foi, et que des sentiments chrétiens y président. Il peut joindre sans doute à ces pensées élevées et surnaturelles des vues secondaires et d'un ordre inférieur : telles que le plaisir d'une partie de campagne, d'un délassement honnête ; les jouissances que l'on éprouve ordinairement à visiter un pays nouveau, dont les sites sont plus ou moins pittoresques. Il peut même arriver quelquefois que la curiosité ou le désir de se récréer donne la première idée d'un pèlerinage et en décide l'accomplissement ; mais rien n'empêchera qu'on lui imprime ensuite son caractère religieux, en se proposant d'en profiter pour sa propre sanctification, et en s'y préparant en conséquence[35].

L'avènement du chemin de fer a joué ici un rôle considérable. La mise en place « des trains à prix réduits destinés aux pèlerinages » était une réalité, qui rendait les voyages tout à la fois moins coûteux et moins pénibles. On comprend d'ailleurs que ce mouvement se soit accompagné de la relégation de la

34. Lascasas, *La Philosophie du pèlerin de Bar-sur-Seine*, Bar-sur-Seine, Doussot, 1865, p. 21.
35. Abbé Ozanam, *Petit Guide des pèlerinages, op. cit.*, p. 13.

dimension pénitentielle du pèlerinage. Si, dans les années 1820, un guide pouvait encore recommander d'« offrir à Dieu toutes les peines et les incommodités du voyage, et le prier de les vouloir accepter pour l'expiation de ses péchés[36] », un tel impératif perdit beaucoup de sa force aux alentours de 1860 avec l'achèvement du réseau ferré principal en France. Comme le reconnaissait le manuel de 1864, dans une formule significative, « nos pèlerinages ne pouvaient donc pas échapper à cette contagion générale : on en a fait de pieux trains de plaisir[37] ».

Cependant que le prestige du modèle pénitentiel s'effaçait, un autre motif religieux du pèlerinage se développait. « On nous comprendrait toutefois bien mal », lit-on encore dans le manuel de 1864, « si l'on croyait que nous voulons imposer aux pèlerins l'obligation d'être tristes, sombres et peu sociables. Loin de là, nous les voulons au contraire rayonnants d'une gaieté douce et pleine de charité[38]. » Un nouvel idéal émergeait : celui du pèlerin qui, par sa joie et sa bienveillance, témoignait du bonheur d'être chrétien. Accompagnant la figure de la foule pèlerine, laquelle exprimait l'existence d'un peuple catholique conquérant, ce pèlerin gai et charitable était le moyen de reconquérir les âmes perdues par le siècle.

N'en déplaise à Pierre Larousse, le XIXe siècle fut donc, dès avant 1872-1873, non seulement un grand siècle des pèlerinages, mais aussi le temps d'une mutation décisive de leurs formes et de leurs significations. Sous le double effet de l'esthétique romantique et de la révolution du voyage d'agrément, la pastorale pèlerine subit un considérable infléchissement. L'idéal du pèlerin catholique se modifia, intégrant la nécessité

36. *La Vie de Saint-Fiacre, op. cit.*
37. Abbé Ozanam, *Petit Guide des pèlerinages, op. cit.*, p. 15.
38. *Ibid.*, p. 14.

de la foule, reléguant au deuxième plan la dimension pénitentielle du chemin et définissant les contours d'une figure chrétienne d'abord gaie et charitable – cependant que la nouvelle dimension mémorielle du pèlerinage, la définition du pèlerin comme homme sensible, animé d'un instinct voyageur et en quête d'impressions, la reconnaissance progressive des objectifs touristiques du voyage faisaient échapper les pèlerins au seul imaginaire catholique. Loin d'être une survivance des époques révolues, les pieux voyages furent donc eux aussi, dès le XIXe siècle, caractéristiques de notre modernité.

5.

Pour ne pas aller voir ailleurs

Dès les premiers volumes parus dans les années 1830, Jules Michelet a explicité le projet de son *Histoire de France*, qui allait l'occuper toute sa vie[1] : faire le récit, non pas seulement d'une nation ou d'un peuple, mais d'une « personne[2] » ; de cette personne, raconter la naissance, la croissance, les moments de crise, les vertus et les fautes, la maturité. Michelet propose à son lecteur une manière d'immense biographie, le récit de la formation d'un Même – un Même qui, pour l'historien libéral, atteint sa plénitude dans ces années 1789-1794 auxquelles il consacra, par ailleurs, une volumineuse *Histoire de la Révolution française*.

Pour Michelet, cette France si particulière était née de la confrontation avec ses grands voisins allemand, anglais et italien. Ceux-ci sont les Autres contre lesquels ce Même s'est constitué. Michelet analyse de quelle façon les différences entre ces nations se sont formées au cours des siècles par le jeu des mélanges et des influences. Dans les temps anciens, nous dit-il, ce sont les races allemandes qui se sont écoulées sur le territoire de ce qui allait devenir la France[3]. Aux temps modernes, la grande lutte fut celle de la France et de l'Angleterre, les deux nations se connaissant comme telles à la

1. Cette étude se fonde sur l'étude des livres I à VIII de l'*Histoire de France* (édition de P. Viallaneix et P. Petitier, Paris, Éditions des Équateurs, 2008) et sur la totalité de l'*Histoire de la Révolution française* (édition de G. Walter, Paris, Gallimard, coll. « Bibliothèque de la Pléiade », 1939). Désormais *HF* et *HRF*.
2. *HF*, tome II, p. 87.
3. *HF*, tome II, p. 9.

lumière de leur perpétuel affrontement, la guerre de Cent Ans jouant un rôle matriciel[4]. À la Renaissance enfin, la France s'assimila l'esprit italien[5], ce qui la conduisit à prendre la tête de ce mouvement révolutionnaire qui, après deux siècles de luttes contre le catholicisme et la monarchie, ne devait triompher qu'en 1789.

La pensée de Michelet est éminemment géographique. Lui-même l'a écrit à plusieurs reprises : « l'histoire est d'abord toute géographie[6] » – ou encore, au moyen d'une métaphore exotique : « Sans une base géographique, le peuple, l'acteur historique, semble marcher en l'air comme dans les peintures chinoises où le sol manque[7]. » La dialectique du Même et de l'Autre se complique ainsi, pour Michelet, d'une dialectique de l'Ici et de l'Ailleurs – une dialectique qu'on ne saurait réduire à la doctrine des frontières naturelles : pour Michelet, la France est d'abord née d'un « puissant travail de soi sur soi[8] », travail qui lui a permis de devenir ce qu'elle est, sans qu'aucun élément racial ou spatial puisse être, à lui seul, suffisant pour l'expliquer. La France s'est construite en même temps que son peuple et que son territoire.

Michelet ne parle jamais de l'Ailleurs. À l'époque à laquelle il écrit, l'adverbe n'était pas substantivé, encore moins hypostasié[9]. Pourtant, utiliser cette notion anachronique a une vertu : nous dégager à la fois de la problématique du territoire et de la dialectique du centre et de la périphérie. L'Ici et l'Ailleurs nous permettent en effet de penser un espace qui, contrairement au territoire, n'est pas nécessairement traversé par des

---

4. *HF*, tome V, p. 234.
5. *HF*, tome VII, p. 112.
6. *HF*, tome II, p. 8.
7. *HF*, tome I, préface, p. 10.
8. *Ibid.*, p. 11.
9. *Cf. infra*, chapitre 16.

enjeux de pouvoir. La France de Michelet n'est pas seulement une nation, vivant sur un territoire et gouvernée par un État. Elle est davantage : elle est une personne. Dans un espace aux significations bien plus générales que celles du territoire, elle est une personne qui doit s'orienter et qui, ce faisant, en bien des sens, oriente le monde.

Circonscrire l'Ailleurs

Quel était l'Ailleurs de Jules Michelet ? Ses voyages nous en donnent une première idée. Ils nous signalent, en tout cas, les espaces qui ne furent jamais l'Ici de l'historien. Ces voyages ne sont pas anecdotiques. Ils informèrent considérablement l'œuvre de Michelet. L'*Histoire de France*, en particulier, est sertie de morceaux de ses journaux de voyage, réécrits, adaptés aux besoins d'une démonstration qui, elle-même, s'était souvent précisée à l'occasion des déplacements de l'auteur[10]. On a même pu avancer que l'expérience de ses voyages, et les récits qu'il en a tirés, ont admirablement servi l'objectif de « résurrection de la vie intégrale[11] » que Michelet assignait à l'Histoire. Lucien Febvre a noté que Michelet n'avait pas vu Naples et que l'absence de ce voyage expliquait certainement la banalité de ses propos sur la ville campanienne – alors que l'historien avait su faire revivre, « avec une étonnante, une prodigieuse vigueur[12] », Rome, Florence, Milan ou Venise, qu'il avait visitées.

Michelet a voyagé en France, abondamment, lors d'une série de grands voyages, d'abord, entre 1831 et 1844, puis à

10. Paule Petitier, *Géographie de Michelet. Territoire et modèles naturels dans les premières œuvres de Michelet*, Paris, L'Harmattan, 1997, p. 43-50 notamment.
11. *HF*, tome I, préface, p. 9.
12. Lucien Febvre, *Michelet et la Renaissance* (1942), Paris, Flammarion, 1992, p. 145.

l'occasion de son « exil intérieur », au lendemain du coup d'État de Napoléon III, et de ses séjours dans diverses stations thermales, balnéaires et hivernales ; en Allemagne aussi, dès 1828 ; en Belgique, en Hollande, en Suisse de nombreuses fois ; en Italie surtout, à quatre reprises qui furent autant d'enchantements[13] ; et même en Angleterre, une fois, en 1834, malgré sa profonde répugnance pour ce pays. Michelet a ainsi parcouru, en voyageur extraordinairement attentif et travailleur, en observateur professionnel, toutes ces nations qui, par leur histoire, ont fait aussi l'histoire de la France. Il les a d'ailleurs visitées dans ce but. Le voyage en Angleterre correspondait à l'écriture de l'histoire de la guerre de Cent Ans. Les voyages en Italie avaient l'importance de la Renaissance elle-même pour l'histoire de la France.

Tout cela dessine les frontières d'un monde dans lequel Michelet, si voyageur qu'il fût, s'est enfermé. Au-delà de ce *limes* s'étend l'espace inconnu de l'historien, celui qu'il n'a ni vu ni senti et que, pour cette raison, si l'on en croit Lucien Febvre, il a peut-être eu du mal à ressusciter. Cet espace, que nous pourrions nommer son Ailleurs, Michelet, qui ne le nomme pas, le définit par opposition à l'espace que lui-même a parcouru en tant que voyageur et auquel il donne un nom : ce nom, c'est l'Europe. Et si l'Espagne en est exclue, nous dit Michelet, il n'y a rien d'étonnant à cela : voyez le *port* de Gavarnie, dans les Pyrénées, « cette embrasure de trois cents pieds dans les montagnes [que] Roland ouvrit en deux coups de sa Durandal. C'est le symbole du combat éternel de la France et de l'Espagne, qui n'est autre que celui de l'Europe et de l'Afrique[14]. » Quelle que fût ensuite l'importance de l'Espagne pour l'histoire de

13. Théodora Scharten, *Les Voyages et séjours de Michelet en Italie*, Genève, Droz, 1934.
14. *HF*, tome II, p. 37.

la France, à partir de Charles Quint et d'Ignace de Loyola, Michelet la maintiendra toujours à l'extérieur de son Europe.

Comment définir cette Europe ? À bien lire l'*Histoire de France*, par deux choses. D'une part, les Alpes. Michelet, qui les a traversées par toutes les routes principales, les évoque souvent. Elles représentent pour lui, comme pour ses contemporains, la grandeur, l'immensité. À ce titre, elles se retrouvent au centre de tout un système de métaphores qui fait des cathédrales du gothique tardif, par exemple, des « Alpes de pierre[15] » – ou qui invite à comprendre les goûts de Charles le Téméraire, puisque cet homme animé de vastes desseins, impérialement, aima l'infini, c'est-à-dire la mer et les Alpes[16]. Mais les Alpes sont aussi, pour l'historien, plus qu'une gigantesque barrière. Par leurs interstices, elles sont la route de l'Italie, celle qu'empruntèrent si souvent les voyageurs, les marchands et les bandes militaires et par laquelle passa, de façon décisive, à la fin du XVe siècle, l'armée de Charles VIII. Ce jour-là, écrit Michelet, « les Alpes s'étaient abaissées pour toujours[17] », c'est-à-dire que, ce jour-là, on sut vraiment ce qu'elles étaient : le centre de l'Europe. Pour Michelet, elles ont enfin offert un refuge à la liberté – celle des Suisses, celle des Vaudois. Racontant son premier franchissement des Alpes, dans le tome VIII de l'*Histoire de France*, lorsque « jeune, ignorant, [il] suivi[t] pour la première fois ces routes sacrées », il explique avoir alors senti ce qu'il a ensuite « trouvé de plus en plus vrai » : à savoir que les Alpes, « c'est l'autel commun de l'Europe[18] ». En elles s'unissent la révolution géologique et la révolution de la liberté. « Ceci n'est point un vain rapprochement », assure Michelet ; « le

15. *HF*, tome VII, p. 250.
16. *HF*, tome VI, p. 289.
17. *HF*, tome VII, p. 103.
18. *HF*, tome VIII, p. 250.

paysage des Alpes, qui nous donne toujours un sentiment si vif des libertés de l'âme, avec le souvenir de leur grande révolution, en est la vraie figure, c'est elle-même sous forme visible[19]. » Si l'Île-de-France et Paris sont le cœur battant du territoire national, les Alpes sont le centre de l'Europe, au croisement de la France, de l'Allemagne et de l'Italie – et loin de l'Angleterre, dans une géographie qui est aussi une idéologie. Le miracle de la Renaissance, c'est d'avoir définitivement supprimé leur dimension de muraille et, en abolissant celle-ci, d'avoir souligné leur fonction d'« autel commun de l'Europe ».

Ainsi l'Europe de Michelet peut-elle se définir par son âme. Elle peut se définir aussi, et peut-être plus sûrement, comme la France, par ce qu'elle n'est pas : l'Afrique, certes, que l'on rencontre dès la brèche que Roland fit dans les Pyrénées ; plus encore, l'Asie. Telle fut du reste, pour Michelet, la fonction historique des Croisades – dont il ne reste rien, sinon peut-être la Sainte Chapelle, « toute arabe d'architecture[20] ». Les grands mouvements d'hommes en direction de Jérusalem eurent, à l'échelle européenne, un résultat analogue à celui de la guerre de Cent Ans à l'échelle de la France et de l'Angleterre : la naissance du patriotisme – ou plutôt de ce que Michelet appelle prudemment « une sorte de patriotisme européen[21] ». « L'Europe », écrit-il encore, « ne pouvait se croire une qu'en se voyant en face de l'Asie[22]. »

19. *HF*, tome VIII, p. 250. Voir aussi *HRF*, tome I, p. 30-31.
20. *HF*, tome II, p. 394.
21. *HF*, tome II, p. 172.
22. *HF*, tome II, p. 143.

À quoi sert l'Ailleurs ?

« Se *croire* une » : on le sent, Michelet ne milite pas pour ce patriotisme européen. L'idée d'Europe – que d'autres grandes voix de son temps portèrent pourtant, songeons à Victor Hugo – ne lui est pas familière. Si l'Europe joue un rôle dans son *Histoire de France*, ce n'est que parce qu'elle a fourni tous les éléments qui permirent à la France, par un « puissant travail de soi sur soi », d'advenir un jour. La France s'appropria certains de ces éléments, en rejeta d'autres, les modifia tous ; son substrat est européen. Cela posé, l'Europe, fût-ce sous la forme de la France, n'occupe pas toutes les pages de l'œuvre historique de Jules Michelet. À de nombreuses reprises, un Ailleurs apparaît. À quoi pouvait-il servir ?

De réservoir de merveilleux, peut-être. Au loin, il se passe des choses que nous ne soupçonnons pas, invraisemblables et pourtant vraies. L'éloignement nous permet en tout cas de les tenir pour telles, même si Michelet, pour sa part, n'y croit guère. Que reste-t-il, par exemple, de l'éclatante ambassade d'Harun al-Rachid, calife de Bagdad, auprès de Charlemagne ? Un éléphant y avait fort étonné les « hommes de l'Ouest » (car l'autre nom de l'Europe, au temps de Michelet, c'était l'Occident). L'historien sceptique nous prévient : « Il ne tient qu'à nous de croire que le cor gigantesque que l'on montre à Aix-la-Chapelle est une dent de cet éléphant[23]. » Michelet, pour sa part, n'y croit pas.

Il n'empêche qu'il sait que, dans le passé, certains ont cru à ce genre de choses – que l'Ailleurs a fait tourner les têtes. Si un Béthencourt est parti *chercher son aventure*, comme on disait, aux Canaries, c'est d'abord que « l'*homme aux millions*, Marco Polo, avait troublé les âmes par ces récits prodigieux de

23. *HF*, tome I, p. 245.

l'Asie. Nos Dieppois racontaient mille choses merveilleuses de l'Afrique, de la côte d'Or. Sur cette route, les îles Fortunées, les fameuses Hespérides, avaient un immense prestige ; autour du pic de Ténériffe, ce géant des montagnes, on aimait à placer une population de géants[24]. » Mais Michelet, lui, reste sceptique. Il n'en parle que dans un appendice à son *Histoire*. Il n'a vu, de toute façon, ni l'Asie, ni l'Afrique, ni le pic de Ténériffe. Il n'en connaît que mieux, peut-être, leur pouvoir sur les imaginations européennes. Car ce sont elles qui l'occupent. Décrivant les massacres de septembre 1792, il croit ainsi comprendre l'horreur que ceux-ci inspirèrent dans le peuple, « la Montagne et les hommes de Septembre se mêlant avec l'histoire du Vieux de la Montagne et des Assassins[25]. » Les légendes d'Asie ne l'intéressent que comme légendes parvenues en Europe. Pour cela, il n'était pas besoin d'aller voir sur place.

Michelet ne cherche pas à étudier l'Ailleurs. Il lui donne sa véritable dimension, apparemment, en le conservant pour ce qu'il est d'abord, c'est-à-dire un mystère. De là son portrait de Jacques Cœur, « ce grand commerçant [qui] eut toujours un pied dans l'Orient, un pied en France », et dont « on regrette de [...] savoir si peu[26] ». Allez visiter sa maison de Bourges, conseille l'historien qui la décrit minutieusement pour mieux conclure : « maison pleine de mystères, comme fut sa vie[27]. » Tout se passe comme si Michelet traçait un signe égal entre l'Orient du voyageur et le Jacques Cœur de l'historien, entre l'Ailleurs et le passé. Le premier est tout aussi inaccessible aux sens du voyageur resté en deçà du *limes* occidental, que le second l'est aux sens de l'historien.

---

24. *HF*, tome V, appendice 158.
25. *HRF*, tome I, p. 1195.
26. *HF*, tome V, p. 171.
27. *HF*, tome V, p. 285.

Cette équivalence entre l'Ailleurs et le passé est profonde. Elle fait de l'Ailleurs, pour Michelet, bien plus qu'un réservoir de merveilleux et de mystère : un abondant réservoir d'images, c'est-à-dire d'effets de connaissance. Voulez-vous ainsi savoir ce que furent les premiers franciscains ? Songez aux « fakirs de l'Inde, se pendant à des cordes, se serrant de chaînes de fer et d'entraves de bois[28] ». Voulez-vous comprendre le fanatisme de l'Islam ? Imaginez l'Arabie elle-même : « le ciel, la terre, rien entre ; point de montagne qui nous rapproche du ciel, point de douce vapeur qui nous trompe sur la distance[29]. » Cherchez-vous à vous imaginer le respect des peuples pour les derniers Mérovingiens ou pour le roi fol, Charles VI ? Pensez que, dans bien des régions, à commencer par le monde musulman, on croit « qu'il y a quelque chose de divin dans les idiots[30] ». Comment expliquer le relâchement des mœurs des Templiers, qui participa de leur perte ? Mais il y a « les tentations d'un climat brûlant, d'un pays d'esclaves, de la luxurieuse Syrie[31] »... Voulez-vous connaître les émois des dames lors d'un tournoi de chevalerie à la cour de Bourgogne, au temps de Philippe le Bon ? Voyez les femmes espagnoles lors des combats de taureaux[32] !

Certes, ce mode de pensée n'était pas propre à Jules Michelet. Mais il prend, sous sa plume, un sens particulier. Depuis les temps modernes, c'était un lieu commun du récit de voyage que de supposer que l'éloignement dans l'espace s'accompagnait d'un éloignement dans le temps – que les peuples qui vivaient au loin donnaient au voyageur une idée de ce qu'avaient été, dans son propre pays, les peuples autrefois. Il ne faut donc pas s'étonner de trouver de telles notations sous la plume d'un

28. *HF*, tome II, p. 342.
29. *HF*, tome II, p. 146.
30. *HF*, tome I, p. 224 et tome IV, p. 65.
31. *HF*, tome III, p. 94.
32. *HF*, tome V, p. 278.

homme qui faisait un si grand usage de ses notes de voyage dans ses œuvres historiques. Certes. Sauf que ces métaphores, le fait est remarquable, renvoient toutes à des lieux dans lesquels Michelet n'a jamais voyagé. Ces effets de connaissance, qui participent pleinement de son entreprise de « résurrection de la vie intégrale », Michelet ne les obtient qu'en introduisant l'Ailleurs au cœur de son *Histoire de France*. On ne peut qu'être frappé de ce tour de passe-passe de Michelet, par lequel une réalité que le voyageur ne peut attester garantit pourtant la réalité des faits exposés par l'historien.

Plutôt que d'y voir trop vite une coupable inconséquence, l'aveu intempestif d'un défaut de méthode, reconnaissons dans cet usage de l'Ailleurs par Michelet deux choses. La première est cette soumission à ce puissant système de représentations, pour lequel tout éloignement dans l'espace s'accompagne d'un éloignement dans le temps et pour lequel, du même coup, toute anthropologie est aussi une histoire. Il est dur de s'en déprendre. « Entre Paris et le Centre-Afrique », demande encore Lucien Febvre, qui commente Michelet en 1942, « combien d'heures d'avion ? Mais entre le Parisien et le Pygmée de la forêt équatoriale, ainsi mis en contact brusquement par l'avion, combien de millénaires d'écart[33] ? » N'en voulons pas trop à Michelet de s'être soumis à des images qui, un siècle après lui, pouvaient encore s'imposer aux meilleurs esprits, incapables de penser la différence des mœurs sans penser le décalage dans le temps. D'autant que – et c'est la deuxième chose à reconnaître dans cet usage de l'Ailleurs que fait Michelet – ce goût de la métaphore, de la comparaison par l'image, s'accorde parfaitement avec le rôle décisif que Michelet accorde à l'imagination en Histoire, de même que Febvre d'ailleurs, qui sut si bien

33. Lucien Febvre, *Michelet et la Renaissance*, *op. cit.*, p. 195.

expliquer « comment pense Michelet[34] », peut-être parce qu'il ne pensait pas si différemment de lui. L'Ailleurs, précisément parce qu'il n'a pas été vu et senti par l'historien, est d'abord cela : un réservoir d'images, propre à conduire la pensée vers des chemins que, par le seul examen des archives, elle n'aurait jamais empruntés.

Le paradoxe de l'Ailleurs

Cet usage positif de l'Ailleurs est d'autant plus surprenant que Michelet, tout au long de son œuvre historique, n'a de cesse d'en appeler à la destruction du grand réservoir d'images qu'est l'Ailleurs. Il reconnaît la séduction que les lointains, autrefois, ont opérée sur les imaginations européennes, les rêves que l'on pouvait faire sur l'Orient d'Harun al-Rachid, de Jérusalem ou du Vieux de la Montagne. Lui-même s'y laisse prendre, au point d'en faire un des éléments de sa pensée d'historien. Pourtant, selon lui, la marche du progrès dans l'histoire – que ce progrès se nomme Renaissance ou qu'il se nomme Révolution – doit s'accompagner de la fin de toutes ces séductions.

Telle est bien, là encore, la leçon fondamentale des Croisades. Qu'ont découvert en effet les compagnons de Godefroi de Bouillon ? Qu'il n'y avait pas de ces empires de Trébizonde, de ces paradis de Jéricho, de ces Jérusalem d'émeraudes et de saphirs chantés par les poèmes chevaleresques – mais seulement d'âpres vallées, une cavalerie de vautours, le tranchant acier de Damas, le désert aride et la soif : « la croisade », conclut Michelet en proposant une métaphore à nouveau sans rapport avec ses propres voyages, « avait été ce fruit perfide des bords de la Mer Morte, qui aux yeux offrait une orange, et qui dans

34. *Ibid.*, leçon XV.

la bouche n'était plus que cendre[35]. » D'ailleurs, par la suite, tous ceux qui appelèrent à la Croisade manifestèrent, par cela même, leur anachronisme. Un des signes les plus nets du caractère réactionnaire de la maison de Bourgogne est bien de désirer encore l'Orient des Croisades en plein XVe siècle[36].

Pourquoi ? Parce que la marche du progrès dans l'histoire, dès le lendemain des Croisades, s'est caractérisée par le rapprochement de l'Orient et de l'Occident et, avec celui-ci, la fin de l'exagération de leurs différences. Aux temps obscurs des Mérovingiens et des « Carlovingiens », rien n'était plus séparé. C'est ce qui explique, par exemple, la grande impression que fit la bataille de Poitiers de 732 : « cette rencontre solennelle des hommes du Nord et du Midi », comme l'écrit Michelet, a tellement frappé l'imagination des chroniqueurs de l'époque qu'ils ont supposé que la bataille avait été immense, ce qui est faux[37]. Mais après les Croisades, après Marco Polo, après que l'Orient fut nettement identifié comme tel, on refusa de plus en plus l'antagonisme des deux mondes. L'humanité entreprit sa marche vers l'unité : « on apprend qu'à douze mois de marche au-delà de Jérusalem, il y a des royaumes, des nations policées. Jérusalem n'est plus le centre du monde, ni celui de la pensée humaine. L'Europe perd la terre sainte ; mais elle voit la terre[38]. » Si l'on doit alors chercher un centre du monde, c'est Venise qui s'impose, Venise et sa place Saint-Marc, « le premier salon de la terre, salon du genre humain où tous les peuples ont causé, où l'Asie parla à l'Europe par la voix de Marco Polo, où, dans ces âges difficiles, antérieurs à la presse, l'humanité put tranquillement communiquer avec elle-même,

35. *HF*, tome II, p. 380.
36. *HF*, tome V, p. 273.
37. *HF*, tome I, p. 222.
38. *HF*, tome III, p. 180.

où le globe eut alors son cerveau, son sensorium, la première conscience de soi[39]. »

La Renaissance, celle que Michelet nomme ainsi, celle qui apporta, avec la presse, de plus grands voyages, ne fit qu'accélérer ce rapprochement avec l'Orient, le doublant du rapprochement avec l'Amérique : « Spectacle digne de l'œil de Dieu ! » s'enflamme Michelet, « la famille humaine réunie à travers les lieux et les temps, se regardant, se retrouvant, pleurant de s'être méconnue[40] ! » L'œuvre historique de Michelet est tout entière traversée par cette mystique de l'unité de l'humanité, que l'historien exprime d'abord, à la manière des saint-simoniens, par l'union de l'Orient et de l'Occident, une union qui ne peut être réalisée que par la destruction de ces barrières morales qui dressent les peuples les uns contre les autres, le catholicisme étant, pour Michelet, la principale de ces barrières. Or, une telle conception du devenir de l'humanité implique, à terme, la disparition de l'Ailleurs au profit d'un Ici qui sera celui de tous. Des temps mérovingiens, Michelet extirpe ainsi la glorieuse figure d'un précurseur, Virgile, évêque de Salzbourg, un disciple de saint Colomban qui, dit-il, « affirma le premier que la terre est ronde, et que nous avons des antipodes[41] » : belle formule, par laquelle les antipodes témoignent moins de l'existence d'un extrême Ailleurs que de celle d'un globe commun à toute l'humanité. Ce qui compte, pour Michelet pétri d'humanisme romantique[42], c'est bien cette image d'une Terre maison de l'humanité, d'où l'Ailleurs doit disparaître.

39. *HF*, tome VII, p. 204.
40. *HF*, tome VII, p. 237.
41. *HF*, tome I, p. 230.
42. Paul Bénichou, *Le Temps des prophètes. Doctrines de l'âge romantique*, Paris, Gallimard, 1977, p. 497-564 .

Ainsi s'explique, dans toute l'œuvre historique de Michelet, cette célébration de la communication que l'historien, là aussi, partage avec les saint-simoniens[43]. Les politiques de transport, depuis celles de Louis XI jusqu'à celles de la Révolution française, sont de grandes choses. L'abolition des douanes et des péages par les révolutionnaires, en particulier, est célébrée par Michelet qui nomme ainsi ce grand changement historique : « c'est le retour à la nature ». Car, écrit-il encore, « le fond de la nature humaine, c'est la sociabilité. Il avait fallu tout un monde d'inventions contre nature pour empêcher les hommes de se rapprocher[44]. » En cela, la Révolution française est bien l'accomplissement de cette Renaissance italienne dont le mot d'ordre était aussi, selon Michelet, le retour à la nature[45].

Michelet condamne, de façon plus générale, tout ce qui relève de l'immobilité : le monde féodal, par exemple, qui meurt de son enracinement[46], ou encore la Vendée de 1793, qui n'est qu'une révolution de « l'esprit d'isolement[47] ». Inversement, il exalte, sans établir aucune distinction, tout ce qui relève de la communication : même l'or, celui du temps du faux-monnayeur Philippe le Bel, l'or dont l'historien nous assure qu'il ne faut pas en « dire du mal » car il est mobile, fluide et facilite ainsi « toute circulation commerciale, administrative[48] » ; même la syphilis qui, après tout,

43. Philippe Régnier, « Michelet, les saint-simoniens et le saint-simonisme », *Littérature et nation*, n° 18, 2ème série, Tours, Presses de l'Université François Rabelais, 1997, p. 49-73 et Antoine Picon, *Les Saint-simoniens. Raison, imaginaire et utopie*, Paris, Belin, 2002, p. 223-244 notamment.

44. *HRF*, tome I, p. 405. Voir aussi tome I, p. 1166.

45. *HF*, tome VII, p. 143-144.

46. *HF*, tome II, p. 114. Franck Laurent, « Errance et Nation dans l'*Histoire de France* et l'*Histoire de la Révolution française* de Jules Michelet », dans Simone Bernard-Griffiths (dir.), *Michelet entre naissance et renaissance (1798-1998)*, Clermont-Ferrand, Presses Universitaires Blaise Pascal, 2001, p. 239-271.

47. *HRF*, tome II, p. 264.

48. *HF*, tome III, p. 77-78.

« a sa source dans le mélange confus, violent, impur des sexes et des populations » du XVIe siècle, là où la maladie du Moyen Âge avait été la lèpre, « mal solitaire, mal de moine[49] » (on appréciera l'équivalence, qui renvoie encore une fois le catholicisme à son incapacité à promouvoir toute communication humaine).

Ainsi s'explique aussi la défense du Collège de France, dans les années du Second Empire, par le professeur pourtant déchu de sa chaire. Car le Collège de France, cette création de la Renaissance, a surtout enseigné « deux choses, l'Orient et la Nature ». Et Michelet, qui en appelle à Jean-François Champollion, Jean-Antoine Letronne et Eugène Burnouf d'une part[50], à Georges Cuvier, André-Marie Ampère et Félix Savart de l'autre, Michelet, qui n'y enseigna ni l'Orient ni la Nature, s'inclut dans la prestigieuse histoire du Collège, avec Quinet et Mickiewicz. Car ce que Michelet, Quinet et Mickiewicz ont finalement enseigné au Collège de France, dit-il, c'est « la grande amitié[51] ». Or ceux qui y ont enseigné l'Orient et la Nature n'enseignèrent pas autre chose que la nécessaire unité du genre humain, la plus grande amitié, dont Michelet, Quinet et Mickiewicz auraient été, en 1846, les incarnations, face, une nouvelle fois, à la puissance d'isolement du catholicisme jésuitique.

Une telle conception de la marche du progrès permet aussi de comprendre pourquoi, dans toute l'œuvre historique de Michelet, deux voyages de masse seulement sont dignes d'être considérés. Car, à bien le lire, Michelet, pourtant si voyageur à l'intérieur de son Europe, n'a pas beaucoup de sympathie pour le voyage en soi. Sans doute faut-il ici incriminer le caractère anglais du voyage au XIXe siècle[52]. Michelet s'est beaucoup

49. *HF*, tome VII, p. 145.
50. Voir aussi *HF*, tome VIII, p. 29-30.
51. *HF*, tome VIII, p. 277.
52. *Cf. supra*, chapitre 1.

plaint de la présence des touristes britanniques au cours de ses voyages[53]. Plus encore, la pratique des voyages, dans l'histoire de l'Angleterre, lui paraît d'abord révélatrice des inégalités de la société anglaise, scandaleuses depuis, au moins, Guillaume le Bâtard en qui l'historien voit le précurseur des colonialistes de son temps[54]. Et Michelet ne cesse de répéter que si la mer, les Indes, enfin le monde, sont ouverts aux Anglais[55] ; si les Anglais ont spolié l'Espagne en Amérique du Nord, puis la France en Asie ; s'ils connaissent, au XIXe siècle, un « nouvel essor colonial » en Afrique, c'est uniquement pour trouver à un « mal intérieur (l'injustice aristocratique) un dérivatif extérieur[56] ». Les cadets de l'Angleterre n'ont quitté leur île que pour se dissuader d'assassiner leurs aînés qui héritaient de tout. Les grands déplacements d'Anglais à travers le monde n'eurent jamais pour fonction que d'éviter une nouvelle guerre des Deux-Roses.

En soi, les mouvements des peuples vers l'Ailleurs ne fascinent donc pas Michelet, qui n'en propose que deux à l'admiration de ses lecteurs : l'« ébranlement des masses » de la Révolution française, d'une part, qui commence pour Michelet avec l'élan de fraternité de 1790 ; les Croisades, d'autre part[57]. La Révolution clôt en effet une phase de l'histoire des hommes ouverte par les Croisades : le désir de fraternité des voyageurs en marche vers la Fête de la Fédération, et qui se poursuit à travers les grands déplacements d'hommes des guerres révolutionnaires, ne fait que tenter de réaliser l'unité du genre humain, aperçue, pour la première fois, avec le désenchantement des Croisés[58].

53. Paule Petitier, *Jules Michelet. L'homme-histoire*, Paris, Grasset, 2006, p. 114.
54. *HF*, tome II, p. 211.
55. *HF*, tome IV, p. 199.
56. *HRF*, tome I, p. 233. Voir aussi *HRF*, tome II, p. 232.
57. *HRF*, tome I, p. 326.
58. Voir aussi *HF*, tome II, p. 150.

L'Ailleurs et la Renaissance

Cette équivalence problématique entre les Croisades et la Révolution française nous conduit directement à la question de la Renaissance. Comment comprendre, en effet, l'absence du XVIe siècle dans la grande histoire des voyages humains ? Michelet reconnaît volontiers que le XVIe siècle est le temps de la découverte de la terre et du ciel[59]. Dans un appendice, l'historien semble même exprimer un léger remords : « pour prendre le vrai point de départ du siècle, il eût fallu d'abord parler de la découverte de l'Amérique [...]. La découverte de Colomb est le grand fait générateur du temps[60]. » Avec Nicolas Copernic et Martin Luther, Christophe Colomb est, pour Michelet, un des trois héros de la Renaissance[61]. Cela en fait d'ailleurs un des héros de l'histoire de l'humanité : tout au long de l'*Histoire de France*, Colomb est le modèle constant de l'héroïsme du voyage et de la découverte : saint Boniface, qui fut au VIIIe siècle l'évangélisateur de l'Allemagne, est « le Colomb et le Cortez de ce monde inconnu[62] » ; Marco Polo, au XIIIe siècle, « le Christophe Colomb de l'Asie[63] » ; Filippo Brunelleschi, au XVe siècle, « le Christophe Colomb de ce monde[64] » ; Michel-Ange, peignant le plafond de la chapelle Sixtine, « avait perdu terre, comme Christophe Colomb sur l'Océan, ne voyant plus aucun rivage[65] » ; etc. Sous la plume de Michelet, comme de tant de ses contemporains, Colomb était presque un nom commun ; l'historien ne cherchait pas, c'est certain, à minimiser son rôle.

59. *HF*, tome VII, p. 12.
60. *HF*, tome VII, p. 319.
61. *HF*, tome VII, p. 314.
62. *HF*, tome I, p. 222.
63. *HF*, tome III, p. 180.
64. *HF*, tome VII, p. 55.
65. *HF*, tome VII, p. 259.

Cela dit, dans la grande histoire du progrès de l'humanité, laquelle est l'histoire de la connaissance de l'humanité par elle-même ou l'histoire de la « grande amitié », l'Amérique, au moins dans un premier temps, est un obstacle. « À peine découverte », écrit Michelet, « elle est le champ de l'esclavage[66] ». Les Espagnols, dont j'ai dit la place ambiguë dans la géographie de Michelet, à l'extérieur de l'Europe, furent les « bourreaux du Nouveau Monde ». Et l'historien de noter l'ironie de la chose. Au sein du monstrueux empire de Charles Quint, les Espagnols subirent à leur tour le même sort que les Américains : « Les ministres flamands les traitent, comme ils font l'Amérique, disant d'eux : "Ce sont nos Indiens"[67]. » Pour Michelet, l'Espagne sera toujours un Ailleurs.

On pourrait bien sûr admettre que la découverte de l'Amérique semble d'autant moins importante aux yeux de Michelet que, faite par un Génois pour le compte de l'Espagne, elle ne concernait que secondairement l'histoire de la France. Mais, outre que lui-même se refuse à une telle explication, cela ne permet pas de comprendre son silence autour des grandes navigations françaises du XVIe siècle. La seule mentionnée, celle de Jacques Cartier, l'est si allusivement que, dans l'édition la plus récente de l'*Histoire de France*, le pauvre Cartier, cité une seule fois, est prénommé Jean, l'éditeur redoublant ainsi la désinvolture de Michelet lui-même vis-à-vis des grands voyages de ce temps[68].

Pour Michelet, le voyage décisif, par lequel s'inaugura la Renaissance, fut celui de l'armée de Charles VIII en Italie : voyage qui, abaissant les Alpes, les consacra comme « autel commun de l'Europe » en même temps qu'il incorpora la civi-

66. *HF*, tome VII, p. 314.
67. *HF*, tome VIII, p. 57.
68. *HF*, tome VIII, p. 297.

lisation italienne à la France. Ce fut pourtant un pauvre voyage, Michelet le reconnaît volontiers, sur des routes que bien des Français, auparavant, avaient déjà empruntées. Mais, dans une logique qui était celle des voyageurs romantiques, Michelet garantit l'intérêt du voyage non par la distance parcourue, mais par l'impression ressentie[69]. Or, dit-il, avant ces dernières années du xve siècle, nul n'avait rapporté d'Italie « l'impression révélatrice » qui fut saisie à l'occasion de ce voyage-là. Michelet l'explique aisément, en compensant la faiblesse du déplacement dans l'espace par la puissance du déplacement dans le temps. Sauf pour ce qui est du matériel de guerre, en effet, la France de Charles VIII était « arriérée en tout », encore moins avancée qu'au xive siècle. L'Italie, au contraire, « était déjà en plein seizième siècle, même au-delà, par ses prophètes (Léonard de Vinci et Michel-Ange)[70] ». Michelet inverse alors le stéréotype du voyage dans le temps : le déplacement des Français de Charles VIII en Italie, c'était un voyage dans le futur – à l'image de ceux que crurent parfois accomplir les contemporains de Michelet visitant le Lancashire manufacturier. « Les compagnons de Charles VIII, écrit-il, ne furent pas moins étonnés que ceux de Christophe Colomb[71] ».

Ce « choc de deux mondes » exposé par Michelet, ce choc et cette étincelle ont provoqué « la colonne de feu qu'on appela la Renaissance[72] ». Lucien Febvre a analysé comment cette image du « choc » permettait de comprendre la pensée de Michelet, et comment le « on » employé par l'historien camouflait l'historien lui-même, Michelet étant le premier qui proposât l'appellation de « Renaissance » pour désigner l'ensemble des phénomènes

69. Sylvain Venayre, « Le lieu commun des impressions de voyage au XIXe siècle », *Les Cahiers du XIXe siècle*, Québec, *Nota Bene*, n° 4, 2008.
70. *HF*, tome VII, p. 140-141.
71. *HF*, tome VII, p. 118.
72. *HF*, tome VII, p. 141.

artistiques, intellectuels, politiques, religieux et sociaux du début du XVIe siècle. Sans revenir sur cette démonstration, tâchons de voir ce que peut y ajouter l'étude de l'Ailleurs dans l'œuvre de Michelet.

Que trouvent exactement, dans l'Italie de la fin du XVe siècle, les Français de Charles VIII ? Certes, une double altérité, spatiale et temporelle. Mais aussi plus que cela : la profondeur du temps, l'Antiquité, que l'Italie leur livre par ses peintres et ses sculpteurs du *Quattrocento*, dont Michelet et ses contemporains font les héritiers directs des peintres et des sculpteurs antiques – l'Antiquité que l'Italie leur donne aussi par ses lettrés, ceux de Florence en particulier, qui ressuscitent les philosophies grecque et latine. Tout cela est essentiel pour produire la « colonne de feu » de la Renaissance. Mais d'où l'Italie tient-elle ce savoir et cet art ? de son propre passé ? Non : elle le tire de l'Ailleurs, de l'Orient, où les Italiens sont allés chercher leur propre héritage[73]. Derrière la plaine du Pô et les collines de Toscane, derrière Rome, au-delà de Venise surtout, hors d'atteinte des sens du voyageur Michelet, se trouve l'Orient, la véritable manne à laquelle va s'alimenter la Renaissance.

C'est ailleurs qu'en Italie que tout se joue et Michelet y insiste. La redécouverte de l'Antiquité n'est pas due qu'à l'Italie instruite par l'Orient ; on la doit aussi aux juifs expulsés d'Espagne en 1492. Qu'était-ce donc, en effet, que ces huit cent mille juifs (le chiffre est de Michelet) contraints de fuir l'Espagne pour l'Afrique – mais aussi pour l'Italie, intégrant ainsi une Europe dont, Espagnols qu'ils étaient, ils ne faisaient jusqu'alors pas partie ? « Ils ont été très longtemps », dit Michelet, « le seul anneau qui rattacha l'Orient à l'Occident, qui, dans ce divorce impie de l'humanité, trompant les

73. Raymond Schwab, *La Renaissance orientale*, Paris, Payot, 1950.

deux fanatismes, chrétien, musulman, conserva d'un monde à l'autre une communication permanente et de commerce et de lumière[74]. » Leur expulsion d'Espagne doit être considérée comme leur entrée dans l'Europe, par l'Italie, par la France. Que cette entrée fût celle de l'Orient, Michelet nous le prouve à sa manière, c'est-à-dire par une image de l'Ailleurs : avec les juifs d'Espagne, écrit-il, « voici la masse immense de l'encyclopédie antique et tous ses commentateurs, de quoi charger quatre chameaux[75] ». Avec ces juifs et leurs chameaux, comme avec les emprunts italiens à l'Orient qui impressionnèrent tant l'armée de Charles VIII, se prépara la réconciliation de l'humanité.

L'Italie en communication avec l'Orient, les juifs venus d'Espagne : ce n'est pas tout. Une troisième force vint s'adjoindre pour réaliser l'unité du genre humain : le Turc. Avec les juifs espagnols, « sous deux aspects divers, c'est l'Orient, l'Asie, qui, d'un mouvement irrésistible, envahit l'Occident[76]. » L'alliance que François Ier croit conclure avec le Diable[77], celle avec Soliman, fut la meilleure des choses ; et Michelet prie les Français du XVIe siècle de bien vouloir accepter, avec reconnaissance, l'épithète de « renégats » que leur accolaient les Impériaux de Charles Quint. Le chapitre XVI du tome VIII de l'*Histoire de France* s'intitule « Soliman sauve l'Europe » (de l'Espagne...) ; et Michelet assure l'avoir écrit pour servir de monument funéraire au vizir Ibrahim, dont le corps a disparu : Ibrahim, un des principaux héros de la Renaissance, laquelle est bien d'abord « la réconciliation de l'Europe et de l'Asie[78] ».

74. *HF*, tome VIII, p. 21.
75. *HF*, tome VII, p. 30.
76. *HF*, tome VIII, p. 15.
77. *HF*, tome VIII, p. 180.
78. *HF*, tome VIII, p. 228.

On voit ici en quoi la Renaissance du XVIe siècle est bien la fille des Croisades. Elle n'a certainement rien à voir avec l'impulsion religieuse de la fin du XIe siècle, laquelle – on s'en doute – séduit peu Michelet. Elle est directement liée, en revanche, au désenchantement produit par les Croisades, cette grande tristesse qui, après que Godefroi de Bouillon se fut « assis découragé[79] » sur la Terre Sainte, saisit tous les Croisés. Car, alors, les Européens surent l'inanité du grand partage entre l'Orient et l'Occident – sauf ceux qui, marchant à rebours du temps, telle la maison de Bourgogne, voulaient encore y croire. Par-delà les réactions malsaines des sinistres XIVe et XVe siècles, la Renaissance vint accomplir les promesses de cette tristesse des Croisés, en réalisant le long désir du monde, c'est-à-dire en unifiant l'Orient et l'Occident.

Bien sûr, la conséquence tragique de la Renaissance ainsi comprise, c'est que l'Ailleurs, en tant que puissance séductrice, était appelé à disparaître. En cela, les échecs mêmes de François Ier, qui ne fut pas un grand roi[80], sont caractéristiques de cet âge. Le roi chevalier avait d'abord rêvé d'une Croisade en Orient. Puis il avait rêvé de l'Italie. Ses défaites le découragèrent des guerres lointaines, le firent « veuf de son rêve ». Renonçant à celui-ci, il se bâtit une demeure pour y habiter, le château de Fontainebleau, que Michelet lui-même a tant aimé, où il s'est tant promené. L'historien écrit, dans une formule lapidaire : « Son Odyssée est finie. Il accepte, la destinée le voulant ainsi, son Ithaque[81]. » À Fontainebleau parviennent au roi des nouvelles du monde – de la Constantinople de Soliman, du Canada de Cartier, de l'Asie des naturalistes Pierre Belon,

79. *HF*, tome II, p. 170.
80. *HF*, tome VIII, p. 346.
81. *HF*, tome VIII, p. 292-293.

Guillaume Rondelet et Gilles d'Alby, de l'univers de Copernic[82]. Le monde enfin unifié peut se retrouver dans ce château des bords de Seine. La France lui donne rendez-vous chez elle. L'Ailleurs n'est plus une séduction.

Qu'est-ce donc que la Renaissance ? Est-ce, comme on se plaît parfois à le croire, la simple redécouverte de l'Antiquité au tournant des XVe et XVIe siècles – et les conséquences, immenses, d'un tel événement ? Jules Michelet, le créateur de la notion, répond nettement : non. Ce n'est pas exactement cela, ce n'est pas seulement cela – mais, surtout, ce n'est pas ainsi qu'il faut aborder le problème de la Renaissance, lequel n'est pas, principalement, le problème de la redécouverte d'un temps oublié, l'autre moitié de notre histoire en quelque sorte, mais celui de la redécouverte d'un espace devenu inconnu, de l'autre moitié du monde.

Qu'est-ce que la Renaissance ? D'abord un *voyageur*. L'image s'impose à Michelet :

> Elle [la Renaissance] a l'hésitation du voyageur à la lisière des forêts vierges d'Amérique, de ce prodigieux enlacement d'arbres et de lianes, de mille et mille plantes bizarres, habitées et bruyantes d'animaux imprévus... Retournera-t-elle au désert, à ses mille ans d'aridité ? Non, va, marche, soit confiante, entre sans t'effrayer.

L'Amérique pourtant, on l'a vu, n'est pas la métaphore adéquate, tant c'est du côté de l'Orient, bien plus que de l'Occident, que se sont produits le choc et l'étincelle qui ont provoqué la « colonne de feu de la Renaissance ». Et cela s'explique.

Au fond, les Croisades du XIe siècle ne constituèrent ni un fait nouveau, ni un fait étrange : « l'homme », écrit Michelet, « est pèlerin de sa nature ; il y a longtemps qu'il est parti, et je

82. *HF*, tome VIII, p. 297.

ne sais quand il arrivera[83]. » En 1790, les voyageurs en route pour Paris à l'occasion de la Fédération étaient aussi, pour Michelet, des pèlerins : « les pèlerins de la grande fête[84] ». Avec eux, la Révolution, qui accomplissait la Renaissance, se donnait pour ce que signifiait primitivement son nom : un retour, l'accomplissement d'une orbite. À la fin du XIe siècle, comme à la fin du XVIIIe siècle, les deux seuls grands voyages de masse que Michelet jugeait dignes d'intérêt furent, en dernière analyse, des pèlerinages, des voyages retour.

De la même façon, le grand mouvement du tournant des XVe et XVIe siècles ne pouvait être qu'un retour. Le nom même que Michelet lui donna, Renaissance, manifestait cette dimension de recommencement. L'Amérique, dès lors, n'avait aucun rôle historique à y jouer. Certes, elle est bien, comme l'écrit Michelet, « le véritable point de départ ». Mais précisément, l'historien ne cherche pas un départ : il cherche un retour ; d'où l'Orient – celui de l'Italie, des juifs d'Espagne, des Turcs.

Dès l'aube de sa carrière d'historien, dans une brève mais célèbre *Introduction à l'Histoire universelle*, Michelet avait décrit, « d'orient en occident, sur la route du soleil et des courants magnétiques du globe, les migrations du genre humain[85] ». Il en avait pointé les stations : l'Inde, la Grèce, Rome, la France enfin. L'histoire, « toute géographie », se donnait à voir dans l'itinéraire de l'humanité, depuis la naissance de l'écriture jusqu'à la Révolution de 1789. La Renaissance, qui a redécouvert toute l'histoire des hommes, n'a ainsi pu le faire qu'en se tournant vers l'Orient.

83. *HF*, tome II, p. 150. *Cf. supra*, chapitre 4.
84. *HRF*, tome I, p. 417.
85. Jules Michelet, *Introduction à l'histoire universelle*, éd. S. Venayre, Paris, Points, 2013, p. 14.

On peut bien sûr s'amuser d'un sens de l'histoire qui fait une si belle place à la France et conduit à surestimer absolument la « cavalcade[86] » de Charles VIII en Italie dans l'histoire du XVIe siècle. Les historiens d'aujourd'hui ont beau jeu de corriger Jules Michelet. Il y a eu, disent-ils avec raison, bien d'autres éléments déclencheurs d'une Renaissance qui, du reste, eut d'autres foyers que la seule Italie. Il n'empêche que, disant cela, ils continuent de parler de quelque chose qui, sans Michelet, n'existerait pas : la Renaissance elle-même.

Comme l'a bien vu Lucien Febvre, la pensée de Michelet n'est pas une logique. Intuitive, elle repose sur un usage des images qui, pour fautif qu'il soit parfois aux yeux de la critique, lui a seul permis de créer la Renaissance. Or cette création, Michelet n'a pu l'opérer qu'en s'appropriant, comme il le faisait souvent, des images de l'Ailleurs. Et l'Italie ici nous aveugle, et les quatre voyages que Michelet y a faits. Si le voyageur y a étudié avec passion les XVe et XVIe siècles, ce n'est pas d'elle qu'il a tiré les images qui lui ont permis de penser la Renaissance. Celles-ci sont venues de l'Orient, des juifs d'Espagne, des Turcs, que Michelet n'a pas connus.

Michelet n'a pas créé la Renaissance pour donner à comprendre la seule redécouverte de l'Antiquité mais pour signaler – pour appeler – la redécouverte de l'autre moitié de l'humanité. Écrivant l'histoire de la construction du Même français, il a tissé dans la trame de son récit, ce faisant, les fils d'une histoire du Même humain. Dans cette histoire, la Renaissance fut un moment crucial – dont la Révolution française s'inspira directement, après deux siècles de réaction catholique et monarchique. Or ce moment n'avait de sens que parce qu'il préparait la « grande amitié » de l'Orient et de

86. Le mot est de Lucien Febvre.

l'Occident. Les historiens qui, aujourd'hui encore, utilisent la notion de Renaissance, qui veulent parfois la remettre en cause, devraient se souvenir du profond humanisme, de cette grande amitié pour l'Orient inconnu, qui avait guidé son inventeur si attentif aux voyages.

6.

Pour ne pas dessiner les vivants

Lorsque David Roberts s'embarque à Londres, le 31 août 1838, en direction d'Alexandrie, qui est-il ? Un homme de quarante-et-un ans, affable, nous dit-on, doué pour les relations amicales et doté d'un solide accent écossais. Il était né à Stockbridge, près d'Édimbourg, d'un père cordonnier. Il avait commencé sa carrière comme peintre en bâtiment et s'était bientôt spécialisé dans les faux marbres et les imitations de bois. Il était doué pour le dessin.

En ce temps-là, une opportunité formidable existait pour tous ceux qui, issus d'un milieu modeste, voulaient se former sur le tas au métier d'artiste peintre : l'industrie du décor. Le jeune David Roberts y travailla bientôt à plein temps, à Édimbourg et Glasgow d'abord ; puis à Londres à partir de 1822. Il peignit pour le théâtre et pour l'opéra. Il peignit aussi pour ces nouveaux spectacles, extraordinairement populaires, qu'étaient alors les dioramas et les panoramas. De tels travaux comprenaient la décoration des salles elles-mêmes (Roberts participa à la rénovation de celle de Covent Garden). Mais ils impliquaient aussi de peindre d'après ses propres esquisses. L'art du décor n'excluait nullement l'œuvre d'imagination.

Cette formation permit à Roberts de commencer à travailler pour son compte. Il collabora à l'édition de livres illustrés. Il produisit des aquarelles et des peintures à l'huile. On reconnut bientôt la qualité de ses tableaux d'architecture et de paysage. Il voyagea en Écosse, en Angleterre et sur le Continent, à la recherche de sujets originaux. En 1824, il participa à la fondation de la Society of British Artists. En 1830, il abandonna pour de bon l'exécution de décors de spectacles.

Son voyage en Espagne, effectué en 1832 et 1833, lui apporta la consécration. Roberts en revint avec de nombreux croquis, desquels il tira la matière de plusieurs toiles, mais aussi les illustrations de quatre numéros de *The Landscape Annual* et, en 1837, les vingt-sept lithographies des *Picturesque Sketches in Spain*. Le but poursuivi par le fils du cordonnier d'Édimbourg était atteint : la reconnaissance sociale était là, l'aisance financière aussi. Il pouvait organiser ce qui allait être le grand voyage de sa vie.

L'homme qui voguait pour Alexandrie, en ces premiers jours du mois de septembre 1838, savait donc où il allait. Lorsqu'il reviendrait à Londres, à la fin du mois de juillet 1839, il rapporterait deux-cent-soixante-douze dessins, une vue panoramique du Caire et trois carnets de croquis pleins. Son voyage l'aurait mené d'Égypte en Palestine en passant par la Syrie. Pendant vingt ans, Roberts puiserait dans ce trésor pour peindre de nombreux tableaux. Les cinq premiers seraient exposés dès 1840 dans la plus prestigieuse des institutions de peinture britannique, la Royal Academy, dont Roberts deviendrait membre un an plus tard. D'autres suivraient, jusqu'au dernier d'entre eux, un sujet sur Baalbek que Roberts peindrait en 1861, trois ans avant sa mort.

La plus grande gloire de Roberts ne vint pourtant pas de ces toiles, mais des six volumes de format in-folio (62 x 46,5 cm) dont la parution s'échelonna, entre 1842 et 1849, sous le titre *The Holy Land, Idumea, Arabia, Egypt and Nubia*. Les dessins de Roberts y étaient reproduits sous la forme de somptueuses lithographies accompagnées de textes. Il n'est certes pas besoin d'être savant pour en admirer la composition, les formes et les coloris – ou pour être saisi par le témoignage apporté par

Roberts sur des lieux qui ont tant changé depuis qu'il les a visités. Quelques remarques peuvent néanmoins contribuer utilement à retrouver l'esprit dans lequel cette œuvre fut conçue – par le peintre David Roberts, certes, mais aussi par l'éditeur Francis Moon, le lithographe Louis Haghe et les écrivains William Brockedon et George Croly.

Qu'est-ce que l'Orient ?

Il serait tentant de considérer que le voyage de Roberts n'avait rien de vraiment remarquable. Parti de Londres le 31 août 1838, Roberts débarqua à Alexandrie le 24 septembre. À cette époque, la vapeur avait rendu la navigation plus rapide et plus sûre que jamais. Les opérations militaires françaises et britanniques, en Algérie et en Tripolitaine, avaient considérablement diminué les risques liés à la piraterie (en tout cas pour les voyageurs français et britanniques).

L'Égypte d'alors ne comprenait certes aucune infrastructure hôtelière ni aucune agence de voyages. L'agence Cook n'institutionnaliserait les croisières sur le Nil qu'en 1869, cinq ans après la mort de Roberts. Mais des habitudes existaient depuis longtemps. À la manière des voyageurs du XVIIIe siècle, Roberts arrivait muni de lettres d'introduction du Foreign Office à l'intention du consul britannique à Alexandrie. Celui-ci lui obtint des laissez-passer pour voyager à travers les provinces de l'Empire ottoman, ainsi qu'une lettre d'introduction pour celui qui passait alors pour le grand réformateur de l'Égypte, le pacha Méhémet Ali.

De son côté, Roberts s'entendit avec le capitaine d'un de ces petits bateaux à voiles appelés des *dahabieh*. Pour 1 300 piastres par mois – c'est-à-dire à peu près 15 livres sterling – celui-ci s'engageait à le conduire, à le nourrir et à le loger à l'occasion de son voyage sur le Nil. C'était à peu près le même genre d'arrangement qui avait permis à Chateaubriand, en 1807, de traverser la Méditerranée en direction de la Grèce.

Comme c'était l'usage, Roberts fit équipe avec certains de ces voyageurs qu'on désignait de plus en plus volontiers par le mot *tourists* (comme on l'a vu, c'est cette même année 1838 que l'anglophile Stendhal faisait paraître ses *Mémoires d'un touriste*[1]). Il navigua ainsi en compagnie d'un certain Vanderhorst, surnommé Pickwick, d'un capitaine Nelly, qui parlait arabe, ainsi que d'un individu dont nous ne connaissons que les initiales, M. A. Ces hommes, qui appartenaient à la bonne société, étaient accompagnés d'un domestique maltais et d'un cuisinier italien. Avec eux, Roberts alla jusque dans cette partie de la Haute Égypte qu'on appelait la Nubie, en passant par Gizeh, Dendérah, Karnak, Louqsor, Kôm-Ombo, Edfou et Philae : autant de lieux qui étaient en train de devenir les étapes classiques du voyage en Égypte[2]. Abou Simbel, le terme du voyage, fut atteint le 9 novembre 1838.

Roberts était de retour au Caire à la fin du mois de décembre. Il y rencontra deux autres voyageurs britanniques, John Kinnear et John Pell, qui se préparaient à partir pour la Syrie en passant par Petra et Jérusalem. Depuis 1831, les troupes égyptiennes commandées par le fils de Méhémet Ali, Ibrahim Pacha, occupaient la Syrie. En 1840, cette situation serait à l'origine d'une très forte tension diplomatique, que les chancelleries européennes nommeraient pudiquement la « question d'Orient ». En attendant, cela signifiait surtout, pour Roberts et ses compagnons, que le voyage du Caire à Damas était moins dangereux qu'auparavant. Ils partirent au mois de février, au sein d'une caravane de vingt-et-un chameaux.

---

1. *Cf. supra*, chapitre 2.
2. Sarga Moussa, *Le Voyage en Égypte*, Paris, Robert Laffont, 2004.

Roberts séjourna dans le Sinaï, au monastère de Sainte-Catherine, et visita les ruines de Petra. Il se rendit à Jérusalem puis à Baalbek. Mais une mauvaise fièvre l'obligea à renoncer à la suite de son voyage. Au lieu de la route de Damas, il obliqua en direction de Beyrouth où, le 13 mai 1839, il s'embarqua en direction d'Alexandrie. Dix jours plus tard, il voguait en direction de l'Angleterre. Tels étaient aussi les hasards des voyages. Ceux-ci expliquent pourquoi nous regrettons aujourd'hui de n'avoir aucun dessin du site de Palmyre par David Roberts.

Comme le prescrivait depuis le XVIe siècle toute une tradition de conseils aux voyageurs, Roberts avait scrupuleusement pris des notes pendant son voyage. Il l'avait fait au crayon et, à son retour, il demanda à sa fille Christine de bien vouloir les retranscrire à l'encre – ce qu'elle fit, en corrigeant sans doute ce qui lui semblait devoir l'être, sur deux carnets reliés en cuir et conservés aujourd'hui à la National Library of Scotland. D'autres, tel John Kinnear, se fondèrent sur des notes semblables pour publier des récits de leurs voyages. Pas David Roberts. Il était peintre. Il se contenta de ses dessins.

Cela était plus original qu'on serait tenté de le croire. La pratique du voyage était certes très répandue chez les peintres de ce temps[3]. Le grand William Turner l'avait d'ailleurs fortement conseillée à Roberts. Mais les lieux parcourus par Roberts étaient assez inhabituels pour un peintre. Les jeunes artistes optaient bien davantage pour l'Italie où, dès le XVIIe siècle, divers États européens avaient créé des institutions susceptibles d'encadrer l'étude des Beaux-Arts. Déjà, son voyage en Espagne avait été insolite. Celui qu'il venait d'effectuer, en Égypte, en Syrie et en Palestine, l'était encore plus.

3. Christine Peltre, *L'Atelier du voyage. Les peintres en Orient au XIXe siècle*, Paris, Le Promeneur, 1995.

Roberts est aujourd'hui volontiers classé dans la catégorie des peintres « orientalistes ». Il n'était pourtant pas exactement parti voir l'*Orient*. Il est vrai que l'ensemble des séductions turques, arabes et égyptiennes étaient alors souvent réunies sous ce seul nom. En 1835, le poète français Alphonse de Lamartine avait publié un *Voyage en Orient* qui allait faire beaucoup pour la gloire de ce genre de livre. Mais Roberts parlait très peu d'Orient. Ce sont les hasards de son voyage et la réunion de ses dessins dans les six volumes d'un livre unique qui conférèrent à son œuvre cette allure orientalisante.

En réalité, Roberts était parti pour voir l'Égypte. Cette destination brillait d'un éclat particulier depuis la campagne que Napoléon Bonaparte y avait conduite, en 1798, pour couper la route des Indes aux Anglais. L'opération avait été un désastre militaire, ce dont un Britannique ne pouvait sans doute que se réjouir. Mais elle avait aussi été, par la volonté de son commandant en chef, une réussite savante et artistique. Les cent-soixante-sept hommes d'art et de science emmenés par l'armée française à Alexandrie devaient en effet établir les fondements d'une passion durable pour les antiquités égyptiennes. On parlerait bientôt d'égyptomanie. Le récit de voyage de Dominique Vivant Denon, qui avait dirigé l'expédition scientifique puis les magnifiques volumes de la *Description de l'Égypte*, progressivement parus à partir de 1809, jetèrent les bases de cette fascination moderne. Le déchiffrement de la pierre de Rosette par Jean-François Champollion, en 1829, révélant le mystère des hiéroglyphes, en assurerait le succès.

La France avait eu l'initiative. La Grande-Bretagne suivit avec ardeur. La défaite militaire française avait d'ailleurs eu pour conséquence le transport de la pierre de Rosette au British Museum (Champollion ne put la déchiffrer que grâce à une copie qui en avait été faite). En 1821, un drôle de personnage, l'Italien Giovanni Battista Belzoni, devenu archéologue amateur après être parti chercher un emploi quelconque auprès de Méhémet Ali, avait organisé à Londres la première exposition égyptienne. La même année, John Gardner Wilkinson s'était installé en Égypte, où il devait passer douze ans à s'occuper d'antiquités. Avant de s'embarquer, Roberts avait lu les récits de Belzoni et de Wilkinson. Son voyage participait de l'engouement naissant des Britanniques pour le passé des Pharaons.

Le détour par la Syrie et la Palestine ne s'accompagna d'aucun changement d'objectif. Roberts continua à ne se préoccuper que d'illustres antiquités. Pétra avait été redécouverte en 1812 grâce aux descriptions du Suisse Jean-Louis Burckhardt. L'étude des monuments de Terre Sainte alimentait les recherches sur les origines du christianisme, très avancées en Allemagne où David Strauss faisait paraître en 1835 une *Vie de Jésus* au retentissement international. Rien n'était aussi bien partagé, parmi les élites européennes du début du XIXe siècle, que le goût pour les débris antiques de cette région du monde. De même que, trente ans plus tôt, Chateaubriand avait affirmé voyager en Grèce « pour voir les Grecs qui étaient morts[4] », Roberts ne recherchait en Égypte que les Égyptiens qui étaient morts. Si l'Égypte moderne apparaît dans les pages de son journal de voyage, elle est presque absente de ses dessins. Ou, plus exactement, elle n'en constitue pas le centre.

Illustrer quoi ?

Il restait à donner une forme aux deux-cent-soixante-douze dessins rapportés par David Roberts. C'est ici qu'entre en scène un personnage important : Francis Graham Moon. Il avait

4. *Cf. supra*, chapitre 1.

exactement le même âge que David Roberts. Quelques années plus tard, il deviendrait lord-maire de Londres. Il avait fait fortune dans un secteur industriel neuf : l'édition. Au tournant des XVIIIe et XIXe siècles, les règles qui régissaient les vieux métiers d'imprimeur et de libraire avaient été bousculées par la révolution de la gravure sur bois de bout et par l'invention de la lithographie. L'heure était désormais aux livres illustrés, lesquels nécessitaient des moyens financiers sans commune mesure avec les investissements d'autrefois. Faire travailler ensemble des écrivains, des dessinateurs et des graveurs : ce n'était ni simple, ni bon marché. L'éditeur moderne naquit, en grande partie, de cette contrainte nouvelle.

Lorsque David Roberts débarqua à Londres avec ses deux-cent-soixante-douze magnifiques dessins sur un sujet qui commençait à passionner les élites britanniques, Francis Moon mit en œuvre le savoir-faire qui s'était inventé depuis une vingtaine années dans le monde de l'édition. Il chercha un artiste capable de graver, sur la pierre lithographique, les dessins définitifs que Roberts tirerait de ses croquis. Il le trouva en la personne de Louis Haghe, un fils d'architecte belge à qui son père avait appris le dessin très jeune. Roberts avait déjà travaillé avec lui au temps des *Picturesque Sketches in Spain.* Les graveurs n'avaient certes pas à créer le dessin. Mais ils devaient le reproduire très exactement sur le bois ou la pierre calcaire, avec autre chose qu'un crayon et tout en conservant la spontanéité et la personnalité du trait. Cette tâche ingrate fut à l'origine d'innombrables brouilles entre dessinateurs et graveurs tout au long du XIXe siècle[5]. Louis Haghe, qui était paralysé de la main droite depuis sa naissance, s'en tira admirablement. La place de son nom, sur la couverture du livre, témoigne de la reconnaissance

5. Philippe Kaenel, *Le Métier d'illustrateur. 1830-1880. Rodolphe Töpffer, J.-J. Grandville, Gustave Doré* (1996), Genève, Droz, 2005.

de l'auteur et de l'éditeur. À moins que Moon ne compensât ainsi le faible salaire qu'il avait versé à son collaborateur. Pour deux-cent-soixante-sept lithographies finales, Haghe ne reçut en effet que 3 000 livres sterling.

Puis, Moon se mit en quête d'un écrivain qui pût commenter les dessins de Roberts. La langue anglaise venait de donner un sens nouveau au mot « *illustrer* », qui jusque-là ne signifiait que l'action de rendre illustre (la presse s'en saisirait en créant, en 1842-1843, l'*Illustrated London News* britannique, l'*Illustrierte Zeitung* allemand et *L'Illustration* français). Ce mot témoignait de l'importance nouvelle des livres et des périodiques qui, grâce à la gravure sur bois et à la lithographie, associaient dorénavant très facilement le texte et l'image. On pouvait demander à un dessinateur d'illustrer un texte préexistant. On pouvait aussi demander à un écrivain de fournir le texte qui accompagnerait des dessins devenus, dès lors, illustrations. Charles Nodier et le baron Taylor opéraient de cette sorte depuis 1820 avec la somptueuse série des *Voyages pittoresques et romantiques dans l'ancienne France*. Francis Moon ferait de même avec *The Holy Land, Syria, Idumea, Arabia, Egypt and Nubia*. Son livre ferait date dans ce moment de l'édition que l'on désigne aujourd'hui par le nom d'illustration romantique.

Moon confia les textes des premiers volumes à William Brockedon, lequel était non seulement un écrivain, mais aussi un peintre reconnu et un grand voyageur. Brockedon avait franchi les Alpes une soixantaine de fois dans les années 1820, par quarante chemins différents, et il en avait tiré la matière de plusieurs livres, dont *Illustrations of the Passes of the Alps*, en 1827-1829, et le *Handbook of Switzerland*, publié en 1838 par le célèbre éditeur de guides de voyages John Murray. Pour ce qui est des trois derniers volumes, qui concernaient notamment la Terre Sainte, Moon les confia au révérend George Croly.

Un auteur de guides de voyage et un ecclésiastique : les choix de Moon parlent d'eux-mêmes. L'éditeur voulait que les dessins de Roberts soient accompagnés des textes les plus didactiques possibles. À son public, Moon promettait des vues fidèles des monuments antiques, ainsi que des éclaircissements érudits. Le lecteur d'aujourd'hui s'étonnera sans doute des formes de cette érudition. Brockedon et Croly citent certes les autorités archéologiques de l'époque, depuis Barthold Georg Niebuhr jusqu'à Jean-Louis Burckhardt en passant par Alexandre de Laborde et Edward Robinson. Ils mentionnent volontiers les fouilles les plus récentes. Mais la Bible demeure, pour eux, la première des références. L'Égypte elle-même leur semble d'autant plus importante que Pharaon est un des acteurs de l'Ancien Testament. De leur point de vue, l'histoire de l'Égypte antique est d'abord un chapitre de l'Histoire Sainte.

Les descriptions topographiques et les considérations historiques de Brockedon et de Croly s'accompagnent ainsi d'une apologie de la religion chrétienne. Les ruines gigantesques des anciens empires écroulés y témoignent de la vanité de toute action humaine et de l'omnipotence de Dieu. La misère des habitants actuels de l'Égypte et de la Palestine y prouve le caractère néfaste de l'islam, accusé d'avoir précipité la décadence de cette région du monde, gouvernée tout autant par l'ignorance que par le despotisme. Brockedon et Croly héritaient en l'occurrence des représentations du despotisme oriental de Montesquieu. À leurs yeux, les moines, voire les Coptes, étaient les seuls à perpétuer le glorieux effort des Croisés.

De telles remarques frappent le lecteur d'aujourd'hui. Il en va de même de l'hostilité de Brockedon à la présence française en Égypte ou de son sentiment que la régénération du pays viendra moins des réformes du pacha Méhémet Ali que de la situation de l'Égypte sur la route menant de l'Angleterre aux

Indes (on commençait alors à rêver d'un canal qui percerait l'isthme de Suez). Mais il faut bien comprendre que, du point de vue de Moon et de ses collaborateurs, l'essentiel n'était pas là. Ces remarques n'étaient qu'incidentes et elles relevaient d'ailleurs d'un certain esprit du temps. Le but du livre était ailleurs. Il s'agissait d'offrir la représentation la plus exacte possible de ces antiquités si éloignées que, à quelques exceptions près, personne n'irait les voir.

Cela n'excluait pas complètement l'expression des émotions. Brockedon et Croly indiquent parfois le nom des compagnons de voyage représentés par Roberts. Ils font référence à des récits qui, tels ceux de Lamartine ou de Martineau, valaient davantage par la restitution littéraire des sentiments que par la précision documentaire des observations. Des *chadoufs*, des esclaves préparant le *dourah*, des femmes vêtues du *boorcho*, les protections que l'on doit prendre contre le *khamsin*, des colloques d'Arabes, des files de pèlerins grecs ou des lanciers égyptiens occupant Gaza : autant de descriptions qui étaient également le moyen d'exprimer autre chose que la topographie et l'histoire de ces lieux sanctifiés par la Bible. Selon une logique à l'œuvre depuis le voyage de Chateaubriand, elles donnaient à voir les impressions, les sentiments et les aventures du voyageur Roberts. C'est du reste à cela que servaient les extraits du journal du peintre, cités par Brockedon et Croly.

Enfin, Moon lança une souscription par acomptes mensuels afin de financer l'ouvrage. Il réunit plus de six-cents souscripteurs, parmi lesquels la reine Victoria, le pacha Méhémet Ali ou le duc de Wellington, mais aussi John Ruskin, Charles Dickens – avec qui Roberts était lié depuis les années 1820 – et John Murray. Deux éditions parurent : l'une de luxe, dans laquelle les lithographies étaient coloriées à la main ; l'autre composée de planches en noir, blanc et ocre, avec parfois une couleur complémentaire. Il est difficile de connaître le nombre total d'exemplaires publiés, sans doute un peu plus que le nombre de souscripteurs. Ce qui est sûr, c'est que l'ensemble remporta un vif succès du vivant de Roberts. Trois autres éditions furent en effet publiées entre 1855 et 1858, dans des formats plus petits.

Que reste-t-il, aujourd'hui, des intentions qui animèrent les auteurs de ce livre ? David Roberts jugeait que les planches de la *Description de l'Égypte* par les artistes français étaient très inexactes et il se proposait de les rectifier. Mais, au même moment, l'invention de la photographie bouleversait les représentations de l'exactitude visuelle. En 1839, dans son discours de présentation du daguerréotype à l'Académie des sciences de Paris, François Arago imaginait que, si les membres de l'expédition d'Égypte avaient pu disposer d'un tel appareil, les savants posséderaient des vues exactes de monuments qui, en l'espace de quarante ans, avaient été considérablement dégradés et pillés. Le daguerréotype, soulignait-il, aurait en particulier conservé l'image précise des hiéroglyphes peints ou gravés sur les monuments de l'Égypte antique, au lieu de ces reproductions d'autant plus fautives qu'elles avaient été faites à une époque où le mystère de cette ancienne écriture n'avait pas encore été percé[6]. Ceux qui voudraient se faire une idée exacte des monuments égyptiens devaient donc tout attendre de la photographie. Comme nous le verrons dans le chapitre suivant, Maxime Du Camp s'en souviendra en faisant paraître en 1851, sous le titre *Le Nil*, le premier récit de voyage français illustré de clichés photographiques[7].

De ce point de vue, le livre de Roberts, Moon, Haghe, Brockedon et Croly constitue un moment unique dans l'histoire

6. Marta Caraion, *Pour fixer la trace. Photographie, littérature et voyage au milieu du XIXe siècle*, Genève, Droz, 2003.
7. *Cf. infra*, chapitre 7.

de la représentation des ruines antiques de l'Orient. Très vite, il apparut en effet que les dessins de Roberts ne pouvaient prétendre à l'exactitude supposée de la photographie. Non seulement Roberts avait souvent dessiné des hiéroglyphes de convention, mais il avait peuplé ses planches de personnages dont on déplora bientôt qu'ils étaient plus petits que ce qu'ils auraient dû être. Certains lui en ont voulu, soupçonnant que cela était dû à la fascination du peintre pour le gigantisme des sites qu'il avait visités – à Karnak ou à Baalbek, par exemple. C'est oublier que la fonction de ces figures humaines n'était pas vraiment de fournir une échelle pour juger de la taille des monuments. En les dessinant, Roberts se soumettait d'abord au code pittoresque qui, depuis la fin du XVIIIe siècle, offrait une alternative aux représentations de la beauté classique et de l'effroi sublime. Les personnages de *The Holy Land, Idumea, Arabia, Egypt and Nubia*, correspondaient à l'impératif formulé par les fondateurs du *picturesque*, William Gilpin et Uvedale Price : distraire le regard par la présentation de spectacles variés et changeants. Leurs costumes, eux, relevaient de la règle romantique de la couleur locale. Il ne viendrait à l'esprit de personne, aujourd'hui, de critiquer ces petits personnages errant au milieu de ruines trop grandes pour eux. Ils sont, très certainement, l'un des éléments de la fascination qu'exerce sur nous le livre, unique en son genre, né des dessins de voyage de David Roberts.

7.

Pour ne pas prendre de photographies

En 1849, Gustave Flaubert et Maxime Du Camp ont tous les deux vingt-sept ans et ce sont déjà de vieux amis, qui rêvent d'art et de voyages.

Maxime a un peu plus d'expérience. Cinq années auparavant, il est parti jusqu'en Asie mineure. De ce premier voyage, il a tiré un récit : *Souvenirs et paysages d'Orient, Smyrne, Éphèse, Magnésie, Constantinople*, qu'il a dédié à Gustave. Il l'a publié l'année précédente, cette grande année 1848 qui a vu Chateaubriand mourir et Lamartine devenir chef du gouvernement. Est-ce vraiment une coïncidence ? Avec l'*Itinéraire de Paris à Jérusalem*, Chateaubriand avait lancé la littérature moderne des voyages en Orient[1]. Avec *Souvenirs, impressions, pensées et paysages pendant un voyage en Orient*, Lamartine a assuré le triomphe du genre. Maxime avait ces deux modèles en tête en publiant son propre ouvrage.

Gustave et Maxime se perdront un jour de vue mais, en 1849, ils semblent inséparables. Tous les deux veulent être écrivains, poètes, artistes. Ensemble, ils désirent voir et sentir. Deux ans plus tôt, ils ont parcouru la Bretagne à pied, côte à côte, observant, causant gaiement, prenant des notes. À partir de ces notes, ils ont songé à écrire un livre à quatre mains. Ils ont même bâti un plan et rédigé chacun les chapitres qui leur revenaient. Mais ils ont finalement gardé leurs pages pour eux seuls.

Ce 29 octobre 1849, ils repartent, assis l'un en face de l'autre dans le fond d'une confortable diligence qui quitte

1. *Cf. supra*, chapitre 1.

Paris. À Fontainebleau, ils prennent le train. À Chalon-sur-Saône, ils embarquent sur un navire à vapeur puis, à Lyon, sur un des bateaux du Rhône. À Valence, ils montent à nouveau dans une diligence. À Avignon, ils prennent encore le chemin de fer. Enfin, ils sont à Marseille.

Le trajet a duré trois jours, mais ce n'est que le début d'un long voyage. Là, ils embarquent sur le *Nil*, un paquebot à roues de 250 chevaux, appartenant à ces messageries que, depuis la révolution de 1848, on appelle « nationales ». Ils arrivent à Alexandrie le 15 novembre et partent ensuite pour Le Caire, puis pour la Haute Égypte. Le 10 avril 1850, ils atteignent Philae, qui est en train de devenir la dernière station du beau circuit touristique égyptien[2]. Revenus au Caire le 25 juin, ils poursuivent en direction du Liban. À Beyrouth, ils renoncent à gagner Damas (et peut-être même la Perse, à laquelle ils avaient un peu songé). Ils s'en retournent en passant par Jérusalem, Constantinople et la Grèce, qui constituent des étapes inoubliables. Au mois de mai 1851, ils sont de retour en France après un an et demi d'absence.

Un compagnon exact

De cette nouvelle expérience, Maxime rapporte un second livre, qu'il publie en 1852 sous le titre *Égypte, Nubie, Palestine, Syrie*, puis un troisième, intitulé *Le Nil*. Maxime Du Camp commence à se faire un nom dans la littérature de voyages. En 1857, c'est à lui que Charles Baudelaire dédiera le poème « Le Voyage », par lequel se conclut le volume des *Fleurs du mal*. Cependant, on aurait du mal à faire dire à Gustave que Maxime est allé « au fond de l'Inconnu pour trouver du nouveau[3] ». Ce

2. *Cf. supra*, chapitre 6.
3. *Cf. infra*, chapitre 11.

que Maxime a écrit à propos de leur séjour égyptien, Gustave le juge sans intérêt, « archiplat », « curieux de nullité[4] ». Pour sa part, il ne publiera aucun récit de ses courses. De son voyage, il n'a rien rapporté, si ce n'est quelques objets souvenirs, la syphilis, contractée dans l'un des nombreux bordels qu'il a visités, et une forme spéciale de nostalgie, qui le fera longtemps rêver à l'Orient.

Gustave fut-il injuste avec Maxime ? En tout cas, Maxime pouvait le penser, lui qui s'était donné bien du mal pour être original. N'a-t-il pas fait l'effort de s'initier à une technique toute récente et assez complexe : la photographie ? Depuis que, une dizaine d'années plus tôt, François Arago a célébré le daguerréotype au cours d'une mémorable séance publique de l'Académie des sciences, la photographie jouit d'un immense prestige. Maxime a demandé à l'un des premiers photographes professionnels français, Gustave Le Gray, de l'instruire dans cet art nouveau. Plutôt que sur le daguerréotype, son choix s'est fixé sur le calotype, mis au point par le Britannique William Henry Fox Talbot. Grâce aux négatifs du calotype, on peut en effet obtenir autant de clichés qu'on le désire. Maxime pouvait espérer publier le premier grand livre de voyage illustré non pas de dessins, mais de photographies.

Égypte, Nubie, Palestine, Syrie est ce livre. À une époque où il n'existe aucun procédé de reproduction photomécanique, l'éditeur doit coller soigneusement les clichés, un à un, sur les pages de chacun des exemplaires mis en vente. Le résultat est onéreux, certes, mais les grands récits de voyage illustrés de lithographies – tel celui de l'Écossais David Roberts, publié dix ans plus tôt[5] – coûtent eux aussi des fortunes. Quant au *Nil*, vierge d'illustrations, Maxime l'écrit sous forme de lettres

4. Gustave Flaubert, Lettre à Louise Colet, 7 octobre 1853.
5. *Cf. supra*, chapitre 6.

adressées à son ami Théophile Gautier. L'artifice n'est pas neuf. Il a déjà été employé par Victor Hugo, dix ans plus tôt, pour *Le Rhin*.

C'est *Le Nil*, surtout, que Gustave juge « archiplat ». Mais *Égypte, Nubie, Palestine, Syrie* ne trouve pas non plus grâce à ses yeux. Ce n'est pas que les photographies de Maxime soient mauvaises. Gustave juge même que l'un de ses clichés du Sphinx exprime mieux que tout l'impression faite par le gigantesque monument au voyageur le découvrant pour la première fois. « Aucun dessin que je connaisse n'en donne l'idée[6] », écrit Gustave qui se refuse néanmoins à croire que l'on peut créer un livre avec de telles images.

Maxime n'est pas de cet avis. Il veut faire un « voyage archéologique ». Il s'était fait missionner pour cela par l'Académie des inscriptions et belles-lettres. Il soutient que la photographie est le support idéal pour un tel projet. Dans son discours de présentation du daguerréotype, Arago n'a-t-il pas jugé que « si la photographie avait été connue en 1798, nous aurions aujourd'hui des images fidèles » de ces monuments que le temps et le vandalisme ont tant abîmés depuis l'expédition d'Égypte[7] ? Lorsque Gustave et Maxime reviennent à Paris, il y circule une anecdote significative. Le baron Antoine-Jean Gros, ministre plénipotentiaire en Grèce, a pris au daguerréotype une vue de l'Acropole d'Athènes, puis, de retour en France, il a observé à la loupe les débris amoncelés au premier plan. Il a alors aperçu sur une pierre une figure qui lui avait échappé sur place : un lion dévorant un serpent, esquissé en creux, dont la forme indique que ce vestige est bien plus ancien que l'Acropole elle-même,

6. Gustave Flaubert, Lettre à Louis Bouilhet, 15 janvier 1850.
7. *Rapport de M. Arago sur le daguerréotype, lu à la séance de la Chambre des députés, le 3 juillet 1839, et à l'Académie des sciences, séance du 19 août*, Paris, Bachelier, 1839, p. 25.

et doit être attribué à un art voisin de l'époque égyptienne. Cela ne prouve-t-il pas que la photographie est capable de faire progresser la science archéologique bien plus que la réitération des expéditions[8] ?

L'Académie des inscriptions et belles-lettres semble le penser. Ses membres se félicitent de ce que Maxime ait été assisté, pendant son voyage, d'un « nouveau compagnon habile, prompt et toujours scrupuleusement fidèle ». Ce compagnon n'était pas Gustave. La scrupuleuse fidélité célébrée par l'Académie est celle de l'appareil photographique, que Maxime a emporté avec lui.

L'infidélité créatrice

Tout au long de son voyage en Égypte, Maxime a utilisé cet appareil pour collecter des clichés des monuments de l'Antiquité, à l'exclusion de tout autre motif. Si, de temps à autre, un individu apparaît sur l'image, c'est uniquement pour fournir une échelle de comparaison, afin de faire ressentir la taille imposante des œuvres de pierre. En Grèce, Chateaubriand voyageait pour voir « les Grecs qui étaient morts[9] ». D'Égypte, Maxime ne rapporte presque aucune trace d'un peuple vivant.

Ce n'est pourtant pas cela qui irrite Gustave, mais le souci d'exactitude que manifeste Maxime. Ce dernier a pourtant essayé d'associer son ami à sa mission savante. Il a obtenu que, par ordre du ministère de l'Instruction publique, Gustave soit chargé de recueillir, dans certains ports et réunions de caravanes, des renseignements utiles pour les chambres de commerce. Gustave s'en est amusé auprès d'un de ses corres-

8. Marta Caraion, *Pour fixer la trace. Photographie, littérature et voyage au milieu du XIXe siècle*, *op. cit.*
9. *Cf. supra*, chapitre 1.

pondants : « Me vois-tu dans chaque pays m'informant des récoltes, du produit, de la consommation, combien chie-t-on d'huile, combien goinfre-t-on de pommes de terre ? » Et de conclure : « merde ! Ah non, franchement, était-ce possible[10] ? » Pour un jeune homme qui rêve d'art et de littérature, un voyage en Orient, cela doit servir à autre chose. À aucun prix, l'objectif ne doit être d'exposer la situation historique ou économique des pays visités. Il n'est pas question de décrire avec précision les coutumes, les mœurs, les paysages observés sur place. Gustave ne compte pas renouveler Volney. Par quelque bout qu'on le prenne, le but d'un voyage entrepris sous le signe de l'art n'est pas le récit du voyage. Pour Gustave, Maxime a tort sur ce point, comme d'ailleurs l'immense majorité de ses contemporains, bêtement friands de cette sorte de littérature.

Et pourtant Gustave a voyagé et, en voyageant, il a accumulé des notes. De retour en France, il va jusqu'à les mettre en ordre. Mais il ne compte pas les publier sous une forme documentaire quelconque. Ses carnets de voyage ne doivent être que le matériau brut à partir duquel, un jour, il lui sera possible de créer une œuvre d'art. Ce ne sera certes pas pour tout de suite. À peine rentré d'Orient, Gustave commence l'écriture d'un roman dont la modeste action, une banale histoire d'adultère, se situe sous le ciel grisâtre de sa Normandie natale. *Madame Bovary* ne devra pas grand-chose aux notes que Gustave a prises sous le soleil d'Égypte. Mais cela viendra.

Cinq ans plus tard, en s'attelant à un deuxième roman, Gustave utilise en effet ses souvenirs d'Orient. Il veut désormais écrire sur Carthage le livre qui deviendra *Salammbô*. Carthage n'est pas l'Égypte. D'ailleurs, dans le cours de son travail, Gustave doit faire un bref séjour en Tunisie pour s'assurer de certaines

10. Gustave Flaubert, Lettre à Louis Bouilhet, 2 juin 1850.

réalités topographiques. Mais, pour un homme du XIXe siècle, Carthage et l'Égypte sont toutes deux l'Orient et Gustave a eu, pendant un an et demi, l'expérience de l'Orient. Son voyage en Égypte peut maintenant lui servir de matière première. Bien après la mort de Gustave, Maxime l'affirmera : « Par un phénomène singulier, les impressions de ce voyage lui revinrent toutes à la fois et avec vigueur lorsqu'il écrivit *Salammbô*[11]. »

Gustave met autant de temps à écrire *Salammbô* qu'il en a mis pour écrire *Madame Bovary*. Lorsque le livre est terminé, son éditeur, Michel Lévy, juge que celui-ci est digne d'être illustré. Le sujet s'y prête. Alors que tant d'images de l'Orient sont en circulation, la Carthage antique de *Salammbô* ne peut-elle pas être superbement représentée ? Gustave s'y oppose avec une grande énergie, jugeant le projet stupide. « Jamais, moi, vivant, on ne m'illustrera[12] », écrit-il alors à un ami. Et de préciser à un autre le fond de sa pensée : « Ce n'était guère la peine d'employer tant d'art à laisser tout dans le vague, pour qu'un pignouf vienne démolir mon rêve par sa précision inepte[13]. » Sa résolution est inébranlable et son éditeur doit renoncer au projet d'une édition illustrée de *Salammbô*.

On ne peut qu'être frappé par la constance avec laquelle Flaubert a refusé, tout au long de sa vie, de participer au succès des livres de voyages comme à celui des livres illustrés. Au fond, il s'agit du même refus. Lamartine disait que le récit de voyage devait être « le regard écrit[14] ». Au lendemain de l'invention de la photographie, Gautier ajoutait que le voyageur devait être « daguerréotypeur littéraire[15] ». Tous ces auteurs de livres de

11. Cité dans Marta Caraion, *Pour fixer la trace*, *op. cit.*, p. 251.
12. Gustave Flaubert, Lettre à Ernest Duplan, 12 juin 1862.
13. Gustave Flaubert, Lettre à Jules Duplan, 5 juillet 1862.
14. Cité dans Sylvain Venayre, *Panorama du voyage. 1780-1920*, Paris, Les Belles Lettres, 2012, p. 474.
15. *Ibid.*

voyage semblaient faire de l'image l'horizon du récit, un horizon presque inaccessible. « Voyager, c'est traduire », disait Lamartine, « traduire à l'œil, à la pensée, à l'âme du lecteur les lieux, les couleurs, les impressions, les sentiments que la nature ou les monuments humains donnent au voyageur ». Or, ajoutait-il, c'est une tâche d'autant plus difficile qu'il faut la mener « avec des mots, avec des idées qui ne renferment ni sons, ni lignes, ni couleurs[16] ». On aurait pu croire que, dans ce but, les gravures et les photographies constituaient un renfort appréciable.

Ce renfort, Gustave n'en voulait pas, précisément parce qu'il lui importait peu de traduire pour son lecteur la réalité exacte de ce qu'il avait observé. En Égypte, il avait bien essayé d'« écrire un peu » sur son voyage, mais cela lui avait vite semblé inepte. « Il vaut mieux être œil tout bonnement[17] », écrivit-il à un ami. Le temps du voyage était saturé par la contemplation. Il ne se confondait pas avec le temps de la création. Celui-ci viendrait plus tard, lorsque l'artiste dans son atelier saurait quoi faire de ses impressions passées. En attendant, Gustave laissait s'imprimer sur sa rétine les spectacles dont il se souviendrait. C'était un choix très différent de celui de Maxime, lequel photographiait au même moment tout ce qui lui paraissait digne d'intérêt, afin de publier à son retour ce qui serait, en France, le premier grand livre de voyage illustré par des photographies.

Les deux amis n'étaient donc pas si semblables que cela. Les conceptions qu'ils se faisaient de l'art, de la littérature et du voyage différaient beaucoup. Ils ne furent pas les seuls dans ce cas. Leur histoire est néanmoins originale en ce qu'ils vécurent, avec l'invention de la photographie, un moment crucial tout à la fois pour l'histoire de l'art et pour l'histoire du voyage.

16. *Ibid.*
17. Gustave Flaubert, Lettre à Louis Bouilhet, 13 mars 1850.

Ils résolurent de façons radicalement opposées un problème qui, jusqu'alors, n'avait pas été formulé avec cette acuité, mais auquel furent ensuite confrontés tous ceux qui, écrivains ou photographes, tâchèrent de transformer leur expérience du voyage en œuvres d'art.

Lorsqu'il était parti pour l'Orient, un demi-siècle plus tôt, Chateaubriand s'était présenté comme un poète en quête d'informations pour le livre qu'il était en train d'écrire. Il avait besoin d'alimenter les descriptions des *Martyrs*. Avec une simplicité étonnante chez lui, il exposait ainsi les raisons de son départ : « J'allais chercher des images ; voilà tout[18]. » Pourtant, ainsi que Gustave Flaubert et Maxime Du Camp en firent l'expérience, rien n'est moins évident, en voyage, que d'aller chercher des images.

18. *Cf. supra*, chapitre 1.

8.

Pour définir un art du voyage

Dans un de ses articles du *Moniteur Universel*, publié le 13 juillet 1868 sous le titre « Revue des théâtres », Théophile Gautier se plaignait de ce que l'été « la queue est bien plus longue au guichet où l'on distribue les billets de chemin de fer qu'aux bureaux où l'on prend des billets de spectacle » :

> La vie change décidément de forme, et le voyage, autrefois si antipathique au Parisien, est entré dans ses mœurs. On part plus facilement pour l'Italie, la Suisse, l'Espagne ou l'Allemagne, qu'autrefois pour Saint-Cloud. Dès que le chemin de fer de New York à San Francisco sera terminé (et il le sera dans quelque temps), on fera le tour du monde en deux mois et demi. Le percement de l'isthme de Panama abrégera encore le parcours, et l'on pourra dans ses vacances accomplir la circumnavigation complète du globe.

Gautier ajoute : « Nous pensions déjà ainsi, il y a quelques années, en inaugurant nous ne savons plus quelle ligne de chemin de fer comme *reporter* d'un journal[1] ». À ma connaissance, c'est la seule fois que le terme de « reporter » apparaît sous la plume de Gautier. Il est d'ailleurs imprimé en italique dans le texte du *Moniteur universel*, de la même façon qu'il était imprimé en italique, presque quarante ans plus tôt, dans les *Promenades dans Rome* de Stendhal[2]. À la fin des années 1860, le mot d'origine anglaise n'était pas encore pleinement

1. Théophile Gautier, « Revue des théâtres », *Le Moniteur Universel*, 13 juillet 1868.
2. Stendhal, *Promenades dans Rome* (1829), Paris, Gallimard, coll. « Folio », 1997, p. 209.

accepté par la langue française : une telle reconnaissance serait l'affaire des décennies à venir. En se l'appropriant, fût-ce pour le mettre à distance, Gautier participait au processus en cours de légitimation du reportage[3], de même qu'il soulignait le lien étroit que la figure en constitution du reporter entretenait avec celle du voyageur. Si Gautier fut « *reporter* », en effet, ce fut en se déplaçant pour relater un événement directement lié au voyage : l'inauguration d'une ligne de chemin de fer – ce qu'il fit deux fois au moins, à Blidah en Algérie en 1862 et dans le nord de l'Espagne en 1864, sans compter son voyage de 1836 qui le vit notamment décrire les premiers chemins de fer belges et celui de 1869 pour l'inauguration du canal de Suez. Or une telle pratique s'inscrivait dans une expérience plus générale du voyage et du journalisme mêlés qui avait vu Gautier publier en feuilletons, pour différents journaux de Paris, des récits de ses nombreux voyages. Peut-être connaissez-vous *Tra los Montes* (1843) devenu le *Voyage en Espagne* (1845), *Italia* (1852), *Constantinople* (1853) ou le *Voyage en Russie* (1867), œuvres maîtresses d'un écrivain qui s'est efforcé de poursuivre dans la voie ouverte par ceux qui, au tournant des XVIIIe et XIXe siècles, avaient entrepris de faire basculer le récit de voyage dans le champ de la littérature[4].

Ces quatre récits sont les seuls qui, publiés d'abord dans les journaux, furent ensuite repris en volumes consacrés chaque fois à un seul voyage de Gautier. Ils ne sauraient pourtant résumer ni les voyages de Gautier à l'étranger, ni les récits de ces voyages, ni même les récits de ces voyages qui connurent,

3. Pascal Durand, « Crise de presse. Le journalisme au péril du "reportage" (France 1870-1890) », *Quaderni*, n° 24, automne 1994, p. 123-152 et Marie-Ève Thérenty, « Les "vagabonds du télégraphe" : représentations et poétiques du grand reportage avant 1914 », *Sociétés et représentations*, n° 21, avril 2006, p. 101-115.
4. *Cf. supra*, chapitre 1.

du vivant de leur auteur, la consécration de la publication en volumes, après la première publication dans le journal.

Ni les voyages, d'abord : Gautier voyagea en effet en Belgique (1836), en Espagne (1840), à Londres (1842, 1843), en Algérie (1845), à Londres *via* la Belgique et la Hollande (1846), en Espagne (1846), à nouveau à Londres *via* la Belgique et la Hollande (1849), à nouveau en Espagne (1849), en Italie (1850), encore à Londres pour l'Exposition (1851), à Constantinople, avec retour par Athènes et Venise (1852), en Allemagne, trois fois successivement (en 1854, puis en 1857, puis en 1858), en Russie deux fois (1858, puis 1861), à Genève (1861), Londres encore (1862), l'Algérie encore (1862), l'Espagne encore (1864) avant de passer de nombreux séjours estivaux à Genève à partir de 1864 et de quitter la France encore trois fois pour l'Italie (1868), l'Égypte (1869) et Bruxelles (1871). Dans son esquisse autobiographique de 1867, Gautier accordait à ces voyages une place centrale dans sa vie, affirmant avoir été atteint très tôt de « la passion ou la maladie du voyage ». « Si j'avais eu de la fortune », écrit encore Gautier, « j'aurais vécu toujours errant[5]. »

Les grands livres de voyages de Gautier, ensuite, ne sauraient résumer les récits qu'il fit de ses voyages. Gautier en publia en effet de nombreux dans *La Chronique de Paris*, *La Presse*, la *Revue des Deux Mondes*, la *Revue de Paris*, le *Musée des familles*, *L'Artiste*, *Le Pays* et le *Moniteur Universel*[6].

Enfin, *Tra los Montes*, *Italia*, *Constantinople* et le *Voyage en Russie* ne sauraient résumer les livres de voyages de Gautier. Parallèlement à la publication de ces quatre grands récits, en

5. *L'Illustration*, 9 mars 1867. Repris dans Théophile Gautier, *Portraits contemporains*, 2e éd., Paris, Charpentier, 1874.
6. Charles de Spoelberch de Lovenjoul, *Histoire des œuvres de Théophile Gautier* (1887), Genève, Slatkine, 1968.

effet, plusieurs recueils de récits de voyages parurent du vivant de Gautier. En 1845, fut publié chez Magen *Zigzags*, qui fut réédité en 1852 chez Lecou, augmenté de plusieurs récits, sous le titre *Caprices et zigzags*. Puis, en 1865, Michel Lévy publia coup sur coup deux autres recueils, intitulés *Quand on voyage* et *Loin de Paris*.

Ce sont ces recueils que je voudrais relire ici, dans la mesure où ils renferment le discours sur le voyage tenu par Théophile Gautier, tel qu'il se donne à lire en fonction de deux contraintes dont l'addition produit un résultat original. Il y a, d'une part, la contrainte de la publication dans le journal : le cas était fréquent pour les auteurs de récits de voyages du XIXe siècle – ces « voyageurs » qui furent les premiers « *reporters* » ainsi désignés[7]. Il existe, d'autre part, une seconde contrainte née de la publication ultérieure de ces textes dans le recueil – contrainte d'autant plus remarquable que la forme du recueil était insolite, au XIXe siècle, pour le récit de voyage. Ces deux exigences se mêlent pour commander non seulement l'écriture des voyages de Gautier, mais aussi leur lecture. Il en résulte l'expression d'un art du voyage dont je voudrais faire ressortir, par-delà sa relative soumission au code romantique, la particularité[8].

La démarche qui me guidera sera celle l'historien des voyages et de l'éloignement. Mais je tâcherai d'y mêler aussi, chemin faisant, des réflexions venues de l'étude des formes littéraires, qu'il s'agisse de la forme du journal ou de celle du recueil[9]. Il

7. Sylvain Venayre, « Le voyage, le journal et les journalistes au XIXe siècle », *Le Temps des médias*, n° 8, automne 2007, p. 46-56.

8. Alain Guyot, « Récréation, devoir et chant du monde : pour une poétique du voyage et de son récit chez Théophile Gautier », *Revue des sciences humaines*, n° 277, 2005, p. 89-114.

9. Alain Vaillant et Marie-Ève Thérenty (dir.), *Presses et plumes. Journalisme et littérature au XIXe siècle*, Paris, Nouveau Monde, 2004 et Irène Langlet (dir.), *Le Recueil littéraire. Pratiques et théorie d'une forme*, Rennes, PUR, 2003.

me semble en effet que la discipline historique a beaucoup à gagner au dialogue avec cette poétique historique des formes qui renouvelle aujourd'hui l'histoire littéraire. Et j'espère que l'étude de l'art du voyage de Gautier pourra plaider en faveur de ce rapprochement.

Qu'est-ce qu'un voyageur romantique ?

Si Gautier s'appropria la figure du voyageur romantique, il ne fut pas, loin s'en faut, le premier à se réclamer d'elle. Commençant à écrire un quart de siècle après l'*Itinéraire de Paris à Jérusalem* de Chateaubriand et au lendemain du double succès du *Voyage en Orient* de Lamartine et des *Impressions de voyage en Suisse* de Dumas, Gautier était d'abord l'héritier d'une esthétique devenue centrale dans le monde littéraire de son temps et bientôt critiquée, notamment par le courant désigné comme « réaliste » à partir du milieu des années 1850. Le risque était donc grand que ses récits de voyage ne fassent que reproduire un mouvement désormais privé de l'originalité des commencements. Pour éviter cela, Gautier eut systématiquement recours à l'humour, à la dérision ou à l'ironie, se mettant lui-même en scène sous les traits d'un « vieux romantique de 1830, amoureux fou de couleur locale », figure anachronique, donc, sujette à des « sentiments rétrogrades[10] ». Il s'amusa des « gémissements élégiaque-romantiques[11] » qui accompagnaient selon lui les bouleversements des moyens de locomotion. Il se défendit d'être « déclamateur de [sa] nature », n'ayant nulle envie, dans ses descriptions, « d'ajouter un chapitre aux

10. Théophile Gautier, *Quand on voyage*, Paris, Michel Lévy, 1865, p. 246 – Désormais *QV*.
11. Théophile Gautier, *Caprices et zigzags*, Paris, Victor Lecou, 1852, p. 236 – Désormais *CZ*.

Ruines de Volney[12] ». Il glissa, par exemple, que l'aspect féodal du château de Roquemaure était propre à « réjouir un poète romantique, si les poètes romantiques étaient capables de se réjouir[13] ». Ou encore, descendant du chemin de fer en direction de la « cité romantique » de Tolède, il constate qu'il doit prendre un omnibus et s'écrie :

> Ô civilisation, ce sont là de tes coups ! Au Romantisme, qui jure par son épée et sa dague de Tolède, tu réponds : « Omnibus ! » et le Romantisme, tout penaud, monte en rechignant dans l'affreux véhicule[14] [...].

La relation que Gautier entretint, dans ses récits de voyage, avec l'appellation de « romantisme », fût-elle pleine de nuances, donne ainsi au style de Gautier son charme particulier, des notes drôles venant régulièrement relâcher les liens de l'auteur avec ces codes esthétiques du voyage.

Il n'empêche que ces liens existent et, quoi qu'il en soit des gentilles moqueries vis-à-vis de l'école littéraire, c'est bien en écrivain romantique, d'abord, que Gautier voyagea. Quatre des grandes caractéristiques du récit de voyage inauguré au tournant des XVIIIe et XIXe siècles structurent ainsi les récits de Gautier.

La première est le refus du voyage savant. En Grèce, par exemple, Gautier renonce au « triple savoir de l'helléniste, de l'antiquaire et de l'architecte[15] » et proclame, ailleurs, son refus « de faire un ouvrage d'érudition[16] ». Au contraire, il rappelle volontiers que les lieux qu'il visite l'ont déjà souvent été et

12. *QV*, p. 108.
13. Théophile Gautier, *Loin de Paris*, Paris, Michel Lévy, 1865, p. 7 – Désormais *LP*.
14. *QV*, p. 299.
15. *LP*, p. 255.
16. *QV*, p. 192.

que leurs descriptions se trouvent « partout[17] ». N'a-t-il pas lui-même publié une description de Venise « tellement exacte, qu'on ne veut pas croire que je n'y suis pas allé[18] » ? Aussi les monuments ne l'intéressent-ils pas et ressasse-t-il sa volonté de ne faire « que rendre en quelques lignes une impression qui, pour n'être pas nouvelle, n'en fut pas moins vive[19] ». Cette soumission au code romantique de l'impression, Gautier lui donne certes, dès *Tra los Montes*, la forme neuve, liée au nouveau sens du mot « impression », du « daguerréotype littéraire[20] » (il s'agit pour lui « de prendre, avec notre style, quelques vues au daguerréotype des objets qui frapperaient notre attention[21] »). Mais il ne l'invente pas – et ses récits de voyage sont, d'abord, le récit de ses impressions.

De cela découle une deuxième caractéristique romantique de ses récits : l'omniprésence du pittoresque et, plus encore, de la « couleur locale ». Gautier emploie l'expression avec une grande fréquence – neuf fois, en tout, dans les trois recueils. Le voyage est d'abord, pour lui, la réalisation du « désir de voir et de nous saturer de couleur locale[22] ». Un tel postulat justifie d'ailleurs son goût revendiqué pour les pays « barbares[23] », à commencer par l'Espagne – lui-même se présentant comme « une espèce de barbare à qui plaisent les vieilleries pittoresques[24] ». Il explique aussi sa quête des « costumes nationaux[25] », des « vieilles

17. *CZ*, p. 182.
18. *Ibid.*, p. 114.
19. *LP*, p. 304. Voir aussi *CZ*, p. 182.
20. Théophile Gautier, *Voyage en Espagne*, édition de J.-C. Berchet, Paris, Flammarion, coll. « GF », 1981, p. 197.
21. *QV*, p. 192.
22. *LP*, p. 40.
23. Voir *CZ*, p. 270 et *LP*, p. 32.
24. *QV*, p. 277. Sur la barbarie de l'Espagne, *cf. supra*, chapitre 5.
25. Voir entre autres *CZ*, p. 145 et *LP*, p. 281, 292, 348 et 352.

coutumes[26] », de la « différence de peuple à peuple[27] », et aussi son mépris pour le modèle néo-classique des arcades de la rue de Rivoli, qu'il déteste retrouver, à Madrid ou à Alger[28].

Une troisième caractéristique romantique des récits de Gautier réside dans son refus proclamé des guides[29] et des « cicerone de profession[30] », dans sa volonté de ne se laisser aller qu'au hasard. La principale conséquence de cela est la célébration de ces « caprices » et de ces « zigzags » qui ont donné leur titre au premier recueil de récits de voyage de Gautier, reprenant là un motif déjà popularisé par Rodolphe Töpffer. En contrepoint, à de nombreuses reprises, Gautier souligne son dégoût de la ligne droite dans le voyage – avec notamment ce joli paradoxe : « c'est le chemin le plus long pour aller d'un point à un autre, puisque c'est le plus ennuyeux[31]. »

Enfin, et en cela surtout peut-être Gautier est romantique, ses récits sont marqués par le sentiment de la fin d'un monde. Gautier a une claire conscience de vivre « à une époque climatérique de l'humanité ». « Bien qu'à peine ayant atteint l'âge mûr », écrit-il en 1858, « nous ne sommes plus contemporain de notre époque. Aucune des habitudes de notre jeunesse ne subsiste, et personne ne pense plus aujourd'hui aux choses qui nous passionnaient[32]. » Or l'expérience du voyage rend très sensible le sentiment de vivre dans une époque de multiples disparitions. D'une part, les progrès des moyens de transport, à commencer par le chemin de fer, ont rendu brutalement caduques les anciennes diligences et Gautier n'a de cesse de balancer

26. *LP*, p. 142.
27. *Ibid.*, p. 363. Voir aussi *CZ*, p. 145.
28. *CZ*, p. 145 et *LP*, p. 26.
29. *CZ*, p. 114 et 177.
30. *LP*, p. 32
31. *QV*, p. 277. Voir aussi *CZ*, p. 60.
32. *QV*, p. 35.

entre la reconnaissance d'un progrès technique incontestable et le regret de la fin des conditions de voyage d'antan, désormais jugées poétiques. D'autre part, Gautier postule, selon une logique déjà présente, par exemple, dans le *Voyage en Amérique* de Chateaubriand, que les progrès de la civilisation, tout en permettant aux peuples de voyager plus facilement, font également disparaître la barbarie et donc, avec la « couleur locale », tout l'intérêt du voyage. Gautier n'a pas de mots assez dur contre « ce siècle d'uniformité[33] » : « La terre n'a jamais été plus ennuyeuse », écrit-il ainsi, « toutes les différences disparaissent, et il est presque impossible de distinguer une ville d'une autre[34]. » Il propose finalement ce second paradoxe : « à l'époque où le réseau de fer sera terminé, l'on pourra aller partout, il n'y aura plus rien à voir nulle part[35]. »

Gautier voyage donc en écrivain romantique. C'est sans doute plus délicat pour lui que pour les écrivains de la génération précédente, avec laquelle il s'efforce de prendre une distance ironique. Il n'en reste pas moins fidèle à leurs codes. On pourrait relever d'autres concordances thématiques, bien sûr, à commencer par la négociation permanente que Gautier opère entre l'expression de l'amour de la patrie et celle du désir d'exil – telle qu'on peut la trouver, à la même époque, chez Edgar Quinet[36].

Voyager pour un journal

Cette identité de voyageur romantique se combine avec la nécessité dans laquelle Gautier se trouvait d'écrire pour un journal. En réalité, le *reporter* était surtout un feuilletoniste,

33. *LP*, p. 292.
34. *CZ*, p. 145.
35. *LP*, p. 363.
36. *Ibid.*, p. 2 ; *QV*, p. 245.

à la mode de l'époque. Son récit de voyage en Espagne fut d'ailleurs publié en 1840 dans *La Presse* sous le titre : « Sur les chemins – Lettres d'un feuilletoniste ». Gautier se revendiquait volontiers comme tel : il était, en Allemagne, par exemple, un « feuilletoniste en vacances[37] » et ses voyages apparaissaient généralement comme des intervalles dans une vie consacrée au feuilleton – ainsi se trouvait-il à Londres en 1851 « entre un feuilleton et l'autre[38] ». La vie professionnelle de Gautier, c'était d'abord le feuilleton, artistique ou théâtral, et, dans cette vie bien remplie, les voyages étaient toujours présentés comme des moments de liberté.

Cette posture explique pourquoi le « feuilletoniste en vacances » est aussi attentif aux autres voyageurs en vacances comme lui. Il les décrit volontiers et prétend même écrire pour eux, offrant à l'historien l'une des premières objectivations du tourisme. On a vu que le mot « touriste » s'était progressivement imposé dans la langue française depuis les années 1810, Stendhal lui assurant, avec les *Mémoires d'un touriste*, en 1838, une première publicité[39]. Pendant les trente années où il écrivit des récits de voyage, Gautier donna à voir l'acclimatation, en France, de cette figure anglaise du voyage et les modifications qu'elle subissait. Dès 1836, son premier récit de voyage s'adressait au « monde ambulatoire et touriste[40] ». Par la suite, il usa des trois figures principales du touriste au XIXe siècle : celle, aristocratique, de ces « touristes opulents » qui, entre autres, avaient transformé Florence, après la Restauration, en « salon de l'Europe[41] » ; celle, née du souci romantique de la distinction et illustrée notamment par Rodolphe Töpffer puis

37. *LP*, p. 297.
38. *CZ*, p. 234.
39. *Cf. supra*, chapitre 2.
40. *CZ*, p. 12.
41. *QV*, p. 226.

Hippolyte Taine, qui distingue les différentes « espèces » de touristes à seule fin de mieux les stigmatiser, à l'image de ces « touristes de l'espèce plaintive et grognonne, qui jugent un pays sur une omelette dont le beurre est un peu rance[42] » ; celle, enfin, moderne, de la « multitude voyageuse[43] », de ces « colonie[s] d'excursionnistes[44] », du « voyage fait en masse[45] », du « communisme du railway[46] » – autant d'expressions par lesquelles Gautier identifiait les formes nouvelles prises alors par le voyage d'agrément et dont il donne un exemple peu connu avec les voyages de groupes organisés à Paris par l'Office universel de la place de la Bourse à partir de la fin des années 1830[47].

Gautier admet parfaitement faire partie de ce nouveau monde du voyage. Fidèle à sa relation ambiguë avec le modèle romantique, il s'indigne en s'amusant de ce qu'il voyage désormais avec « mille ou douze cents compagnons de voyage forcés avec lesquels il partagera les impressions de la route[48] » et prétend être lui-même un « simple touriste[49] ». Pourtant, ne nous y trompons pas : il juge uniques les impressions qu'il donne au lecteur. Il ne doute pas que celles-ci sont transfigurées par son talent d'écrivain. Gautier n'est pas seulement « feuilletoniste » et « touriste » dans ses récits de voyage. Il est d'abord « poète », « penseur » et « artiste ». Il le revendique souvent[50].

Or cette tension entre le touriste et l'artiste redouble celle qui voit Gautier écartelé entre le modèle romantique du voyage

42. *Ibid.*, p. 275.
43. *Ibid.*, p. 32.
44. *CZ*, p. 230.
45. *Ibid.*
46. *Ibid.*
47. *Ibid.*
48. *Ibid.*
49. *LP*, p. 243.
50. *CZ*, p. 236 ; *LP*, p. 299 ; *QV*, p. 42.

et l'exigence feuilletonesque. « Cent mille yeux voient », écrit-il en 1858, « des millions d'yeux lisent ; aucun fait n'est inédit ; on n'a plus à soi que sa pensée [...][51] ! » L'augmentation du nombre des voyageurs – ceux qui « voient » – s'accompagne en effet de l'augmentation du nombre des lecteurs de journaux, plus nombreux encore – ceux qui « lisent ». Dans ces conditions, que reste-t-il à l'auteur de récits de voyages publiés dans la presse sinon son style et sa pensée ? Quelle légitimité trouve-t-on à écrire des récits de voyages de « touriste », sinon le fait qu'on écrit aussi des récits de voyages de « penseur », de « poète » et d'« artiste » ?

Rien ne donne une aussi bonne idée de cette tension que l'examen des raisons que Gautier avance pour ses départs. S'il part en Belgique, « c'est une idée qui m'est venue au Musée, en me promenant dans la galerie de Rubens » ; à Londres, c'est qu'il avait « passé la nuit au bal masqué ; et rien n'est triste comme un lendemain de bal[52] » ; en Algérie, c'est qu'il avait « la *maladie du bleu* [...] la nostalgie de l'azur[53] » ; en Hollande, c'était certes pour voir « une exposition de l'industrie à La Haye », mais l'alibi disparaît vite et Gautier évidemment ne voit pas cette exposition[54]. Au bout du compte, toutes les raisons se résument à celle qu'il donne pour son voyage à Venise : « quelle raison avais-je d'y être ? Aucune, si ce n'est cette nostalgie de l'étranger, si connue des voyageurs[55] ». Il s'insurge d'ailleurs contre la nécessité d'avoir une raison pour voyager – « comme si le voyage n'était pas à lui seul un but[56] ! » À aucun moment il n'évoque la nécessité pratique dans laquelle il se trouvait de

51. *QV*, p. 35.
52. *CZ*, p. 113.
53. *LP*, p. 1-2.
54. *Ibid.*, p. 267 et 352. Voir aussi *QV*, p. 86, 113 et 144.
55. *QV*, p. 161.
56. *LP*, p. 267.

rapporter pour son journal le récit d'un voyage dont pourtant le journal, pour cette raison seulement, avait couvert les frais.

Certes, Gautier ne faisait alors que reprendre le motif romantique du voyage pour le voyage, déjà proposé depuis longtemps, notamment par le René de Chateaubriand[57]. Mais cet idéal était d'autant plus sublimé que Gautier le célébrait dans l'espace du journal quotidien et qu'il s'opposait, au « rez-de-chaussée », à l'ensemble des voyages utiles mis en scène dans les autres rubriques. À l'Exposition de 1851, si Gautier s'enorgueillit de ne pas avoir « jeté un seul coup d'œil » sur les activités économiques qui y étaient présentées, au risque de s'attirer « le mépris des industriels, des négociants, des utilitaires et des philistins de toutes sortes[58] », c'est bien parce que ces activités étaient présentées, au sein du journal, dans d'autres rubriques que celle du feuilleton. À Stuttgart, s'il précise à son lecteur : « ne redoutez de notre part aucune conjecture saugrenue ou paradoxale sur les motifs de l'entrevue » des empereurs qui a lieu au même moment, c'est aussi, comme il l'écrit lui-même, parce qu'il n'est « pas un chroniqueur politique[59] » et que les chroniqueurs politiques, ailleurs dans le journal, doivent certainement rendre compte de l'événement. Il en va de même lors de son séjour dans le Pays basque pour le mariage du duc de Montpensier, dont les fêtes sont à peine évoquées alors que Gautier leur doit sa présence à Bayonne. Chaque fois, le « feuilletoniste en vacances » peut d'autant plus se passer de ces descriptions que d'autres, dans le même journal, s'en sont chargés.

Le « touriste » de Gautier est aussi différent de celui de Stendhal que « l'artiste » de Gautier est différent de celui de

57. *Cf. supra*, chapitre 1.
58. *CZ*, p. 234. Voir aussi *LP*, p. 5.
59. *QV*, p. 135.

Chateaubriand. S'il voyage comme les autres et si son récit se coule, plus ou moins, dans le moule romantique, Gautier, parce qu'il écrit dans le journal, compose tout autant avec ses collègues dans l'ordre du journalisme qu'avec ses prédécesseurs dans celui du voyage. Contraint par la place réservée au feuilleton dans la géographie du journal, il délaisse les considérations esthétiques ou industrielles de Stendhal tout autant que les idées générales de Chateaubriand sur l'histoire et la vie des peuples. Il se moque des « faiseurs de voyages, tout occupés à se quereller pour la mesure exacte d'une colonne ou d'un obélisque dont personne ne se soucie[60] », ces « voyageurs dits sérieux, préoccupés avant toute chose de camps de César et d'inscriptions romaines illisibles[61] ». Mais une telle revendication, pour s'inscrire dans la logique du récit romantique, n'en est pas moins renforcée par la nécessité dans laquelle le feuilletoniste se trouve de parler de choses légères, distinctes de celles évoquées ailleurs dans le journal. Du reste, les modalités de la publication du récit ne lui sont pas indifférentes : les voyageurs savants, souligne-t-il, se font « éditer in-quarto à l'Imprimerie Royale, et la plupart finissent à l'Institut[62] ». Lui, au contraire, est publié dans le journal quotidien dont il occupe le rez-de-chaussée et les particularités de cette édition expliquent aussi, en grande partie, celles de son récit. Que les lits belges ne soient pas faits comme les lits de France (« il n'y a point de traversin, mais bien deux grands oreillers posés côte à côte[63] ») ; que l'intérieur des berlines anglaises soit si différent de celui des voitures du continent[64] ; que la nourriture d'une taverne de Londres soit si exotique et que tout cela fournisse

60. *CZ*, p. 136.
61. *Ibid.*, p. 195.
62. *Ibid.*, p. 161.
63. *Ibid.*, p. 53.
64. *Ibid.*, p. 113.

à chaque fois matière à de longues descriptions, Gautier s'en explique fréquemment : « qu'est-ce qui fait la différence d'un pays à l'autre, si ce n'est ces mille détails familiers dédaignés par les plumes majestueuses, si prolixes lorsqu'il s'agit de vieilles bornes et de statues à nez cassés[65] ? » Le goût des détails de la vie quotidienne, le mépris affiché pour les « curiosités[66] » (alors même que Gautier ne rate pas un musée et rarement un monument) : tout cela participe d'une esthétique commandée en grande partie par la forme du feuilleton, rubrique de divertissement à l'écart des affaires sérieuses du journal.

L'art du voyage

Une autre nécessité formelle a de grandes conséquences sur la lecture que nous faisons aujourd'hui des articles de Gautier : leur seconde publication sous la forme du recueil. Je ne parle pas, en l'occurrence, des modestes transformations subies par les textes : telle lettre de Gautier commençant, dans le journal par « mon cher Directeur » devient dans le recueil « Mon cher Éditeur[67] » ; une lamentation ironique sur l'absence de contrefaçons de ses ouvrages en Belgique dans le journal de 1836 est accompagnée d'une note dans le livre de 1852 expliquant que, depuis lors, de nombreuses contrefaçons y ont évidemment vu le jour. Les modifications de cet ordre existent, mais elles sont finalement minimes et, globalement, les textes des recueils sont fidèles à ceux des articles.

On doit s'interroger, en revanche, même si la preuve est ici très délicate à administrer, sur les différences de lecture induites par la nouvelle publication. Ainsi, que Gautier signale

65. *Ibid.*, p. 195. Voir aussi *Ibid.*, p. 53 et 113.
66. *Ibid.*, p. 177.
67. *QV*, p. 239.

ne rien voir de remarquable à Cambrai, sinon « une gigantesque affiche de la *Presse*[68] », fait évidemment sens dans la publication par le journal *La Presse* en 1836, beaucoup moins dans les recueils ultérieurs. De même, le clin d'œil à son lecteur, « sultan Schahabaham, qui bâille en pensant à autre chose ou à la Bourse[69] », se comprend dans le cadre du journal où se trouvent aussi les cours de la Bourse, beaucoup moins dans celui du livre. On doit supposer ici que, soit le lecteur du livre connaît l'origine du texte et peut alors être aussi intéressé par l'allusion que le lecteur du journal, soit il ne la connaît pas – ce qui est d'autant plus vraisemblable qu'elle n'est mentionnée nulle part dans le recueil – et alors ces phrases de Gautier glissent sur lui sans dorénavant lui faire d'effet.

Il en va de même des références à l'actualité immédiate, qui s'imposent d'évidence au lecteur du journal quotidien mais qui sont obsolètes, incompréhensibles ou inutiles pour le lecteur du recueil. Si les chemins de fer belges, par exemple, sont, dans le journal de 1836, un objet « palpitant d'actualité[70] » – une expression que Gautier emploie avec ironie –, c'est moins le cas dans le recueil de 1845, et moins encore dans la réédition de 1852. Quant aux articles correspondant au voyage à l'Exposition de 1851, leur actualité est complètement périmée dans les recueils de 1865.

Le caractère contingent de l'écriture journalistique s'estompe ainsi dans le recueil, alors même que cette écriture n'a pas été sensiblement corrigée. Davantage : la réunion d'articles écrits à des périodes différentes tend à créer un sentiment d'unité par-delà les différences d'époque. La forme du recueil redouble ainsi un principe d'écriture récurrent des articles de Gautier. « Tu

68. *CZ*, p. 23.
69. *QV*, p. 111.
70. *CZ*, p. 57.

te souviens sans doute que nous avons visité Anvers ensemble il y a dix ans, ô mon cher Fritz[71] », écrit Gautier dans *La Presse* en 1846 avant de publier son article à la suite de son voyage en Belgique de 1836 dans *Caprices et zigzags* en 1852. Ici, le procédé d'appariement des textes, propre au recueil, est encore renforcé par l'identité, dans les deux cas, du pays visité et du destinataire de la « lettre » de Gautier – « Fritz », alias Gérard de Nerval. Or ce procédé en redouble un autre, caractéristique de l'écriture de Gautier : la comparaison entre deux voyages faits par l'auteur, laquelle lui offre d'ailleurs souvent le moyen d'une méditation romantique sur la fuite du temps : « Il y a dix-sept ans, nous écrivions dans l'Alhambra même[72]... », « nous avions déjà vécu sous la tente lorsque nous accompagnâmes le maréchal Bugeaud, en 1845, dans l'expédition de Kabylie[73]... », etc. Télescopant les époques, ces comparaisons opèrent également un télescopage des espaces : s'il songe à l'Alhambra, en effet, Gautier n'en est pas moins en Allemagne ; s'il fait référence à l'Algérie, c'est à l'occasion d'un voyage en Normandie. Contemplant les paysages de la campagne toscane, il se souvient « d'un trajet de Grenade à Velez-Malaga[74] ». Lors de l'Exposition de 1851, il se plaît à décrire, plutôt que l'Angleterre, l'Inde et la Chine, que l'on peut visiter à Londres rien que par les productions qui y sont présentées[75].

Venant renforcer ce procédé de comparaison entre les temps et les espaces, la forme du recueil accentue ainsi le sentiment que Gautier tient un discours général sur le voyage en partie dégagé de l'obligation de parler d'un lieu précis. Là où le lecteur de *Tra los Montes*, d'*Italia*, de *Constantinople* et du *Voyage en*

71. *Ibid.*, p. 74.
72. *QV*, p. 136.
73. *Ibid.*, p. 31
74. *Ibid.*, p. 180.
75. Voir « En Chine » et « L'Inde » dans *Caprices et zigzags*.

Russie s'attend à lire un récit concernant à chaque fois un pays particulier, le lecteur des recueils de Gautier voit cette nécessité d'autant plus réduite que les comparaisons de l'auteur, déjà présentes dans les articles du journal, sont désormais redoublées par la forme du recueil, lequel juxtapose les espaces visités, estompe les références contingentes à l'actualité et renforce finalement le sentiment que Gautier ne nous parle pas des pays et des peuples qu'il a vus, mais de la façon dont il les a vus – qu'il ne délivre pas un récit de voyage, mais qu'il propose un art du voyage.

Au fond, le lecteur du recueil, qui ne cherche plus à suivre les péripéties de l'actualité et passe en quelques pages d'un pays à l'autre, est moins guidé vers les particularités de chacun des voyages de Gautier que vers la méthode que celui-ci emploie pour voyager et pour raconter son voyage. La forme du recueil renforce ainsi la logique romantique par laquelle l'auteur s'est mis au centre du récit de voyage – logique dont on a vu que, pour des raisons tenant à la place que le feuilleton occupe dans l'espace du journal, Gautier l'avait encore exagérée en proclamant à de nombreuses reprises qu'il faisait des voyages de « poète », de « penseur » et d'« artiste ».

Ainsi le lecteur est-il fondé à rechercher dans les recueils de Gautier, d'abord, ces formules brillantes par lesquelles celui-ci exposait son art du voyage. Or les principes d'une telle lecture engagent le recueil sur le chemin qui conduit au florilège. La vérité ultime du recueil – on pourrait dire aussi : sa caricature – serait en effet la succession de citations définitivement dégagées des contraintes de la date et du contexte de leur publication, comme de celle des références à l'actualité et au pays visité qui avaient pourtant commandé leur création. Voici ce que pourrait être le début de ce florilège imaginaire, dont l'existence n'est nullement une trahison, non pas des récits de Gautier ni de leur forme feuilletonesque originelle, mais de la forme du recueil que, de son vivant, Gautier avait accepté de leur donner :

> « La destinée du voyageur est de quitter toujours ce qui lui plaît et de ne jamais revoir ce qu'il admire[76]. »
> « Le voyage, comme la vie, se compose de sacrifices. Qui veut voir tout ne voit rien. C'est assez de voir quelque chose[77]. »
> « [...] l'impression d'un voyage est douloureuse. On voit combien facilement l'on se passe de gens que l'on croyait le plus aimer, et comme de cette absence temporaire à l'absence absolue la transition serait simple et naturelle[78]. »
> « Le premier voyage est comme le premier amour, il donne des sensations qui ne reviennent plus[79]. »

---

76. *LP*, p. 126.
77. *Ibid.*, p. 357.
78. *CZ*, p. 36.
79. *QV*, p. 271.

9.

Pour vivre des aventures

De son vrai nom, il s'appelait Olivier Gloux. Gustave Aimard était son nom de plume et, s'il est possible d'étudier l'œuvre de Gustave Aimard, il semble beaucoup plus délicat d'appréhender la vie d'Olivier Gloux. On n'en sait que fort peu de choses, et seulement ce qu'il voulut bien en dire. Il naquit à Paris le 13 septembre 1818. Il aurait quitté la France en tant que mousse, à l'âge de sept ans. Puis il aurait voyagé pendant dix ans en Amérique du Sud, en Espagne, en Turquie et dans le Caucase. En 1848, on le retrouve à Paris, officier de la garde mobile. Puis, il aurait embarqué pour la Californie, avec tant d'autres Parisiens que les effets conjugués de la découverte de l'or et des journées de juin dispersèrent alors en direction de l'océan Pacifique. Il dut rentrer en France dans l'intervalle, puisqu'en 1858 ses premiers romans y furent publiés. Il en écrivit au total cinquante-cinq, soit autant que Jules Verne de son vivant. Presque tous se présentaient comme des romans d'aventures, placés sous le patronage de « l'immortel Fenimore Cooper[1] ». La plupart d'entre eux (trente-neuf) parurent dans les années 1860.

Ces romans étaient alors très lus. En 1872, l'inventaire des 1 006 volumes de la bibliothèque populaire de Brive faisait apparaître Gustave Aimard au cinquième rang des auteurs les plus présents, avec 11 titres, derrière Alexandre Dumas (19 titres), Erckmann-Chatrian (18 titres), Thomas Mayne Reid (15 titres) et Jules Verne (12 titres) – mais devant James Fenimore Cooper

1. Gustave Aimard, *Le Grand Chef des Aucas*, tome II, Paris, Amyot, 1858, p. 182. Voir aussi tome I, p. 3.

(10 titres)[2]. La même année paraissait *Les Aventures prodigieuses de Tartarin de Tarascon.* Alphonse Daudet y peignait un héros en mal d'aventures, hanté de façon récurrente par les souvenirs de ses lectures de Cooper et d'Aimard[3]. Dans l'entre-deux-guerres encore, Gustave Aimard pouvait incarner la grande tradition du roman d'aventures : en 1927, *L'Aventure* – le premier hebdomadaire français à avoir jamais porté ce titre – faisait des romanciers Louis Noir et Gustave Aimard « les maîtres de *L'Aventure*[4] ». Trois ans plus tard, Joseph Kessel publiant le récit d'un de ses reportages en mer Rouge était heureux de pouvoir affirmer qu'il y avait respiré « tous les prestiges de Mayne Reid, de Fenimore Cooper, de Gustave Aimard[5] ». L'œuvre de Gustave Aimard connut donc pendant plusieurs décennies un beau succès.

Depuis longtemps, cela dit, les amoureux de la littérature l'ont sévèrement jugée. *La Petite Revue* du 16 juillet 1864 comparait ainsi deux romans de l'auteur : *Les Chasseurs d'abeilles* et *L'Araucan.* Des passages entiers étaient reproduits de l'un à l'autre, seuls quelques noms propres ayant été changés. *Le Grand Larousse du XIXe siècle* concluait : « Qui a lu un roman de cet auteur les a tous lus ». L'étoile de Gustave Aimard semble même avoir pâli assez vite. Treize ans après ses « aventures prodigieuses », dans lesquelles on le voyait influencé par Cooper et par Aimard, Tartarin « sur les Alpes » en 1885 ne citait plus que Fenimore Cooper au nombre de ses écrivains préférés[6]. Deux

2. Alain Corbin, « Du capitaine Mayne Reid à Victor Margueritte : l'évolution des lectures populaires en Limousin sous la IIIe République », *Cahiers des Annales de Normandie*, Caen, n° 24, p. 464.

3. Alphonse Daudet, *Les Aventures prodigieuses de Tartarin de Tarascon* (1872), Paris, Pocket, 1994, p. 28, 37 et 99.

4. « Les Maîtres de L'Aventure », *L'Aventure*, n° 19, 27 novembre 1927.

5. Joseph Kessel, *Marchés d'esclaves* (1930), Paris, U.G.E., coll. « 10/18 », 1984, p. 146.

6. Alphonse Daudet, *Tartarin sur les Alpes* (1885), Paris, Gallimard, coll. « Folio », 1997, p. 91.

ans plus tôt, le 20 juin 1883 (la même année que Mayne Reid dont il était l'exact contemporain), Gustave Aimard, frappé d'aliénation mentale, était décédé à l'hôpital Sainte-Anne.

L'histoire littéraire l'a par la suite parfaitement méconnu. En 1928, une thèse sur Fenimore Cooper le qualifiait d'« obscur disciple » de l'écrivain américain et se refusait à étudier ses romans au motif que « dans une œuvre médiocre, les traces d'influence se confondent avec l'imitation ou l'emprunt, et leur recherche est sans valeur pour l'histoire de la littérature[7] ». Plus récemment, Michel Le Bris estimait avec mépris que ses romans ne pouvaient être considérés que « comme des curiosités[8] » (ce qui ne l'empêchait pas d'écrire cela dans un livre dont il avait tranquillement emprunté le titre à Gustave Aimard).

Sans remettre en cause ce jugement de la postérité, il me semble néanmoins qu'il y a quelque intérêt à étudier l'œuvre de Gustave Aimard. Un point tout particulièrement intrigue. Gustave Aimard met très souvent en scène des « aventuriers », ainsi nommés – et, ce qui est très remarquable pour l'époque, ces aventuriers sont toujours des personnages positifs.

La première gloire des aventuriers

Son héros récurrent, Valentin Guillois, dit Cœur Loyal, appartient ainsi à la « race de ces hardis aventuriers qui parcourent l'Amérique dans tous les sens. Race primordiale, avide d'air, d'espace, de liberté[9] ». Lorsqu'il rencontre le chasseur canadien Belhumeur, Cœur Loyal sait à qui il a affaire, « fixant sur le hardi aventurier qui se tenait devant lui, un regard

7. Georgette Bosset, *Fenimore Cooper et le roman d'aventure en France*, Paris, Vrin, 1928, p. 20 et 94.
8. Michel Le Bris, *Les Flibustiers de la Sonore*, Paris, Flammarion, 1998, p. 556.
9. Gustave Aimard, *Le Grand Chef des Aucas*, tome I, *op. cit.*, p. 12.

pensif[10] ». Dans un autre roman, Aimard opère soigneusement le partage entre les trappeurs à « l'aventureuse existence », que sont les « intrépides aventuriers » Cœur Loyal et Belhumeur, et les « pirates des prairies [...] gens de sac et de corde, rebut de la civilisation, qui ne vivent que de rapines et d'exactions[11] ». L'aventurier était pour Gustave Aimard une identité valorisante, qu'il endossait d'ailleurs lui-même. Dans un texte introductif à l'un de ses romans, on lit que, très jeune :

> M. Aimard partit avec l'intention de ne plus revenir. Libre de tout lien, de toute affection, ne laissant derrière lui ni amitiés ni haines, le jeune aventurier était dans les meilleures conditions possibles pour mener la vie étrange qui allait commencer pour lui[12].

Dans son unique récit de voyage, publié à titre posthume, en 1886, il est écrit :

> J'étais né aventurier. C'est plus fort que moi, il me faut la liberté sans limites, le soleil et le désert[13].

C'était extrêmement original. Au sein de la prolifique littérature d'aventures qui se multiplia à partir des années 1860, les aventuriers étaient au contraire systématiquement dénigrés. On serait bien en peine, par exemple, de trouver un tel personnage positif dans l'œuvre de Jules Verne. Dès qu'un aventurier y apparaît, Verne le présente comme un type odieux, à l'image du traitant Harris d'*Un capitaine de quinze ans*, rangé au nombre « de ces aventuriers, de sang étranger, souvent peu recommandables, qui se rencontrent fréquemment dans ces contrées lointaines[14] ».

10. Gustave Aimard, *La Grande Flibuste* (1860), Paris, Saint-Clair, 1875, p. 44.
11. Gustave Aimard, *Les Trappeurs de l'Arkansas*, Paris, Amyot, 1858, p. 61.
12. Gustave Aimard, *Le Grand Chef des Aucas*, tome I, *op. cit.*, p. II.
13. Gustave Aimard, *Mon dernier voyage, Le Brésil nouveau*, Paris, Dentu, 1886, p. 3.
14. Jules Verne, *Un capitaine de quinze ans* (1880), Paris, Hachette, 1978, p. 164. Voir aussi *L'Étonnante Aventure de la mission Barsac* (1919), Paris, Hachette, 1993, p. 206 et 237.

Dans *Les Enfants du capitaine Grant*, le géographe Paganel plaint le pauvre pays d'Australie, que ses mines d'or ont misérablement « livré à la bande dévastatrice des aventuriers[15] », ces gens louches qui « apportaient dans ce travail une rage qu'ils n'eussent pas mise à un métier d'honnête homme[16] ». Gustave Aimard, lui, aimait les chercheurs d'or. La Californie de la ruée de 1849 lui semblait un paradis :

> Alors, comme si ce pays eût été subitement touché par la baguette magique d'un puissant enchanteur, il fut instantanément transformé. De tous les coins du monde, les aventuriers y affluèrent, apportant avec eux cette fiévreuse activité et cette audace sans bornes qui ne connaissent pas de difficultés et surmontent les obstacles[17].

Dans un autre roman, on lit :

> Cela était vrai pour les Français surtout ; l'or, pour eux, n'avait de valeur qu'en raison des difficultés qu'ils avaient rencontrées pour l'acquérir. Véritables aventuriers dans toute l'acception du mot, ce qu'ils aimaient, ce n'était pas l'or en lui-même, mais ce qu'il leur coûtait de luttes, d'énergie et de courage, qu'il fallait dépenser à sa recherche[18].

Aimard célébrait donc les « aventuriers dans toute l'acception du mot » quand Jules Verne, parmi tant d'autres, refusait jusqu'au mot lui-même. Définissant son personnage de Michel Ardan, Verne établissait ainsi une distinction très fréquente : « aventureux, mais non pas aventurier ». Le romancier Alfred Assollant disait la même chose de son célèbre capitaine Corcoran, lequel « adorait les aventures – sans être un

15. Jules Verne, *Les Enfants du capitaine Grant* (1867), tome II, Paris, Le Livre de Poche, 1977, p. 410.
16. *Ibid.*, p. 488.
17. Gustave Aimard, *La Fièvre d'or*, Paris, Amyot, 1860, p. 60.
18. Gustave Aimard, *Curumilla*, Paris, Amyot, 1860, p. 104.

aventurier[19] ». Ce grand partage des aventuriers et des aventureux se retrouve dans toute la littérature d'aventures de la seconde moitié du XIXe siècle[20].

Les raisons d'un tel rejet sont évidentes. Jules Verne et ses épigones étaient d'abord des auteurs pour la jeunesse, qui souhaitaient inculquer à celle-ci la grande différence entre les héros et les aventuriers, c'est-à-dire entre ceux qui vivent des aventures parce qu'ils ne peuvent pas faire autrement, mais qui sont habités par un idéal qui les dépasse et dont l'horizon est le sacrifice, et ceux que ne guide aucun but supérieur à eux-mêmes. La République honora d'ailleurs ces auteurs si désireux de développer chez les jeunes Français une virilité de bon aloi, gage de sacrifices patriotiques.

Cependant, les ouvrages de Gustave Aimard étaient eux aussi imprégnés de la même morale héroïque et virile et Aimard se proclamait républicain. Alors, quoi ? Le créateur de Cœur Loyal serait-il le précurseur méconnu de la grande littérature, celle de Rudyard Kipling, de Joseph Conrad, de Jack London, qui entreprirent d'héroïser la figure de l'aventurier ?

Pour résoudre ce problème, examinons les images qui surgissaient lorsqu'on évoquait, au milieu du XIXe siècle, un « aventurier ». Le *Dictionnaire de l'Académie française* définissait ce dernier comme « celui qui aime les aventures extraordinaires, qui court le monde et s'engage volontiers dans des entreprises hasardeuses où il peut espérer quelque avantage[21]. » Cette définition générique se déclinait en trois figures :

19. Alfred Assollant, *Aventures merveilleuses mais authentiques du capitaine Corcoran* (1867), dans *Aventures de tous les temps*, Paris, Robert Laffont, coll. « Bouquins », 1989, p. 439.
20. Voir par Paul d'Ivoi, *Les Cinq sous de Lavarède* (1893), Paris, Slatkine, 1982, p. 123.
21. *Dictionnaire de l'Académie française*, 6e édition, Paris, Firmin-Didot, 1823.

> Il s'est dit anciennement, dans une acception plus restreinte, de Ceux qui allaient volontairement à la guerre, sans recevoir de solde, et sans s'obliger aux gardes et aux autres fonctions militaires qui ne donnent que de la fatigue.
> Il s'est dit particulièrement de Certains corsaires qui pirataient sur les mers de l'Amérique, et qu'on appelait autrement Flibustiers et Boucaniers.
> Il se dit le plus souvent d'Une personne qui est sans état et sans fortune, et qui vit d'intrigues[22].

Le mercenaire médiéval, le flibustier, l'intrigant étaient donc les trois avatars historiques de l'aventurier. L'évolution des armées modernes et la disparition de la flibuste ayant rejeté les deux premiers dans un passé révolu, l'aventurier était désormais essentiellement défini comme un homme « qui vit d'intrigues » – ce qu'on appelait au XVIIIe siècle un « chevalier d'industrie » et dont Giacomo Casanova avait fourni une des plus fameuses incarnations[23]. L'usage courant du terme faisait donc de « l'aventurier » une catégorie d'accusation. On dénonçait en désignant – et ce d'autant plus que les anciennes figures de l'aventurier avaient été, elles aussi, fort mal perçues. L'aventurier médiéval avait fait peur[24], de même que les flibustiers, ces « hardis aventuriers » dont Daniel Defoe avait certes jeté les bases de l'héroïsation future, mais en se gardant bien de faire des modèles de « leurs aventures [...] insensées et noires[25] ». Cette généalogie empêchait logiquement les auteurs de romans d'aventures pour la jeunesse, tel Jules Verne, de faire des aventuriers des héros positifs.

---

22. *Ibid.*
23. Suzanne Roth, *Aventures et aventuriers au XVIIIe siècle : essai de sociologie littéraire*, Lille, Presses universitaires de Lille, 1980, p. XIX.
24. Georges Duby, *Le Dimanche de Bouvines* (1973), Paris, Gallimard, coll. « Folio histoire », 1985, p. 138.
25. Daniel Defoe, *Les Chemins de fortune, Histoire générale des plus fameux pirates*, tome I, trad. H. Thiès et G. Villeneuve, Paris, Payot, 1992, p. 73 et 44.

Relire la flibuste

Il reste à expliquer la position contraire de Gustave Aimard, qui semble plus que jamais insolite. Il faut pour cela tenir compte de la nouvelle lecture de la flibuste à l'œuvre au moment où Aimard écrivait. Au milieu du XIXe siècle, les pirates du passé devenaient des héros de roman[26]. Dans les années 1860, Aimard lui-même publia de nombreuses fictions sur la flibuste. Romans sans doute très critiquables : on a pu montrer qu'Aimard transcrivait presque littéralement des passages entiers de mémoires des flibustiers des Temps modernes en remplaçant un nom par un autre[27]. Mais romans qui montraient à quel point leur auteur était convaincu de l'héroïsme des flibustiers. L'un d'eux, publié en 1864 et sobrement intitulé *Les Aventuriers*, était présenté ainsi : « La pensée qui a dicté ce livre est toute dans son titre » :

> Nous voulons, non pas réhabiliter, mais faire connaître des hommes dont la sauvage énergie, l'indomptable volonté, soutenues par un courage de tigre aux abois, ont tenu en échec pendant plus de quatre-vingts ans, toutes les forces du vieux monde. Les flibustiers ont traduit par des actes, le droit de vivre libre[28] !

Lorsque le romancier parle d'« aventuriers », il a donc aussi en tête cette ancienne acception du terme, désormais au cœur d'un processus d'héroïsation auquel lui-même, contrairement à Jules Verne, participait activement. Cela procédait d'une logique romantique, dont relevait également l'identification

26. Gérard A. Jaeger (dir.), *Vues sur la piraterie, des origines à nos jours*, Paris, Tallandier, 1992, p. 16 et *Le Livre blanc de la piraterie, Contribution à une identification du pirate occidental*, Cahiers D.U.C., n° 8, 1990, p. 31-32

27. Robert Bonaccorsi, « Les rêveries du lecteur populaire. Esquisse d'une approche des rôles tenus par les aventuriers de la mer dans la littérature populaire », dans Gérard A. Jaeger (dir.), *Vues sur la piraterie*, *op. cit.*, p. 341.

28. Gustave Aimard, *Les Aventuriers*, Paris, Amyot, 1863, p. 156.

de la flibuste et de la « bohème[29] ». La suite des *Aventuriers* s'intitulait d'ailleurs *Les Bohèmes de la mer* et, dans une pièce de théâtre qu'Aimard fit jouer en 1864 à la Porte Saint-Martin, les deux personnages d'aventuriers chantaient les épisodes de leur vie dans un dialogue imité des protagonistes de l'œuvre d'Henry Murger :

> De Sauves – Notre vie fut souvent commune et nous avons fait tous les métiers.
> Tigrero – Dans l'Apachéria, trappeurs par aventure.
> De Sauves – Chercheurs d'or à San-Francisco, par ambition.
> Tigrero – Tueur de tigres pour gagner mon pain.
> De Sauves – Médecin par état.
> Tigrero – Marin par vocation, comme tous les Bretons [...][30].

Cette pièce de théâtre s'intitulait *Les Flibustiers de la Sonore*. Or, contrairement à ce que pourrait laisser penser la référence à la flibuste, elle ne situait nullement son action aux Temps Modernes. Elle relatait au contraire une aventure bien contemporaine, à laquelle Aimard assurait avoir participé : celle du comte Gaston de Raousset-Boulbon au Mexique.

Né en 1817 dans une vieille famille provençale désargentée, celui-ci avait émigré pour la Californie en 1850. Après y avoir pratiqué divers métiers, il avait adhéré à l'idée fort répandue depuis 1830 dans les milieux français du Mexique et de Californie, selon laquelle l'État mexicain, en déliquescence politique et sociale, bientôt submergé par des « Anglo-Saxons » déjà vainqueurs de la guerre américano-mexicaine de 1846-1848, était incapable de gouverner son territoire. Les Français devaient donc « régénérer » le Mexique – et particulièrement ses

29. Jerrold Seigel, *Paris Bohème, 1830-1930*, trad. O. Guitard, Paris, Gallimard, 1991.

30. Gustave Aimard, Amédée Rolland, *Les Flibustiers de la Sonore*, Paris, Le Théâtre contemporain, 1864, p. 2.

provinces du Nord, où les Comanches faisaient des incursions de plus en plus fréquentes. Après avoir levé une petite armée de trois-cents ou quatre-cents hommes, trouvés principalement parmi d'anciens soldats, gardes mobiles ou gardes républicains que les journées de juin avaient conduits à s'exiler[31], Raousset-Boulbon proposa au gouvernement de Mexico de défendre les mines d'argent de la province de Sonora. Son objectif à plus long terme était de favoriser la colonisation de ce territoire par des éléments français et d'en obtenir finalement l'indépendance[32].

Si folle qu'elle nous paraisse, une telle entreprise avait eu des précédents. Un autre émigré français, Charles de Pindray, avait tenté la même chose en 1850, mais il avait péri assassiné. En 1853, l'Américain William Walker avait également essayé, sans succès, une incursion militaire en Basse-Californie. Le comte de Raousset-Boulbon allait être victime des mêmes illusions que ses prédécesseurs : à la suite d'un certain nombre de péripéties, son armée fut défaite par les Mexicains à Guaymas le 13 juillet 1854. Lui-même fut jugé et fusillé par les autorités mexicaines le 12 août suivant.

Aucun des nombreux témoignages laissés par ceux qui participèrent à cette tentative de conquête de la Sonore ne mentionne le nom d'Olivier Gloux, non plus que celui de Gustave Aimard. Il n'empêche que celui-ci affirma en avoir fait partie. Il en romança les aventures en quatre gros livres qui parurent entre 1858 et 1860. Raousset-Boulbon y était représenté sous les traits du comte Louis de Prébois-Crancé. En 1864, la pièce de théâtre *Les Flibustiers de la Sonore* était elle

31. Madeleine Bourset, « Une émigration insolite au XIXe siècle : les soldats des barricades en Californie (1848-1853), dans *L'Émigration française*, Paris, Publications de la Sorbonne, série internationale, n° 24, 1985.

32. La correspondance de l'ambassade de France à Mexico nous montre l'hostilité diplomatique à l'égard des projets de Raousset en 1854 (Archives Diplomatiques de Nantes, Mexico, Série B, n° 14).

aussi inspirée de Raousset, transfiguré cette fois sous les traits du comte Horace d'Armançay[33].

Tous ces textes faisaient de Raousset-Boulbon un aventurier dans un sens très positif : celui qu'Aimard donnait généralement à ceux qui avaient participé à la ruée californienne et à ses différents développements. Comme le disait son personnage : « Ma vie [...] a été semblable à celle de tous les aventuriers[34] », le mot étant à prendre dans un sens large, qui incluait les flibustiers. Un des quatre romans inspirés à Aimard par Raousset-Boulbon s'intitulait d'ailleurs *La Grande Flibuste*. L'entreprise en Sonore y était désignée comme une « expédition flibustière », jugée par l'auteur « réellement honorable[35] ». Dans la pièce de théâtre *Les Flibustiers de la Sonore*, le comte Horace revendiquait l'appellation :

> Flibustiers, soit ! qu'était-ce donc que l'Anglais Morgan ?... que Michel le Basque ?... que Montbars l'exterminateur ? C'étaient des hommes fiers qui savaient être libres, des hommes qui ont apporté en dot de splendides colonies au vieux continent qui les rejetait... Tout se recommence ?... Le comte Horace d'Armançay inaugurera la grande flibuste au dix-neuvième siècle [36]!

Or une telle opinion n'était pas l'apanage de Gustave Aimard. En 1856, le premier biographe de Raousset-Boulbon, Henry de La Madelène, en avait déjà fait un « aventurier » et un « flibustier[37] », dans la grande lignée des « aventuriers », « boucaniers », « flibustiers » et « trappeurs », « qui firent un moment

33. Gustave Aimard et Amédée Rolland, *Les Flibustiers de la Sonore*, *op. cit.* Voir aussi Gustave Aimard, *Curumilla, op. cit.*, p. 334.
34. Gustave Aimard, *La Fièvre d'or*, *op. cit.*, p. 97.
35. *Ibid.*, p. 208-212.
36. Gustave Aimard et Amédée Rolland, *Les Flibustiers de la Sonore*, *op. cit.*, p. 4.
37. Henry de La Madelène, *Le Comte de Raousset-Boulbon, sa vie et ses aventures* (1856), Paris, Charpentier, 2e éd., 1876, p. 320.

de la France la plus grande puissance coloniale de l'Europe[38] ». Considérant Raousset-Boulbon tout à la fois comme un flibustier contemporain et comme un aventurier honorable, Aimard n'écrivait donc pas autre chose que le premier biographe de celui-ci, au point qu'on peut se demander si Aimard n'aurait pas déplacé vers le roman populaire le livre de La Madelène de 1856 – quelle que soit la réalité, ou l'absence de réalité, de sa participation à l'entreprise de Raousset-Boulbon.

Les choses sont même un peu plus complexes. Raousset n'était pas seulement une incarnation actualisée de la flibuste au XIXe siècle. Aux yeux de bien des commentateurs de l'époque, il aurait annoncé et, d'une certaine façon, préparé la campagne française au Mexique des années 1860. La Madelène affirmait que c'était la diffusion de son propre livre à la Cour du Second Empire qui avait décidé Napoléon III : « mais voyez-donc, Sire, ce qu'a fait M. de Raousset, simple aventurier, isolé, sans ressources, sans autre appui que son audace[39] ! » D'autres soutinrent la même idée, qui conduisait à surimposer l'image du mercenaire à celle du flibustier[40]. Le phénomène se compliquait encore du décor mexicain. Mercenaire au service de son pays en terre lointaine, Raousset-Boulbon n'était-il pas au fond un conquistador – un Cortez qui avait échoué, pour le dire comme Henry de La Madelène[41]. Et Gustave Aimard : « À ceux qui me diront que le comte de Prébois-Crancé était un aventurier, je demanderai ce qu'était Hernando Cortez la veille de la prise de Mexico[42] ? »

38. *Ibid.*, p. III.
39. *Ibid.*, p. 213.
40. Ainsi Alfred de La Chapelle, *Trente ans à travers le monde,* tome I : *Aventures en Amérique et en Australie*, Paris, Dubuisson, 1888.
41. Henry de La Madelène, *Le Comte de Raousset-Boulbon*, *op. cit.*, p. 304. Voir aussi Jules Barbey d'Aurevilly, « Le Comte de Raousset-Boulbon », dans *Critiques diverses*, Paris, Lemerre, 1909, p. 56.
42. Gustave Aimard, *Curumilla*, *op. cit.*, p.333.

Aussi, lorsqu'Aimard affirme, dans un autre ouvrage, que « le Nouveau-Monde est [...] la patrie des aventuriers[43] », de quoi parle-t-il ? Des flibustiers ou des conquistadors ? En tout cas pas de ces hommes « qui vivent d'intrigues », selon la définition contemporaine qu'en donnaient alors les dictionnaires. Une nouvelle acception de l'aventurier était en train d'émerger. L'intrigant s'effaçait au profit d'une figure moderne mêlant l'héroïsation des anciens flibustiers et l'identification de quelques flibustiers du milieu du XIXe siècle, que compliquait l'imaginaire des conquistadors.

Cet aventurier nouveau, défini tout à la fois par les espaces lointains et par son caractère désormais résolument positif, évoque irrésistiblement, pour nous, un personnage apparu quelques décennies plus tard : celui qu'André Malraux appelle « l'aventurier de la littérature anglaise du XIXe siècle », « celui de Conrad, de Kipling[44] ». Or ce personnage, en tant que manifestation d'un « style de vie[45] » valorisant dans les espaces lointains, mit du temps à s'imposer. L'œuvre de Joseph Conrad est très remarquable de ce point de vue. Dans *La Folie Almayer*, écrit de 1889 à 1894 et paru en 1895, le héros Tom Lingard est un homme dans la force de l'âge, que Conrad rapproche une seule fois de la figure de l'aventurier, mais avec des réserves : Lingard est « largement au-dessus de la foule vulgaire des aventuriers de la mer[46] ». Dans *Un Paria des îles* (1896), ce rapprochement distant devint identification *a posteriori* : Lingard est

43. Gustave Aimard, *Le Grand Chef des Aucas*, tome I, *op. cit.*, p. 29.
44. André Malraux, *Antimémoires* (1967), dans *Œuvres complètes*, tome III, Paris, Gallimard, coll. « Bibliothèque de la Pléiade », 1996, p. 282-284.
45. Selon l'expression de Vladimir Jankélévitch, *L'Aventure, l'ennui, le sérieux*, Paris, Aubier, 1963, p. 9.
46. Joseph Conrad, *La Folie Almayer* (1895), trad. A.-M. Soulac, Paris, Gallimard, dans *Œuvres*, tome I, Gallimard, coll. « Bibliothèque de la Pléiade », 1982, p. 9.

désormais un homme au soir de sa vie, que Conrad définit, à deux reprises, comme un « vieil aventurier[47] ». Enfin, dans *La Rescousse*, publiée en 1920 mais que Conrad rédigea pendant plus de vingt ans, Lingard redevient un jeune homme, qui proclame lui-même hautement : « je suis en effet un aventurier[48] ». De 1890 à 1920, ces trois romans donnent à voir la progressive acceptation de la figure de l'aventurier (en tout cas par Conrad), figure dont on a vu qu'elle avait été méprisée par toute la littérature d'aventures de la seconde moitié du XIXe siècle… excepté par Gustave Aimard.

Ce dernier fut-il donc un précurseur génial et regrettablement oublié ? Son œuvre témoignerait-elle, cinquante ans avant celle de Conrad, de l'actualité d'une figure si décriée par Jules Verne et ses successeurs ? Faudrait-il réhabiliter un écrivain dont la sensibilité était si fine qu'elle l'aurait conduit à faire preuve de cette étonnante modernité par laquelle on définit si souvent les chefs-d'œuvre ?

Affirmer cela reviendrait à oublier que, lorsque Gustave Aimard fait de l'aventurier un personnage positif, c'est en vertu d'un système de représentations propre à son époque, dont on a vu qu'il était à l'œuvre chez d'autres que lui – ce système de représentations qui liait l'aventurier à la figure du flibustier désormais héroïsée ainsi qu'à celle d'un mercenaire en terre lointaine rappelant le glorieux conquistador. L'aventurier de Gustave Aimard est donc très différent du Lingard de Joseph Conrad, lequel ne convoque jamais ni les figures de la flibuste, ni celles de la conquête de l'Amérique.

47. Joseph Conrad, *Un paria des îles* (1896), trad. G. Jean-Aubry et A. Bordeaux, dans *Œuvres*, tome I, Paris, Gallimard, coll. « Bibliothèque de la Pléiade », 1982, p. 379 et 416.

48. Joseph Conrad, *La Rescousse* (1920), trad. G. Jean-Aubry, dans *Œuvres*, tome V, Paris, Gallimard, coll. « Bibliothèque de la Pléiade », 1992, p. 409. Voir aussi p. 366, 374 et 480.

Contrairement à ce que l'on pourrait penser, en vertu du principe selon lequel le manque d'artifice procéderait du défaut d'art, les auteurs du passé les moins talentueux ne sont donc pas plus faciles à analyser que les auteurs de génie. Les lire tels qu'ils furent lus implique de se déprendre de nos propres représentations, de considérer leurs textes comme des palimpsestes, dont nous devons gratter les couches qui nous séparent d'eux, certes, mais tout en conservant soigneusement celles qui ont été écrites antérieurement, et dont nous devons tenter de repérer la visibilité qu'elles avaient à leur époque.

10.

Pour rentrer chez soi

En 1877, Jules Verne écrivant le vingtième et dernier chapitre de *Hector Servadac* l'intitulait : *Qui, contrairement à toutes les règles du roman, ne se termine pas par le mariage du héros*. La formule n'empêchait d'ailleurs pas l'annonce finale du mariage de Pablo et Nina, les deux jeunes enfants qui n'étaient peut-être pas les héros du roman, mais qui avaient été adoptés par eux. Cette annonce de mariage, Jules Verne pouvait-il ne pas la faire ? Il avait déjà marié successivement Axel et Graüben (1864), John Mangles et Mary Grant (1868), Jacques Paganel et Miss Arabella (1868), Phileas Fogg et Aouda (1873), André Letourneur et Miss Herbey (1875), Michel Strogoff et Nadia (1876) et Harry Ford et Nell (1877). Il annonça par la suite l'union de King-Fo et Lé-ou (1879), Marcel Bruckmann et Jeanne (1879), Manoel Valdez et Minha (1881), Olivier Sinclair et Miss Campbell (1882), Godfrey Morgan et Phina (1882), Henry d'Albaret et Hadjine Elizundo (1884), Cyprien Méré et Alice Watkins (1884), Pierre Bathory et Sava Sandorf (1885), Ole Kamp et Hulda (1886), Gilbert Burbank et Alice Stennard (1887), Jean Keller et Marthe de Lauranay (1887), J.-T. Maston et Evangélina Scorbitt (1889), Jean Cascabel et Kayette Narkine (1890), Nic Deck et Miriota (1892), Kinko et Zinca Zork (1892), P'tit-Bonhomme et Jenny (1893), Juhel et Enogate (1894), Walter Tankerdon et Miss Dy Coverley (1895), Marcel Lornans et Louise Elissane (1896), Jacques Helloch et Jeanne de Kermor (1898), Max Réal et Lissy Wag (1899), William J. Hypperbone et Jovita Foley (1899), et François

Zermatt et Doll Wolston (1900)[1]. Il opéra même la réconciliation finale de Van Mitten et sa femme dans *Kéraban-le-Têtu* (1883). « Mais, dira-t-on, cela finit comme un vaudeville… Eh bien, » pour citer les derniers mots de *Clovis Dardentor* (1896), « qu'est ce récit, sinon un vaudeville sans couplets, et avec le dénouement obligatoire du mariage à l'instant où le rideau baisse ? »

Jane Austen passe parfois pour la plus grande marieuse de la littérature anglaise du début du XIXe siècle. Jules Verne fut quant à lui un des plus formidables marieurs de la littérature française de la fin du XIXe siècle. Du reste, il ne se contente pas de marier ses personnages. Le lecteur est souvent informé de ce que leur union est « assurée d'être heureuse » (*Le Chemin de France*, 1887) ou de ce que les époux « devaient s'aimer toujours » (*Les Tribulations d'un Chinois en Chine*, 1879) – même si la mention des enfants à venir est extrêmement rare, puisqu'on ne la trouve que dans *Les Cinq Cents Millions de la Bégum* (1879) et dans *Seconde Patrie* (1900). Il décrit aussi l'importance de la dot qu'il accorde à ses personnages. Elle est souvent très confortable, résultant de leurs efforts et du courage dont ils ont fait preuve lors de leurs aventures : rares sont ceux qui, tels les héros de *L'Archipel en feu* (1884), finissent leur vie « dans une modeste situation de fortune ». Jules Verne est parfois très précis : s'il annonce, dans *P'tit-Bonhomme* (1893), une fortune à venir de 15 000 livres, par exemple, ce n'est pas sans préciser, en note, à l'usage du lecteur français, que cette belle somme correspond à 300 000 francs – de la même façon que, lorsque dans *Claudius Bombarnac* (1892), Kinko et Zinka

1. Ce chapitre est fondé sur l'analyse de tous les derniers chapitres des romans de Jules Verne publiés de son vivant. Je n'ai pas jugé utile de les référencer systématiquement dans les notes.

Klork reçoivent 15 000 taels lors de leur mariage, nous sommes avertis que cela correspond à « plus de cent mille francs ».

Le « bonheur », ainsi, est un des noms communs les plus volontiers répétés dans les chapitres conclusifs des romans de Jules Verne – et « heureux » un des adjectifs les plus utilisés. Le mariage, de ce point de vue, n'est que le signe le plus évident de cette félicité qui clôt la presque totalité des volumes des *Voyages extraordinaires*. Il est redoublé par la découverte de l'amitié, celle que nouèrent le docteur Ferguson et Joe dès *Cinq semaines en ballon* (1863) – « Il s'était fait en eux un changement à leur insu. Ils étaient devenus deux amis » – et, après eux, la plupart des personnages de Jules Verne. Pour ce dernier, cette découverte est inévitable : « après tant d'épreuves subies ensemble », écrit le narrateur du *Chancellor* (1875), « après tant de dangers auxquels nous avons échappé par miracle, pour ainsi dire, n'est-il pas naturel qu'une indestructible amitié lie entre eux » les héros du roman ? « Ami » est donc le mot le plus souvent employé dans les chapitres conclusifs des *Voyages extraordinaires* – et l'amitié un des sentiments les plus volontiers mis en scène, soit à travers les douleurs de la séparation à l'issue d'aventures communes (*Le Pays des fourrures*, 1873), soit par l'annonce d'une vie désormais menée ensemble (*L'Île mystérieuse*, 1875), soit de façon plus originale – à l'image de ces trois Russes et de ces trois Anglais liés d'amitié par leurs aventures en Afrique du Sud mais contraints à une mutuelle hostilité du fait de la guerre de Crimée (*Aventures de trois Russes et de trois Anglais dans l'Afrique australe*, 1872).

On peut s'interroger sur cette félicité proclamée. Elle est certes presque unanime – les deux seules exceptions étant *Famille-Sans-Nom* (1889), dans laquelle les protagonistes meurent en héros, et les *Voyages et aventures du capitaine Hatteras* (1866), qui s'achèvent par la « folie polaire » dont est atteint le personnage principal, devenu aphasique et marchant obstinément vers le nord dans le jardin de sa maison de santé. On doit certes prendre au sérieux Jules Verne lorsqu'il décrit le bonheur retrouvé, ou découvert, par ses personnages à l'issue de leurs aventures – descriptions d'autant plus définitives que rares sont les romans (*De la Terre à la Lune* en 1865, *Vingt mille lieues sous les mers* en 1870, *Robur le Conquérant* en 1886) qui laissent présager une suite. L'insistance de Verne sur le fait que les fatigues et les maladies accumulées à l'occasion des chapitres précédents disparaissent toutes au dernier chapitre dit assez sa volonté de conclure dans la joie. À cet égard, on doit noter que, à l'exception notable du capitaine Hatteras, il n'évoque jamais les séquelles possibles de la folie. Dans *La Maison à vapeur* (1880), lady Munro est définitivement guérie d'une folie pourtant ardente – « il ne resta plus rien, pas même le souvenir » – et, dans *Le Château des Carpathes* (1892), le jeune comte de Télek recouvre la raison au point de raconter aux autres protagonistes la fin de l'histoire.

Pourtant, la conclusion que Verne donne aux *Enfants du capitaine Grant* (1868) – à savoir que leur « expédition rappelait la bataille "sans larmes" de l'histoire ancienne » – est loin d'être valable pour l'ensemble des *Voyages extraordinaires*. *Le Chancellor* (1875) s'achève ainsi sur un calcul macabre – « de trente-deux embarqués à Charleston, soit neuf passagers et vingt-trois marins, il ne reste plus que cinq passagers et six marins, – en tout, onze » – et le dernier chapitre du *Sphinx des Glaces* (1897) s'intitule, dans le même ordre d'idées, *Douze sur soixante-dix !* Même *Un capitaine de quinze ans* (1878) doit déplorer la mort de la vieille Nan et du chien Dingo – « et, certes, c'était miracle que ces deux êtres seulement eussent succombé en de telles aventures ! » Le bilan des *Voyages extraordinaires* comporte donc son lot de morts, et de morts affreuses.

La description des victimes à la fin de *Face au drapeau* (1896), par exemple, même si celles-ci appartiennent au camp des méchants, n'est pas vraiment atténuée : « Çà et là furent recueillis quelques cadavres affreusement mutilés, des membres épars, une boue ensanglantée de chair humaine ». Jusque dans leurs bienheureuses conclusions, les romans de Jules Verne n'épargnent donc pas au lecteur les considérations sur les difficultés qu'il y a à atteindre le bonheur. Jusque dans leurs dernières lignes, ils n'évacuent pas, au contraire, la violence des chapitres qui les ont précédées.

L'importance du discours sur le bonheur, en conclusion de chacun des *Voyages extraordinaires*, n'est cependant pas niable. De ce point de vue, il est possible, et même juste, de faire de l'œuvre de Jules Verne une sorte d'adaptation des anciens contes pour enfants – contes que Verne aurait ainsi mis au goût du XIXe siècle. Je ne serais pas le premier, me livrant à cette analyse, à souligner la correspondance entre la structure de chacun des *Voyages extraordinaires* et la « morphologie du conte » dont parlait Vladimir Propp. Dans les deux cas, une situation stable est brusquement bouleversée sous l'effet d'un agent extérieur. Puis, les personnages de l'histoire mettent en œuvre une action par laquelle ils rendent au monde une nouvelle stabilité, différente de la situation originelle, tout en s'enrichissant personnellement – au sens propre comme au sens figuré.

Ce serait néanmoins réduire la portée des fins de romans de Jules Verne que de les considérer sous le seul angle du *happy-end*. Le retour à la stabilité, que le mariage signale, l'enrichissement personnel des personnages, que manifeste le gain d'une épouse, d'un ami ou d'une fortune, ne sont pas les seules figures conclusives employées. Relisons de ce point de vue l'ensemble des excipits publiés de son vivant.

Il ne s'agit pas de s'attarder sur les coups de théâtre par lesquels l'auteur dénoue certaines de ses intrigues – le plus remarquable étant sans doute celui du *Tour du monde en quatre-vingts jours* (1873). Ces rebondissements sont d'ailleurs le plus souvent antérieurs au strict dernier chapitre. Il ne s'agit pas non plus d'étudier ces épisodes souriants qui sont comme autant de répliques assourdies des conclusions principales de l'histoire, à l'image du professeur Lidenbrock découvrant la raison de l'erreur de sa boussole au cours de son *Voyage au centre de la Terre* (1864). Il ne s'agit pas, enfin, d'analyser ces résumés que Verne produit parfois du livre qu'il vient d'achever, comme dans *Seconde Patrie* (1900) – résumés qui prennent l'aspect d'un dévoilement du mystère dans le cas de ses trois romans construits sur le modèle du roman d'aventures policières (*Le Château des Carpathes* en 1892, *Les Frères Kip* en 1902 et *Un drame en Livonie* en 1904). Attachons-nous plutôt à la récurrence de certains thèmes, voire de certaines phrases qui, indépendamment du mariage et de la découverte de l'amitié, offrent une entrée originale dans le monde de Jules Verne – une entrée par la sortie, en quelque sorte.

La morale des aventures

Notons d'abord que Verne délivre rarement une morale explicite de ses intrigues. À deux reprises seulement, pour deux romans écrits immédiatement l'un après l'autre, *Deux ans de vacances* (1888) et *Famille-Sans-Nom* (1889), il entend « résumer l'enseignement qui ressort de cette histoire » :

> Comme conclusion morale, voici ce qu'il convient de retenir de ce récit [...] : que tous les enfants le sachent bien, avec de l'ordre, du zèle, du courage, il n'est pas de situations, si périlleuses soient-elles, dont on ne puisse se tirer. Surtout, qu'ils n'oublient pas, en

songeant aux jeunes naufragés du *Sloughi*, mûris par les épreuves et faits au dur apprentissage de l'existence, qu'à leur retour, les petits étaient presque des grands, les grands presque des hommes.

Jules Verne n'achève jamais ses romans par un hymne à la gloire de l'aventure. D'ailleurs, les péripéties qu'il imagine sont rarement voulues par les personnages. Le cas le plus emblématique est bien entendu celui du naufragé, en l'occurrence étendu à bien d'autres types que celui de l'homme sauvé de l'abîme maritime, à l'image d'Otto Lidenbrok et de son neveu Axel, pourtant partis volontairement vers le centre de la Terre et finalement « reçus par les stromboliotes avec les égards dus à des naufragés ».

Cela dit, ces aventures non recherchées sont éminemment formatrices – au point que, comme dans *L'École des Robinsons* (1882), on peut les rechercher pour autrui. Par ces expériences, l'enfant laisse en effet place à l'homme – et plus exactement à l'homme d'ordre, à l'homme établi, ainsi que s'en félicitent les protagonistes des *Tribulations d'un Chinois en Chine* (1879) :

> King-Fo a décidément gagné à ses mésaventures d'être devenu un homme d'ordre ! Ce n'est plus notre indifférent d'autrefois ! Il pense en homme rangé !

L'idéal de ces conclusions, hormis celui du marin de profession, c'est bien celui du bourgeois-propriétaire fortuné. On pourrait en donner de multiples exemples, empruntés à *Michel Strogoff* (qui « arriva, par la suite, à une haute situation dans l'empire »), à *Un billet de loterie* (« il y avait un million de marks dans la maison de Dal ! »), à *La Jangada* (où Benito, après avoir bien mené son importante opération commerciale, prend la direction du vaste établissement d'Iquitos), à *César Cascabel* (« je serais heureux de savoir que vous êtes établis chez vous... dans une jolie maison de campagne... avec une ferme et quelques terres autour ! »), à *P'tit-Bonhomme* (« après avoir acquis deux cents acres de terre dans d'excellentes conditions, ils avaient relevé la ferme, rétabli le matériel, racheté le bétail [...] Songez donc ! des Irlandais, de simples tenanciers, qui ont longtemps pâti sous le fouet du landlordisme, maintenant chez eux, ne travaillant plus pour d'impitoyables maîtres ! »), ou au *Testament d'un excentrique* (« il faisait de sa fortune deux parts, dont l'une était attribuée à Lissy Wag »). Verne promeut ainsi une morale bourgeoise de l'effort et du travail justement récompensés, parfaitement repérable dans sa dénonciation des chercheurs d'or, perçus comme des hommes fainéants et cupides ne comptant que sur la chance : telle est bien, en effet, l'enseignement de *L'Étoile du Sud* (1884), des *Mirifiques aventures de maître Antifer* (1894) ou de *Seconde Patrie* (1900)[2]. « Très heureusement », note-t-il à la fin de ce dernier livre, « les pépites rencontrées dans le ravin de la rivière Montrose étaient extrêmement rares, et la colonie ne fut pas envahie par ces chercheurs d'or qui ne laissent après eux que désordre et misère ! » Les colons de *Seconde Patrie* peuvent donc se diriger, à force de travail et de travail seulement, vers un avenir radieux. Il en va de même de ceux de *L'Île mystérieuse* (1875), des *Cinq Cents Millions de la Bégum* (1879), de *Mathias Sandorf* (1885) et de *Nord contre Sud* (1887).

Deux cas ne répondent pas à cet idéal. Il y a, d'une part, Dean Pitferge qui, dans *Une ville flottante* (1871), parcourt le monde à la recherche d'un naufrage. Mais il n'est pas vraiment représentatif, Verne le définissant très exactement comme un « excentrique », aux marges des normes sociales. Il y a surtout, d'autre part, Alcide Jolivet et Harry Blount qui, contrairement au héros Michel Strogoff, poursuivent, eux, leur vie aventureuse

2. *Cf. supra*, chapitre 9.

en partant dès la fin du roman pour Pékin où des troubles politiques sont attendus. Dans ce livre de 1876 se dessine ainsi la figure neuve du grand reporter qui, contrairement à la logique des romans d'aventures pour enfants, se met en quête des aventures elles-mêmes – mais pour le compte de l'information[3].

La communication moderne

À l'issue de chacune de leurs invraisemblables péripéties, les héros de Verne rentrent chez eux en empruntant les moyens de transport triomphants de leur époque, c'est-à-dire le bateau à vapeur et le chemin de fer. Nombre de fins de romans de Verne contiennent ainsi l'exclamation « Navire ! », par laquelle les héros naufragés signalent la fin proche de leurs aventures. Ces navires, Verne les décrit volontiers, en donnant leur nom, celui de leur capitaine et même leur tonnage : il s'agit du « *Volturne*, l'un des paquebots-poste des messageries impériales de France » (1864), du « *Hans Christien*, baleinier danois » (1866), du « bateau à vapeur qui fait le service bimensuel du cap Nord » (1870), de « la chaloupe à vapeur, arrivée depuis quinze jours par un affluent inférieur du Zambèse » (1872), du « steamer *Ville-de-Saint-Nazaire* » (1875), d'« un steamer en partance pour l'isthme de Panama » (1878), du « steamer *Grafton*, qui faisait route pour l'Australie » (1888), d'« un steamer à destination de San-Diégo » (1895), du « *Tasman*, un trois-mâts américain de Charleston » (1897), d'« une de ces larges embarcations auxquelles le remorquage à vapeur commence à venir en aide » (1901), du « steamer *Victoria* » (1903), du « steamer *Ottawa*, en cours de navigation dans le golfe du Mexique » (1904) ou de « l'aviso *Benassir* de Tunis,

3. Cette figure du grand reporter en quête de l'aventure, Jules Verne la précisera dans *Claudius Bombarnac* (1892).

un vapeur de petit tonnage » (1905). La figure du steamer est ainsi de celles qui se répètent à l'issue des *Voyages extraordinaires*, de même que celle du chemin de fer, que Verne appelle volontiers « rail-way ». Dans les deux cas, d'ailleurs, il s'agit pour les héros d'un retour à la normalité du voyage. Non seulement, il ne s'agit plus de voyager comme aux temps anciens – à pied, en traîneau ou sur des radeaux de fortune[4] – mais il ne s'agit plus non plus de voyager de manière futuriste. À la fin d'*Autour de la Lune* (1870) comme à la fin de *La Machine à vapeur* (1880), le chemin de fer est le gage d'un retour au temps présent, à des véhicules qui marchent certes « avec une vitesse de quatre-vingts lieues à l'heure. Mais qu'était cette vitesse comparée à celle qui avait entraîné les trois héros » sur la Lune ? Chacun des *Voyages extraordinaires* se clôt donc par un retour à la modernité du déplacement, c'est-à-dire, du point de vue de Jules Verne, par un hymne à la communication entre les hommes qui n'est peut-être jamais aussi net que dans les dernières lignes de *La Jangada* (1881) :

> Le grand fleuve n'était-il pas là comme un lien de communication qui ne devait plus se rompre entre Iquitos et Bélem ? En effet, dans quelques jours, le premier paquebot allait commencer son service régulier et rapide, et il ne mettrait qu'une semaine à remonter cette Amazone que la jangada avait mis tant de mois à redescendre.

Les moyens modernes d'information constituent la deuxième grande figure de ces retours : le télégraphe et, surtout, le journal qui en est le prolongement. Le modèle en est donné dès les *Voyages et aventures du capitaine Hatteras* (1866) : « La nouvelle de la grande découverte courut sur tous les fils télégraphiques du Royaume-Uni avec la rapidité de la foudre ;

4. Ou même en roulotte, comme dans *César Cascabel* (1890) : à la fin du roman, la roulotte elle-même est d'ailleurs hissée sur un wagon de chemin de fer pour rentrer en France.

les journaux inscrivirent le nom d'Hatteras en tête de leurs colonnes comme celui d'un martyr, et l'Angleterre tressaillit d'orgueil ». Le voyage retour de *Mistress Branican*, en 1891, est encore plus éloquent, puisque la petite troupe « gagna directement les régions traversées par la ligne télégraphique, où ne manquent ni les stations suffisamment approvisionnées, ni les moyens de communication avec la capitale de l'Australie méridionale. Grâce au télégraphe, on sut bientôt dans le monde entier que Mrs. Branican avait mené à bonne fin son audacieuse expédition ». Ici, les fils télégraphiques ne sont plus seulement le moyen de communication de l'information. Leurs poteaux eux-mêmes indiquent la route du retour.

Au bout de ces fils, néanmoins, on trouve d'abord les journaux. La volonté de Jules Verne de rendre compte de la géographie mondiale s'accompagne alors d'une mise en avant de la mondialisation du triomphe de ses héros. Par les journaux, c'est l'humanité entière que Verne met en scène – figure certes logique dans le cas des voyages de la Terre à la Lune (jusqu'à *Sans dessus dessous*) ou à l'intérieur de la Terre, qui mettent en scène l'ensemble du globe, mais que l'on retrouve en fait dans presque tous les cas. Jules Verne, ici aussi, est l'homme de son temps, non seulement celui de la navigation à vapeur et du chemin de fer, mais plus encore celui du premier âge de la culture de masse et de la naissance de l'idée d'une opinion mondiale portée d'abord par la presse. Son modèle, ce sont les journaux populaires, apparus en France dans ces années 1860 qui, précisément, le virent conceptualiser les *Voyages extraordinaires*. Les chiffres de vente qu'il propose, en les exagérant un peu, sont aux dimensions de ces nouveaux journaux : « le *Daily Telegraph* fit un tirage de neuf cent soixante dix-sept mille exemplaires le jour où il publia un extrait du voyage » du docteur Ferguson en 1863[5] ; le *New*

5. *Le Petit Journal*, créé la même année, atteignit bientôt ce chiffre.

York Herald tire jusqu'à cinq millions d'exemplaires lorsqu'il publie le « Voyage à la Lune » en 1870. Le *Voyage au centre de la Terre* est publié dans « les journaux les plus accrédités », les aventures des écoliers naufragés de *Deux ans de vacances* sont racontées dans « les journaux des Deux Mondes », « les journaux de l'Union » publient l'histoire du *Maître du monde*, « le *Chi-Bao* de Pékin et le *Chinese-Times* de Tien-Tsin » s'emparent de l'histoire vécue par le reporter Claudius Bombarnac et *Le Petit Marseillais* publie, comme l'ensemble des journaux du monde entier, la note d'Alcide Pierdeux dans *Sans dessus dessous*, ce qui lui permet d'être invité à dîner par le père de sa fiancée...

Derrière la multiplicité des titres, du niveau régional au niveau international, du monde de la presse anglo-américaine jusqu'au monde colonial chinois, se lit surtout la volonté de Jules Verne de manifester l'existence d'une modernité de l'information. Celle-ci lui permet certes de mondialiser la gloire de ses héros, transformant ainsi certaines conclusions en exagérations fantastiques des scènes finales du théâtre ou de l'opérette (ainsi lorsque les héros d'*Autour de la Lune* participent, grâce au chemin de fer, à un gigantesque banquet dont la table est constituée par l'ensemble des États-Unis, ou lorsque Barnum propose à Otto Lidenbrock de « "l'exhiber" à un très haut prix dans les États de l'Union »). Mais elle témoigne surtout de l'insertion de l'œuvre de Verne dans la culture de masse qui se met en place entre les années 1860 et les années 1900 et dont le journal est le support principal. Cette culture ne se définit pas seulement par l'existence de références communes à des nations et des classes sociales qui jusque-là disposaient de leurs propres systèmes symboliques. Elle se définit d'abord, dans la seconde moitié du XIXe siècle, par une nouvelle saisie du temps et de l'espace, que Jules Verne met en scène, d'une part en donnant le monde entier – et un monde traversé par les moyens de communication moderne – pour cadre aux *Voyages extraordinaires*, d'autre part en insistant sur le rôle du journal, c'est-à-dire de la publication périodique régulière comme agent de constitution d'une culture commune. Chacune des fins de romans de Jules Verne est ainsi très précisément datée – année, mois, jour systématiquement, et jusqu'à l'heure parfois – redoublant le nouveau rythme du temps que le siècle a imposé et que le journal, par sa périodicité régulière comme par son attention portée au temps court de l'information, manifeste alors avec le plus de visibilité.

Le retour au pays

Enfin, il y a le retour au pays. L'auteur des *Voyages extraordinaires* est ici remarquablement fidèle à la tradition des récits de voyages qui fait de ceux-ci, presque toujours, des récits de voyage aller. *César Cascabel* (1890) constitue l'unique contre-exemple, présenté d'ailleurs dans l'avant-dernière phrase du roman comme « l'un des plus surprenants de la collection des *Voyages extraordinaires* »[6]. De fait, César Cascabel et sa famille, après avoir été pendant vingt ans forains aux États-Unis, regagnent la France en roulotte en traversant la Russie. Ils regagnent même plus que la France : leur Normandie natale, en référence à la célèbre chanson de Bérat (*J'irai revoir ma Normandie*, 1838). À cette exception près, la mention du voyage retour est généralement allusive. On peut d'ailleurs remarquer la récurrence des formules par lesquelles Verne signale à son lecteur qu'il n'en dira rien – de même qu'il ne mettra pas en scène la joie des retrouvailles finales : « Nul voyage ne fut moins incidenté » (1868), « la traversée du retour s'était faite sans accident » (1871), « cette

6. C'est la seule mention du titre générique des *Voyages extraordinaires* dans les fins de romans de Jules Verne.

descente du grand fleuve africain [...] s'accomplit sans fatigue et sans incidents » (1872), « ce chemin de douleurs à l'aller fut un chemin de bonheur au retour. Ils voyagèrent avec une extrême vitesse » (1876), « la dernière partie de ce voyage s'accomplit dans des conditions supportables » (1878), « Que dire maintenant de cette seconde partie du voyage qui allait s'accomplir sur le cours du grand fleuve ? Ce ne fut qu'une suite de jours heureux » (1881), « Il n'y a pas lieu de rapporter par le menu ce voyage à travers les canaux de l'archipel magellanique. Il ne fut marqué par aucun incident de quelque importance » (1888), « ce n'est plus qu'une simple promenade – "une course de fiacre" » (1890), « il est inutile de s'attarder aux incidents qui terminèrent cet aventureux voyage » (1891), « le retour s'opéra aussi rapidement que possible » (1891), « sur le voyage de retour, qui fut favorisé par la constance des courants et de la brise, il n'y a pas lieu de s'étendre » (1897), « il n'y a point à rapporter – en détail du moins – ce que fut cette navigation vers le sud-ouest de la grande forêt » (1901). La fin du *Superbe Orénoque* (1898) est, de ce point de vue, emblématique. Après avoir rappelé, une fois de plus, qu'« il n'y a pas lieu de raconter étape par étape cette navigation des falcas à la descente de l'Orénoque », Jules Verne précise que « les passagers revirent alors comme dans un tableau mouvant les lieux par lesquels ils avaient déjà passé – les mêmes villages, les mêmes ranchos, les mêmes raudals, les mêmes rapides ». La linéarité du fleuve, parcouru dans un sens, puis dans l'autre, permet à Verne non seulement de marquer la différence entre le voyage aller, nécessairement aventureux, et le voyage retour, nécessairement heureux, mais aussi de récapituler, à l'aide du paysage vu pour la seconde fois, chacune des aventures vécues à l'aller.

Le retour au pays est donc rarement l'objet d'un discours particulier de la part de Jules Verne. Certes, les héros de

La Jangada (1881) sont très émus de revoir Bélem et « les clochers de sa cathédrale et de Nostra-Senora de Merced » ; certes Henry d'Albaret distingue, dans *L'Archipel en feu* (1884), le cadavre de la bonne Alexandra Starkos, que l'on conserve pour le « rendre à sa terre natale » et celui de son pirate de fils, que l'on fait disparaître dans l'eau avec un boulet au pied ; certes P'tit-Bonhomme ramène l'ensemble de la famille Mac Carthy sur les lieux de son enfance pour les y installer auprès de l'arbre que lui-même avait planté lors de la naissance de sa filleule (1893), certes maître Ollive se félicite auprès de Jean-Marie Cabidoulin de ce qu'« on reverra la jetée du Havre » (1901) ; certes le narrateur de *Maître du monde* (1904) est heureux de regagner « Washington, ma ville natale que, plus d'une fois, j'avais désespéré de revoir ! » ; mais, à ces quelques exceptions près, le désir du pays natal est rarement mis en scène par Jules Verne.

De façon explicite, seul le chasseur Hans, à la fin du *Voyage au centre de la Terre* (1864), est « pris de la nostalgie de l'Islande » et regagne son pays natal pour y vivre. Jules Verne est ici en accord avec le discours médical qui, depuis le début du XIXe siècle, fait de la nostalgie une maladie particulièrement fréquente chez les peuples sauvages issus de régions inhospitalières comme l'Islande[7]. Pourtant, il ne reprend jamais cette idée dans la suite des *Voyages extraordinaires*. Au contraire, nombre de ses personnages de bons sauvages achèvent leurs aventures dans la joie du renoncement au pays natal, afin de suivre leur nouveau maître. La figure du retour au pays, dans l'ensemble, ne concerne pas ces personnages secondaires.

---

7. Thomas Dodman, *Nostalgie. Histoire d'une émotion mortelle*, Paris, Seuil, 2022 et Sylvain Venayre, « Le corps malade du désir du pays natal. Nostalgie et médecine au XIXe siècle », dans A.-E. Demartini et D. Kalifa (dir.), *Imaginaire et sensibilités. Études pour Alain Corbin*, Paris Créaphis, 2005, p. 209-222.

Chose plus remarquable, elle ne concerne pas non plus, le plus souvent, les héros mêmes de ces histoires. Non seulement Verne évoque finalement peu souvent leur désir de retour au pays, mais il met parfois en scène le sentiment exactement inverse. Il défend en effet volontiers l'idée de la « patrie d'adoption », ainsi qu'il le dit de l'Océan du capitaine Nemo. Henry et Hadjine d'Albaret, par exemple, « reviennent se fixer » dans la Grèce pour l'indépendance de laquelle ils ont lutté. Surtout, nombreux sont les héros fondateurs de colonies : ceux de *L'Île mystérieuse* (1875), des *Cinq Cents Millions de la Bégum* (1879), de *Mathias Sandorf* (1885), de *Nord contre Sud* (1887) et, bien sûr, du significatif *Seconde Patrie* (1900) – sans parler du jeune Robert Grant qui, non seulement s'est fait marin comme son père, mais lui « a repris le projet de fonder une colonie écossaise dans les mers du Pacifique ». Pour Verne, mettre en scène le regret du pays, ce serait finalement célébrer le renoncement aux entreprises coloniales. L'originalité de son discours est de concilier le vœu bourgeois du bonheur et l'esprit d'entreprise, appliqué à la colonisation. Son apologie du métier de marin implique de ne pas s'appesantir sur les effets de la nostalgie ; sa défense du principe colonial nécessite aussi l'absence de regret du pays natal chez les peuples sauvages que la colonisation, dans la logique du siècle, va sortir de l'esclavage. Verne ne professait pas le nationalisme qui fut celui de ses successeurs, à commencer par Paul d'Ivoi. Il n'en défendait pas moins une morale qui, très loin d'être celle de l'aventure pour l'aventure[8], mais loin aussi du bonheur doux du foyer des contes pour enfants, associait étroitement, pour la gloire de la patrie, de la science ou de la religion, le désir du bonheur par la propriété et la célébration de l'esprit d'entreprise par la colonisation.

8. *Cf. infra*, chapitre 11.

11.

Pour être un poème

Parmi les multiples codes esthétiques qui commandent la restitution littéraire de l'expérience du voyage (les voyages classique, philosophique, sentimental, pittoresque, spirituel, romantique, etc.), il en est un qui a pris une importance nouvelle au tournant des XIXe et XXe siècles : le voyage aventureux. Il témoigne plus largement de l'émergence, à cette époque, d'une nouvelle conception de l'aventure qui, dans le cadre des espaces lointains, faisait une place essentielle au désir qui la sous-tend. L'aventure de voyage n'était plus seulement cet accident qu'on racontait, parce qu'il était exceptionnel et à ce titre valorisant, mais qu'on ne se vantait pas trop d'avoir cherché – le naufrage, par exemple. Elle devint un but à atteindre, une expérience par laquelle il était possible de parvenir à un certain accomplissement. Elle acquit une dimension ontologique et c'est par là qu'on peut parler d'une *mystique* de l'aventure[1].

Ce mouvement s'opéra des années 1880 aux années 1930. C'est à cette époque qu'on se mit à parler de la « grande aventure » ou de « l'Aventure » (avec un grand « A »). C'est à cette époque que l'aventurier, c'est-à-dire celui qui recherche les aventures indépendamment de tout autre but, devint une figure positive, progressivement héroïsée par toute une littérature qui, sous l'influence anglo-américaine (Robert Louis Stevenson, Rudyard Kipling, Joseph Conrad,

1. Sylvain Venayre, *La Gloire de l'aventure. Genèse d'une mystique moderne. 1850-1940*, Paris, Aubier, 2002.

Jack London), cessa de faire de l'aventure un procédé romanesque, comme chez Jules Verne, pour l'ériger en thème même de l'intrigue (chez Conrad, les personnages vivent moins une aventure qu'ils ne la désirent et qu'ils ne s'interrogent sur le sens à lui donner). C'est également à cette époque que parurent les premières réflexions sur la question, Georg Simmel inaugurant un mouvement que les sociologues du sport et des pratiques de l'« extrême » poursuivent aujourd'hui, prouvant que l'aventure est bien devenue l'une des valeurs importantes de nos sociétés occidentales[2].

Plus encore que celle des sociologues, cette réflexion fut d'abord l'œuvre des écrivains et des critiques littéraires. En 1913 parut dans la *Nouvelle Revue française* le premier article critique jamais consacré en France au roman d'aventure. Jacques Rivière, qui le signait, annonçait en ces termes la venue d'un nouvel âge littéraire : « L'époque symboliste a été le règne de la poésie : il semble bien que nous entrions dans l'âge du drame et du roman[3] ». Rivière développait sur trois numéros l'idée selon laquelle le temps du roman d'aventure allait succéder à celui de la poésie. Les auteurs de récits amples et apparemment décousus, fertiles en rebondissements imprévus, allaient désormais remplacer les petits poètes économes du mot, héritiers de Stéphane Mallarmé. L'opposition était nette, pour Rivière, entre les deux époques littéraires.

Ce n'est pourtant pas évident. La constitution de l'aventure en valeur fut précisément contemporaine de l'apparition de la poésie moderne et cette coïncidence ne me paraît pas fortuite. Non seulement on peut établir des liens entre la poésie et la

2. Georg Simmel, « L'Aventure », dans *Philosophie de la modernité*, trad. J.-L. Vieillard-Baron, Paris, Payot, 1989, p. 305-325.
3. Jacques Rivière, « Le Roman d'aventure », *Nouvelle Revue française*, juin 1913, tome I, p. 914.

nouvelle conception de l'aventure mais ces liens permettent justement de rendre compte du processus de constitution cette dernière en valeur. Pour s'en persuader, il suffit d'ouvrir les récits de voyages présentés comme autant d'aventures vécues – et les biographies de voyageurs présentés comme autant d'aventuriers – et d'y rechercher les références poétiques.

Le voyage pour le voyage

Les références à la poésie du voyage pour le voyage s'y résument essentiellement à deux citations. La première correspond au début de *Brise marine* de Mallarmé :

> La chair est triste, hélas ! et j'ai lu tous les livres.
> Fuir ! là-bas fuir ! Je sens que des oiseaux sont ivres
> D'être parmi l'écume inconnue et les cieux !

La seconde est constituée de certains des vers du *Voyage* de Charles Baudelaire, toujours les mêmes. Citons-les, tels que les utilisait par exemple Ella Maillart dans le récit de son périple en Asie centrale en 1935 :

> Une fois de plus, comme au cours des nombreuses heures vides de ce voyage, je me demande ce qui me pousse vers les quatre coins du monde ? Oui, je sais, je veux voir toujours du nouveau et je répète avec le poète :
> « Mais les vrais voyageurs sont ceux-là seuls qui partent
> Pour partir ; cœurs légers, semblables aux ballons
> De leur fatalité jamais ils ne s'écartent
> Et sans savoir pourquoi, disent toujours : Allons ![4] »

Ces deux citations relèvent de la poésie du départ, dont la conception est résumée par le vers de Baudelaire : « les vrais

4. Ella Maillart, *Oasis interdites* (1937), Paris, Payot, bibliothèque « Voyageurs », 1994, p. 210.

voyageurs sont ceux-là seuls qui partent pour partir ». En 1927, Théodore Monod quittant Tamanrasset pour le désert avec le sentiment de partir pour la « grande aventure » et s'essayant dans son carnet à l'écriture poétique (fait exceptionnel dans le discours que j'étudie), renouait également avec ce thème du départ et du voyage pour le voyage :

> Départs, départs, je vous louerai, et la grande aventure, les aubes grises et l'aigre vent qui tourbillonne – le cœur incertain vacille –, les flamboiements du midi – oh ! les pauvres lèvres gercées, en carton bitumé et qui éclatent –, les crépuscules mauves ourlés de rose et la douceur des soirs dans l'immense fatigue des étapes accomplies, les nuits pures sous le signe incliné du scorpion, départs, départs, je vous louerai[5].

Pour Théodore Monod, comme pour Ella Maillart citant Baudelaire, il s'agissait d'exprimer l'idéal d'un voyage qui ne comptait que pour lui-même, son but étant distinct de son point d'arrivée. Pour exprimer cet idéal, l'écriture poétique semblait s'imposer, comme s'il existait une parenté entre le voyage pour le voyage, la poésie et l'aventure – tous actes d'absolue gratuité, sans autres buts qu'eux-mêmes, sans aucun rapport avec un objectif matériel.

Cela dit, on ne saurait aller trop loin dans cette direction : d'une part, parce que les références sont très peu nombreuses ; d'autre part, parce que, parmi la masse de textes que j'ai étudiés, ces références se trouvent chez les auteurs qui revendiquent le moins l'identité d'aventurier. Ella Maillart et Théodore Monod, tout particulièrement, prenaient grand soin de ne pas se présenter comme tels.

---

5. Théodore Monod, *Carnets*, Paris, Le Pré aux clercs, 1997, p. 100.

La poésie et l'aventure

Or l'aventure n'est pas exactement le voyage. Elle s'en différencie par de multiples aspects. Dans le discours qui la prend pour objet, la poésie du voyage pour le voyage est ainsi loin d'être la seule référence. Les principales citations poétiques n'y sont ni de Baudelaire, ni de Mallarmé – mais d'Arthur Rimbaud.

Je pourrais multiplier les exemples. Ernst Jünger en Afrique du Nord, Joseph Kessel et Henry de Monfreid en mer Rouge, Michel Leiris en Afrique noire, Paul Nizan à Aden, André Malraux en mer Rouge ou en Asie : tous, à propos de l'aventure, citaient Rimbaud[6]. Mais, très remarquablement, presque aucun ne citait ses vers. L'homme Rimbaud comptait plus que le poète. Sa vie plus que son œuvre évoquait l'aventure. Les grands aventuriers lui étaient comparés : son destin était semblable à celui de Lawrence d'Arabie pour André Malraux ou Alfred Fabre-Luce[7]. Il aurait même été le vrai père d'Isabelle Eberhardt, selon une interprétation fantaisiste d'un de ses biographes[8]. Lorsque cela arrivait de citer ses vers, il s'agissait toujours des deux mêmes poèmes : *Le Bateau ivre* et *Mauvais Sang*. En 1928, l'auteur d'une « psychologie de l'aventure » utilisait ainsi le second en épigraphe :

---

6. Ernst Jünger, *Jeux africains*, trad. H. Thomas (1944), Paris, Gallimard, 1978, p. 109 ; Joseph Kessel, *Marchés d'esclaves* (1930), Paris, U.G.E., coll. « 10/18 », 1970, p. 59 ; Michel Leiris, *L'Afrique fantôme* (1934), Paris, Gallimard, 1981, p. 365 ; Paul Nizan, *Aden Arabie* (1931), Paris, Seuil, 1990, p. 69 ; Henry de Monfreid, *Les Secrets de la mer Rouge* (1932), Paris, Bibliothèque verte, 1970, p. 8 ; André Malraux, *Antimémoires* (1967), dans *Œuvres complètes*, tome III, Paris, Gallimard, coll. « Bibliothèque de la Pléiade », 1996, p. 60 et 286.
7. André Malraux, *Le Démon de l'absolu*, dans *Œuvres complètes*, tome II, Paris, Gallimard, coll. « Bibliothèque de la Pléiade », 1996, p. 1301 ; Alfred Fabre-Luce, « Deux solitaires », *Nouvelle Revue française*, n° 326, 1er avril 1941, p. 566.
8. Pierre Arnoult, *Rimbaud*, Paris, Albin Michel, 1955, p. 521-522.

Ma journée est faite, je quitte l'Europe, l'air marin brûlera mes poumons, les climats perdus me tanneront. Nager, broyer l'herbe, chasser, fumer surtout ; boire des liqueurs fortes comme du métal bouillant, – comme faisaient ces chers ancêtres autour des feux. Je reviendrai, avec des membres de fer, la peau sombre, l'œil furieux ; sur mon masque on me jugera d'une race forte. J'aurai de l'or : je serai oisif et brutal. Les femmes soignent ces féroces infirmes retour des pays chauds. Je serai mêlé aux affaires politiques. Sauvé[9].

Au même moment, l'auteur d'une *Vie aventureuse d'Arthur Rimbaud* choisissait, lui, de mettre en exergue les trois premiers vers de *Brise marine*, comme si Rimbaud était situé à l'interface de la poésie du voyage pour le voyage, évoquée ici par Mallarmé, et de la poésie de l'aventure[10]. Que l'on retienne de lui d'abord le *Bateau ivre* peut s'expliquer de la même façon. Rappelons la première strophe du poème :

Comme je descendais des fleuves impassibles,
Je ne me sentis plus guidé par les haleurs :
Des Peaux-Rouges criards les avaient pris pour cibles
Les ayant cloués nus aux poteaux de couleurs.

Si l'on veut bien se souvenir que « les Impassibles » était le nom donné aux poètes du Parnasse et de l'art pour l'art, alors Rimbaud apparaît, selon cette lecture possible du poème, comme celui qui aurait abandonné la poésie pour l'aventure – qui se serait écarté des « fleuves impassibles » pour aller vers les « Peaux-Rouges ». Telle était l'opinion de Georges Rodenbach en 1891 :

Des départs, des absences, des aventures lointaines, des voyages mystérieux. Dans un de ses premiers poèmes (ces poèmes qui sont d'un Baudelaire exaspéré et tressautant) on sentait la haine de nos

9. Cité (partiellement) par Marcel Ner, « Essai sur la psychologie de l'aventure. Marie Ier, roi des Sedangs », *Revue indochinoise illustrée*, n° 21, mars 1928, p. 397.
10. Jean-Marie Carré, *La Vie aventureuse de Jean-Arthur Rimbaud*, Paris, Plon, 1926, p. 1.

> villes rectilignes, de notre Europe correcte comme un damier, et la nostalgie d'un vent nouveau, de l'écume des tempêtes, d'un conflit avec un océan vierge. C'était le « Voyage » des *Fleurs du Mal*, repris là où Baudelaire l'avait laissé, et le suprême cri : « Au fond de l'inconnu pour trouver du nouveau », qu'on n'allait plus se contenter de rêver, mais de vivre[11].

Rimbaud aurait donc poursuivi le *Voyage* de Baudelaire, là où celui-ci l'avait laissé, et il serait allé plus loin. D'une part, il aurait fait du voyage une aventure. D'autre part, il aurait tenté de vivre cette aventure. Je précise : il ne s'agit pas de dire que Rimbaud fut un aventurier, mais d'étudier l'image que renvoient ces écrits sur Rimbaud qui apparurent à la fin des années 1880 et qui se multiplièrent d'une façon telle que Jean Paulhan a pu dire qu'ils constituaient « un genre littéraire en soi[12] ». À la fin des années 1930, René Étiemble commençait cette recension érudite et amusée qui est devenue par la suite *Le Mythe de Rimbaud*[13]. Or une des figures du Rimbaud protéiforme que ces écrits nous donnent à voir est incontestablement celle de l'aventurier. Ses biographes le nommèrent ainsi dès la fin du XIXe siècle[14]. Ils se fondaient sur une certaine lecture de sa correspondance africaine, d'ailleurs pleine de contradictions, de laquelle ils évacuaient son ennui maintes fois affirmé de l'Abyssinie ou sa volonté de rentrer se marier en France, fortune faite[15],

11. Georges Rodenbach, « La Poésie nouvelle : à propos des décadents et des symbolistes », *La Revue bleue*, avril 1891, dans *Cahiers de L'Herne*, n° 64, 1993, p. 77.
12. Cité par Alain Borer, *Rimbaud en Abyssinie*, Paris, Seuil, 1984, p. 19.
13. René Étiemble, *Le Mythe de Rimbaud*, 5 tomes, Paris, Gallimard, 1952-1967.
14. Paterne Berrichon, *La Vie de Jean-Arthur Rimbaud*, Paris, Mercure de France, 1897, p. 124 et 144 ; Jean Bourguignon et Charles Houin, « Arthur Rimbaud, vie d'aventures », dans *Vie d'Arthur Rimbaud* (1897), Payot, 1991, p. 99-115 ; Jean-Marie Carré, *La Vie aventureuse de Jean-Arthur Rimbaud*, *op. cit.*
15. Arthur Rimbaud, Lettres aux siens des 22 septembre 1880, 6 mai 1883, 4 août 1888, dans *Œuvres complètes*, Paris, Gallimard, coll. « Bibliothèque de la Pléiade », 1972, p. 315, 365, 501.

pour ne retenir que l'éternel vagabond, effectivement ennuyé mais désireux de partir pour Zanzibar, le Japon, le Tonkin ou « l'inconnu », et refusant parfois jusqu'à la seule idée de revoir la France[16]. Dans ces désirs-là se retrouvait la figure du voyageur romantique, qu'un certain rapport à la mort – les activités dangereuses que Rimbaud était censé avoir menées dans des espaces hostiles – transmuait en aventurier.

Dans ces conditions, *Le Bateau Ivre* et *Mauvais Sang* furent considérés comme des textes programmatiques. Dès la fin des années 1880, Verlaine les jugeait ainsi : ce qu'il appelait les « appétences vers les aventures loin du connu », manifestées par le *Bateau Ivre*, auraient été « prophétique[s] » de la vie de Rimbaud[17]. Ce dernier aurait « tenu parole », après avoir exposé son programme dans *Mauvais Sang*[18]. Rimbaud aurait été celui qui, abandonnant la poésie du voyage pour le voyage, aurait d'abord mis l'aventure en poèmes, puis serait parti la vivre.

Or une telle lecture de la vie et de l'œuvre de Rimbaud s'accompagna du sentiment que celui-ci avait été le créateur de la poésie moderne. Roland Barthes disait qu'elle avait précisément débuté avec Rimbaud, et pas avec Baudelaire[19]. Avec lui, les poètes devenaient des explorateurs des frontières du langage et à ce titre ils appelaient l'imaginaire de l'aventure. Guillaume Apollinaire le formula en vers libres :

> Je juge cette longue querelle de la tradition et de l'invention
> De l'Ordre et de l'Aventure

16. Arthur Rimbaud, Lettres aux siens des 22 septembre 1880, 4 mai 1881, 28 septembre 1885, 23 août 1887, 10 janvier 1889, dans *Œuvres complètes*, *op. cit.*, p. 315, 329, 403, 441, 509.
17. Paul Verlaine, « Arthur Rimbaud » (1891), dans *Œuvres en prose complètes*, Paris, Gallimard, coll. « Bibliothèque de la Pléiade », 1972, p. 755.
18. Paul Verlaine, « Les Poètes maudits » (1884), dans *Œuvres en prose complètes*, *op. cit.*, p. 656.
19. Roland Barthes, *Le Degré zéro de l'écriture* (1953), Paris, Seuil, 1972, p. 34.

Vous dont la bouche est faite à l'image de celle de Dieu
Bouche qui est l'ordre même
Soyez indulgents quand vous nous comparez
À ceux qui furent la perfection de l'ordre
Nous qui quêtons partout l'aventure[20].

Un des biographes de Rimbaud, Jean-Marie Carré, témoignait en 1926 de ce double héritage de la poésie moderne et de la nouvelle conception de l'aventure en unissant ainsi les deux parties si dissemblables en apparence de la vie de Rimbaud : celui-ci aurait été « l'aventurier de l'idéal » jusqu'en 1873, date de son renoncement à la poésie, avant de devenir « l'aventurier du réel[21] ». Dans les deux cas, Rimbaud aurait conféré à l'aventure non pas un but, mais un sens. Par l'aventure, sous son double aspect, il aurait cherché à parvenir à un certain accomplissement : donner du sens à sa vie et, dans le même mouvement, au monde.

Cette identité du sens de l'aventure et de la poésie apparaît bien dans le récit de voyage que Michel Vieuchange écrivit en 1930. Vieuchange était alors un jeune homme cultivé qui, âgé de 26 ans, avait décidé de partir pour Smara, la ville maure, qu'il estimait inconnue des Européens. Il s'agissait seulement pour lui de vivre une aventure sans objectif scientifique ou militaire : simplement aller à Smara déguisé en Maure, voir la ville, et repartir. Seul but matériel probable chez ce jeune lettré : faire éditer, à son retour, son récit de voyage. Il n'en eut pas le loisir, puisqu'il mourut d'épuisement le 30 novembre 1930, peu de temps après avoir effectivement vu Smara. Or, le 11

20. Guillaume Apollinaire, « La Jolie Rousse » (1918), *La Tête étoilée*, *Calligrammes*, dans *Œuvres poétiques*, Paris, Gallimard, coll. « Bibliothèque de la Pléiade », 1965, p. 313.
21. Jean-Marie Carré, *La Vie aventureuse de Jean-Arthur Rimbaud*, *op. cit.*

du même mois, dans le carnet qu'il conservait avec lui, il avait noté le récit de rêve suivant :

> J'ai fait un rêve bizarre et en me réveillant j'avais la poitrine en sueur.
> J'étais à la recherche de Smara. J'étais arrivé à un endroit où, pour y atteindre, il fallait traverser une vaste, une immense, une infinie forêt. Je partais seul avec une outre, laissant derrière moi mes guides et mes autres bagages. Je savais que, me précédant, un autre allait aussi à la recherche de la ville. Et c'était René Caillié. Je retrouvais ses traces et le rejoignais. Je crois qu'il était avec deux guides. Il ne semble pas trop content de me voir là. Pour moi j'étais fort satisfait ; me contentant de partager mon entrée avec lui dans Smara.
> Il me dit tout de suite en me montrant un pic dans la forêt : « Si je n'étais pas tombé dessus, je serais mort et égaré depuis longtemps. Il me sert de repère. » Je compris qu'il partait de là pour faire des marches en étoile. Nous reprîmes la marche et peu après tombions sur Smara – oh, une étrange Smara.
> C'était une sorte de carrière fermée du ciel par un étrange réseau de filaments, comme de toiles d'araignées, laissant passer seulement une partie de la lumière. (Je me souviens que Caillié me dit en pénétrant dans la ville qu'il n'y demeurerait pas longtemps et je le priai alors de m'envoyer du magnésium resté dans mes bagages, afin d'éclairer la carrière.)
> Dans les parois, de petites excavations. Je mis le nez dans l'une d'elles, à hauteur de ma tête et aperçus quelque chose qui bougeait. Ayant tendu la main, je saisis un des habitants de Smara, un petit pygmée affreux qui s'agriffait à sa demeure.
> Aussitôt ce furent des voltigements, des frôlements étranges au-dessus de nos têtes. Tout l'air remua et fut rempli de cette vie bizarre et nous ne voyions plus comme nous étions.
> Et ce qui fut plus étonnant encore pour moi c'est qu'éclatèrent à ce moment les mots les plus obscurs de Rimbaud et je les comprenais. Et Caillié était Rimbaud. Ces mots éclataient avec tant de force

que si j'avais eu mon carnet sous la main j'aurais pu les inscrire, m'étant réveillé peu après, et tout cela encore présent dans la tête[22].

Qu'il soit ou pas la retranscription exacte d'un rêve de l'auteur, le récit de Michel Vieuchange témoigne de l'influence de Caillié et de Rimbaud sur sa propre aventure, tous deux unissant l'imaginaire de l'exploration et celui de la poésie. Il est frappant que l'auteur ait mis en relation dans son récit l'entrée dans Smara et la découverte du sens des « mots les plus obscurs » de Rimbaud, comme si le désir de l'aventure équivalait à la volonté de faire apparaître un sens caché au-delà des apparences – comme si le dévoilement du monde était l'horizon commun de la poésie et de l'aventure, leur vertu commune. Rimbaud, tout à la fois poète et aventurier, était l'incarnation de cette vertu commune.

La mystique de l'aventure

Bien d'autres auteurs exprimèrent explicitement cette homologie de l'aventure et de la poésie. Joseph Conrad, par exemple, jugeait qu'« une tâche quelconque entreprise dans un esprit d'aventure acquiert la vertu de la poésie[23] ». Antoine de Saint-Exupéry estimait que « le sacrifice, la poésie ou l'aventure » étaient une seule et même voix[24]. Vladimir Jankélévitch, qui avait élaboré, dans la continuité de l'œuvre de Simmel, une réflexion philosophique sur l'aventure, écrivait également :

22. Michel Vieuchange, *Smara* (1932), Paris, Phébus, 1990, p. 242.
23. Joseph Conrad, *Souvenirs personnels*, trad. G. Jean-Aubry, Paris, Gallimard, coll. « Bibliothèque de la Pléiade », 1987, p. 945.
24. Antoine de Saint-Exupéry, « Hep ! Sergent ! Pourquoi es-tu parti ? », *Paris-Soir*, 3 juillet 1937, dans *Œuvres complètes*, tome I, Paris, Gallimard, coll. « Bibliothèque de la Pléiade », 1994, p. 421.

> L'aventure est la façon qu'ont les natures peu artistes de participer, en quelque mesure, à la beauté ; dans beaucoup de vies non artistes l'aventure est le seul moyen d'avoir une existence esthétique et d'entretenir un rapport désintéressé avec l'idéal ; la saison de l'aventure est la seule saison pendant laquelle les hommes les plus sordides, et ceux-là mêmes qui ne sont capables d'être ni peintres, ni musiciens, ni poètes, auront la force de vivre dans le monde des valeurs et de faire des choses qui ne servent à rien[25].

Qu'est-ce alors que l'aventure, sinon une poésie en actes ? Certains l'ont écrit, tel Blaise Cendrars, pour qui l'aventure aérienne de Saint-Exupéry et de l'Aéropostale était « de la poésie moderne, de la poésie en action[26] », ou Pierre Mac Orlan qui écrivait dans son *Petit Manuel du parfait aventurier* que les aventuriers étaient des « poètes inconscients[27] », ou encore Gilbert Keith Chesterton qui remarquait, à propos d'un de ses personnages d'aventuriers : « lorsqu'on n'a rien du poète, on a quelque chance d'être un poème[28] ».

Le point commun de l'aventure et de la poésie n'est donc plus seulement cette gratuité, cette absence de but matériel qui justifiait l'appel à la poésie du voyage pour le voyage. Leur homologie est totale. Elles sont deux façons de s'accomplir et, au-delà de cet accomplissement, deux façons de dévoiler le sens du monde. Elles participent de la même mystique. On pourrait d'ailleurs définir ainsi la mystique de l'aventure : faire de sa vie un poème en actes.

Cela est d'autant plus vrai que l'aventure n'est pas toute la vie. Elle est avant tout un segment de vie bien défini. Comme

---

25. Vladimir Jankélévitch, *L'Aventure, l'ennui, le sérieux*, Paris, Aubier, 1963, p. 30.
26. Blaise Cendrars, *La Vie dangereuse*, Paris, Grasset, 1938, p. 122.
27. Pierre Mac Orlan, *Petit Manuel du parfait aventurier*, Paris, Éditions de la Sirène, 1920, p. 70.
28. Gilbert Keith Chesterton, *Le Club des Métiers bizarres* (1905), trad. K. Saint Clair Gray, Paris, Gallimard, coll. « L'Étrangère », 1996, p. 45.

l'écrivait Georg Simmel, « en un sens beaucoup plus aigu que nous n'avons l'habitude de le dire des autres formes de nos contenus de vie, l'aventure a un début et une fin[29] ». L'aventure est comme une totalité, une « unité fermée », pour reprendre l'expression de Simmel et, de ce point de vue aussi elle ressemble au poème et même, de façon générale, à l'œuvre d'art.

Sans doute cette idée n'apparaît-elle pas *ex nihilo* avec le discours sur Rimbaud. Elle s'inscrit dans la logique de la conception romantique de la vie comme une œuvre d'art : que l'on songe à Chateaubriand, pour qui Napoléon était « un poète en action[30] » ou à la figure romantique du dandy, dont la création de soi-même était, pour reprendre le mot de Lord Brummell, la « folie[31] ». Elle bénéficiait également, à partir de la fin du XIXe siècle, de l'identification du vagabond et de l'homme de génie[32]. Tout un discours psychiatrique prit alors pour objet la poésie « décadente » – et particulièrement Rimbaud[33]. La création poétique relevait pour les médecins du même désir que

29. Georg Simmel, « L'Aventure », *op. cit.*, p. 307-308.

30. François-René de Chateaubriand, *Mémoires d'Outre-tombe*, tome I, Paris, Gallimard, coll. « Bibliothèque de la Pléiade », 1951, p. 996. Voir aussi tome II, p. 166.

31. Cité par Frédéric Schiffter, « Le Dandy ou l'aplomb de la légèreté », dans Jules Barbey d'Aurevilly, *Du dandysme et de George Brummell* (1845), Paris, Rivages Poche, 1997, p. 21.

32. Jean-François Wagniart, *Le Vagabond à la fin du XIXe siècle*, Paris, Belin, 1999.

33. Jean-Luc Delattre, *Le Déséquilibre mental d'Arthur Rimbaud*, Paris, Le François, 1928 ; Jules de Gaulthier, « Le Lyrisme physiologique et la double personnalité d'Arthur Rimbaud », *Mercure de France*, n° 170, mars 1924, p. 289-308 ; E. Jacquemin-Parlier, *Un diagnostic médico-littéraire, le poète ardennais Jean-Nicolas-Arthur Rimbaud*, Strasbourg, Éditions universitaires de Strasbourg, 1929 ; Lucien Lagriffe, « Un problème psychologique : les deux aspects d'Arthur Rimbaud (1854-1891) », *Journal de psychologie normale et pathologique*, 1910, p. 499-523 ; Émile Laurent, *La Poésie décadente devant la science psychiatrique*, Paris, Maloine, 1897.

celui de l'aventure et que le voyage pour le voyage, désir alors qualifié de « manie ambulatoire[34] ».

Il n'empêche que le discours sur Rimbaud a joué, dans le processus d'identification de l'aventure et de la poésie, un rôle essentiel. C'est avec ce discours qu'apparurent les premières mentions de « l'Aventure » (avec un grand « A »), qui témoignaient de la nouvelle dimension ontologique de celle-ci[35].

Mais, plus que les textes de Rimbaud eux-mêmes, son silence littéraire, à partir de 1873, a été fondamental. En 1891, Rémy de Gourmont, qui ignorait la mort de Rimbaud, s'imaginait que « méprisant tout ce qui n'est pas la jouissance brutale, l'aventure sauvage, la vie violente, ce poète, singulier entre tous, a renoncé à la poésie[36] ». L'idée d'une incompatibilité de l'écriture poétique et de l'aventure s'imposait. L'aventurier était celui qui vivait sa vie d'une façon si intense qu'elle excluait le temps de l'écriture poétique. Les auteurs de récits d'aventures vécues trop réussis d'un point de vue littéraire devenaient suspects de tricherie. Plus le récit était beau, moins les aventures étaient vraisemblables. La réalité de la panne dans le désert du Saint-Exupéry de *Terre des hommes* fut mise en doute, de même que le voyage à Lhassa d'Alexandra David-Néel ou que la plupart des aventures de Malraux, pour la raison essentielle qu'il était douteux que ceux qui faisaient étalage d'un réel talent d'écrivain aient pu vivre les aventures dont ils parlaient si bien. On ne pouvait pas faire à la fois de sa vie et de ses écrits des œuvres d'art. Ceux qui se

34. Jean-Claude Beaune, *Le Vagabond et la machine. Essai sur l'automatisme ambulatoire. Médecine, technique et société. 1880-1910*, Seyssel, Champ Vallon, 1983.
35. La première mention que j'aie trouvée de « l'Aventure » ainsi orthographiée provenait même d'un texte sur Rimbaud : Georges Rodenbach, « Un précurseur français en Abyssinie », *Le Figaro*, 12 août 1898, dans *Cahiers de L'Herne*, n° 64, 1993, p. 108-110.
36. Rémy de Gourmont, « Compte-rendu du *Reliquaire, Poésies* de Rimbaud », *Mercure de France*, 1er décembre 1891, *Cahiers de L'Herne*, *op. cit.*, p. 84.

voulurent en même temps aventurier et écrivain ressentirent l'ambiguïté de leur double prétention. Blaise Cendrars, par exemple, se sentait tenu de minimiser son statut d'écrivain :

> J'ai le goût du risque. Je ne suis pas un homme de cabinet. Jamais je n'ai su résister à l'appel de l'inconnu. Écrire est la chose la plus contraire à mon tempérament et je souffre comme un damné de rester enfermé entre quatre murs et de noircir du papier quand, au-dehors, la vie grouille, que j'entends la trompe des autos sur la route, le sifflet des locomotives, la sirène des paquebots, le ronronnement des moteurs d'avion et que je pense à des villes exotiques pleines de boutiques épatantes, à des pays perdus que je ne connais pas encore[37].

Désireux de passer pour un aventurier, Cendrars rejetait l'identité d'artiste. Et le silence de Rimbaud enveloppe ce rejet, de la même façon qu'il enveloppe le doute sur les aventures racontées par Saint-Exupéry, David-Néel ou Malraux. Comme l'écrivait son ancien professeur Georges Izambard en 1898, Rimbaud est celui dont la vie fut « tout un poème », excepté lorsqu'il fut poète[38]. En 1873, le poète en Rimbaud se serait tu, parce que Rimbaud aurait décidé de devenir lui-même poème. Sa poésie serait passée dans sa vie et, comme Rimbaud était poète – et pas n'importe quel poète, mais l'initiateur d'une nouvelle conception de la poésie – c'est en conscience qu'il aurait opéré ce passage. C'est une décision de poète qui aurait fait de lui un aventurier, et qui aurait du même coup tué le poète. En 1887, Rimbaud envoya au directeur du *Bosphore égyptien* le compte rendu de son exploration au Choa. Pour le professeur Jean-Marie Carré, c'était « l'aventurier du réel » qui était l'auteur de cette narration. Il écrivait : « il suffit d'y jeter

37. Blaise Cendrars, *La Vie dangereuse*, *op. cit.*, p. 223.
38. Georges Izambard, « Comment on devient phénomène », *La Liberté*, 16 juillet 1898.

un coup d'œil pour s'apercevoir que le poète est mort[39] ». Ses aventures étaient devenues ses véritables poèmes.

L'étude de l'écriture poétique dans le discours sur l'aventure des années 1880-1940 est donc très significative d'abord en ce que cette écriture tend à y être le plus possible évacuée. Si l'on peut trouver des traces de la poésie du voyage pour le voyage, et s'il est possible de les justifier (la conception nouvelle de l'aventure pour elle-même serait l'héritière de celle du voyage pour le voyage), force est de reconnaître que ces traces sont ténues. Ceux qui revendiquèrent le plus clairement une identité d'« aventurier » ne leur firent pas une grande place. Mais lorsque les textes laissent apparaître plus nettement la conception nouvelle de l'aventure en tant que valeur – lorsque le voyageur s'affirme à la recherche de l'« Aventure » avec un grand « A » –, c'est autour de Rimbaud que se cristallisent les références poétiques. Elles sont fort nombreuses, témoignant de l'importance du poète dans l'imaginaire de l'aventure. Mais elles relèvent rarement de l'écriture poétique car, en réalité, c'est le silence de Rimbaud qui ici fascine – et cette idée que l'aventure est incompatible avec l'écriture poétique, non pas parce que l'aventurier serait un personnage absolument imperméable à la poésie (la figure de Rimbaud prouve le contraire), mais, d'une part, parce que le temps de l'aventure ne permet pas celui de l'écriture poétique, du fait que cette vie est une vie trop intense pour laisser le temps de la littérature – et surtout, d'autre part, parce que, le sens de l'aventure étant absolument semblable à celui de la poésie moderne qu'inaugura Rimbaud, il était redondant de se livrer de front aux deux activités.

39. Arthur Rimbaud, *Lettres de la vie littéraire d'Arthur Rimbaud* (1931), Paris, Gallimard, coll. « L'Imaginaire », 1990, p. 123.

12.

Pour faire l'amour

Le voyage de noces est peut-être, aujourd'hui, le rite le mieux partagé parmi tous ceux qui entourent la cérémonie du mariage. Alors que de nombreux mariés se passent de la célébration religieuse, que le « mariage pour tous » renouvelle le mariage civil, que des unions libres de toutes sortes se célèbrent lors de « fêtes de l'amour » d'ordre privé, le voyage qui suit la fête semble éternel. Les listes de cadeaux des jeunes couples, quel que soit l'aspect que ceux-ci entendent donner à la cérémonie de leur union, comportent la plupart du temps un « beau voyage », pour lequel la famille et les amis sont invités à cotiser. Tout se passe comme si la mise en forme du couple devait s'accompagner de cette pratique métaphorique du départ dans la vie. On pourrait croire que, depuis des temps immémoriaux, les jeunes mariés accomplissent ce rite de l'éloignement, par lequel ils signalent au monde que dorénavant ils chemineront ensemble. On pourrait le croire, mais il n'en est rien.

Petite histoire du voyage de noces

En tant que pratique originale, le voyage de noces a en effet une date de naissance et celle-ci n'est pas antérieure aux années 1820. Certes, dès avant cette date, tout particulièrement dans le monde restreint de l'aristocratie, les jeunes mariés pouvaient bien partir en voyage. Mais le sens de ce déplacement différait grandement de celui que l'on se mit à donner, au XIXe siècle, au voyage de noces. Il s'agissait alors de rendre visite à la belle-famille, sur les terres de celle-ci, dans le cadre d'unions conjugales qui étaient aussi des unions familiales. En 1824 encore, par exemple, le mariage de Mélanie de Champagne avec le vicomte du Parc fut immédiatement suivi d'un assez long déplacement en Belgique, dont le but était de présenter la jeune épouse à la branche belge des du Parc[1]. C'est encore un tel voyage que Balzac met en scène lorsque, dans *Béatrix* (1838), il raconte le long séjour de Sabine de Grandlieu sur les terres bretonnes de son mari Calyste de Guéric. Le romancier est très précis : dès leur mariage consacré, au mois de mai 1838, Sabine et Calyste se mettent en route pour Guérande, où ils passent plus de six mois, avant de revenir à Paris, rue de Bourbon, dans l'hôtel de Guéric réaménagé afin d'accueillir dignement les nouveaux époux. Sabine et Calyste profitent sans doute de leur séjour pour faire quelques visites qui s'apparentent à du tourisme. Sabine garde un souvenir émerveillé de ses visites de Nantes et des bords de Loire. Mais le but premier de ce voyage est la présentation de la jeune femme à la famille élargie des Guéric, ainsi qu'à leurs paysans, dans cette Bretagne que Balzac décrit comme un conservatoire des mœurs du XIIIe siècle.

Cette pratique ancienne de la haute aristocratie – à laquelle appartiennent Sabine et Calyste, situés par Balzac, géographiquement et socialement, dans le monde du faubourg Saint-Germain – ne correspond pas à la pratique nouvelle qui apparaît dans les années 1820 et que le *Code conjugal, contenant les lois, règles, applications et exemples de l'art de se bien marier et d'être heureux en ménage* est, en 1829, le premier guide de savoir-vivre à mentionner. « C'est un excellent usage que celui des Anglais », écrit son auteur, un ami de Balzac nommé Horace Raisson, « qui vont passer ce mois de félicités dans une campagne retirée. Cette mode, depuis quelques années, s'est introduite en

1. Claude-Isabelle Brelot, *La Noblesse réinventée. Nobles de Franche-Comté de 1814 à 1870*, tome 2, Besançon, Les Annales littéraires, 1992, p. 711.

France, et ce n'est pas un des moins heureux emprunts que la bonne compagnie ait fait à nos voisins[2] ». À ce moment-là, la nouvelle pratique n'a pas encore de nom. Marie d'Agoult en parle comme du « voyage à la façon anglaise[3] ». En 1830, Balzac ne la mentionne pas dans sa *Physiologie du mariage*. S'il évoque la « lune de miel », ce n'est pas pour parler d'un éventuel voyage de noces, mais de « la nuptiale saison, si fugitive, pendant laquelle la vie n'est que douceur et ravissement », saison qui peut parfois, nous dit Balzac, ne durer qu'une nuit, et qui précède celle, infiniment plus longue, pendant laquelle les époux deviennent absolument indifférents l'un à l'autre, voire hostiles, la femme devenant acariâtre, le mari entrant dans l'attente de l'inévitable jour où il sera « minotaurisé[4] ». Les guides de savoir-vivre qui se succèdent des années 1830 aux années 1870 ne proposent pas d'expression originale pour désigner la pratique du séjour lointain des jeunes mariés, qui tend pourtant à se répandre. Ce n'est qu'à partir des années 1870 que s'impose la dénomination de « voyage de noces ». Bientôt, elle recouvrira à peu près celle de « lune de miel », témoignant de l'incontestable succès de la pratique inventée par le XIXe siècle[5].

Ce succès, on peut en suivre la progression par l'étude des guides de savoir-vivre. La nature même de ces ouvrages

---

2. Horace Raisson, *Code conjugal contenant les lois, règles, applications et exemples de l'art de se bien marier et d'être heureux en ménage*, Paris, Roret, 1829, p. 56.
3. Cité dans Vincent Gourdon, *Histoire des grands-parents (fin XVIIe-début XXe siècles)*, thèse, Université de Paris IV, 1998, p. 494.
4. Honoré de Balzac, *Physiologie du mariage* (1830), Paris, Gallimard, coll. « Bibliothèque de la Pléiade », 1980, p. 976.
5. En anglais, le terme « *honeymoon* », apparu au XVIe siècle, a progressivement acquis les deux significations : la période d'harmonie spéciale qui suit le mariage, d'une part, les vacances prises par les nouveaux mariés, d'autre part (Kris Bulcroft, Linda Smeins et Richard Bulcroft, *Romancing the Honeymoon. Consummating Marriage in Modern Society*, Sage Publications, Thousand Oaks, 1999, p. xiii).

témoigne d'ailleurs de la différence sociale entre la pratique nouvelle du voyage de noces et la tradition ancienne de la visite aux membres éloignés de la famille. Il n'est plus seulement question, maintenant, de la haute aristocratie. Ou plutôt, si celle-ci sert de modèle, ce modèle ne s'adresse évidemment pas à ses membres, mais à ceux qui aspirent à en imiter le mode de vie, et à qui précisément sont destinés ces guides. La haute aristocratie, pour qui le savoir-vivre n'a aucun secret, et qui n'a pas à lire le moindre livre pour s'y conformer, n'est plus seule en cause. C'est bien au sein d'une classe bourgeoise aisée, en pleine ascension et en quête de distinction, qu'il faut chercher celles et ceux qui désormais s'abandonnent au plaisir délicieux du voyage de noces.

Ils tardent à faire nombre. L'étude systématique des guides de savoir-vivre fait apparaître le caractère de prototype de celui d'Horace Raisson en 1829. Rares sont les ouvrages qui, avant les années 1870, évoquent le nouvel usage[6]. Cette mode ne semble pas bonne à suivre. Ceux qui la mentionnent s'accordent avec le jugement de Marie d'Agoult qui, dans son tableau des mœurs de la Restauration, estimait que le voyage « à la façon anglaise » aurait paru, dans son milieu, « de la dernière inconvenance ». Raban de Damville, dans un manuel qui se présente comme une réaction aux graves erreurs de la révolution de 1848, est probablement le plus méprisant :

> Autrefois, les nouveaux époux passaient ce doux temps [la lune de miel] chez eux, suivant l'usage patriarcal ; mais, depuis quelque vingt ans, les Anglais ont quelque peu changé cela, et, en vrais moutons de Panurge, les Français ont suivi leurs traces. En conséquence il est maintenant reçu que, le lendemain de leurs noces,

6. Trois sur neuf, selon un sondage effectué par Béatrice Gamba, *Histoire du mariage d'après les manuels de savoir-vivre (XIXe-XXe siècles)*, mémoire de maîtrise sous la direction de J.-P. Bardet, Université de Paris IV, 1998.

deux nouveaux mariés n'ont rien de mieux à faire que de monter en chaise de poste, et d'aller à quelque cent lieues de leur domicile s'enfermer dans une chambre d'auberge... Nous n'hésitons pas à le dire, c'est là un déplaisant reflet des mœurs sauvages ; il y a de la barbarie à isoler ainsi une jeune femme de tout ce qui l'aime, de tout ce qu'elle aime, et nous jurerions sur notre tête qu'à cela le mari ne gagne rien. Nous ne voulons pas dire ce qu'il peut y perdre[7].

Alfred de Meilheurat pense à peu près la même chose en 1852 et, en 1876 encore, Mme de Waddeville proclame toutes ses « répugnances contre un usage qu'[elle] blâme », sans encore le nommer « voyage de noces »[8].

C'est précisément avec l'émergence de l'expression, dans ces mêmes années 1870, que la pratique nouvelle finit par trouver une place sereine dans les guides de savoir-vivre. Ermance Dufaux, A. de la Fère, la baronne Staffe, la comtesse de Tramar, la comtesse de Gencé, bien d'autres à partir des années 1880 enregistrent alors, sans chercher à en démontrer l'inanité ou la nocivité, l'usage consistant pour les jeunes mariés à partir en voyage au lendemain de leurs noces, usage désormais désigné sous l'étiquette nouvelle du « voyage de noces ».

La Belle Époque en constitue le triomphe. La littérature, les volumes de souvenirs en témoignent autant que les guides de savoir-vivre. Dès la fin des années 1870, des écrivains font du voyage de noces le décor de leurs intrigues. Le premier roman de Guy de Maupassant, *Une vie*, fait ainsi en 1883 une large place au voyage de noces de Jeanne, son héroïne – au prix d'ailleurs d'un certain anachronisme, puisque ce voyage est

7. Raban de Damville, *Manuel de savoir-vivre*, Paris, Desloges, 1849.

8. Alfred de Meilheurat, *Manuel de savoir-vivre*, Paris, Desloges, 1852, p. 81 et Mme de Waddeville, *Le Monde et ses usages*, Paris, Librairie du Magasin des Demoiselles, 1876, p. 108.

censé se passer en 1819, à une époque où le voyage « à la façon anglaise », si par hasard il était connu, aurait paru inconvenant pour le milieu aristocratique dont Jeanne est issue. *Une vie* n'en témoigne pas moins de la vogue de la nouvelle pratique dans les années 1880. Il faut en dire autant de certains récits autobiographiques, dont le plus remarquable est celui de Mme Georges Duhamel, *Mon voyage de noces en Italie*, qui paraît en 1898. De nombreux volumes de souvenirs mentionnent ainsi, plus ou moins longuement, l'épisode devenu banal du « voyage de noces ». Mme Octave Feuillet, par exemple, raconte en 1894 celui qu'elle fit à Paris, à l'issue de son mariage à Saint-Lô, en 1851. Ce voyage, elle l'effectua, nous dit-elle, malgré les railleries de son beau-père, « qui prétendait que les voyages de noces étaient un genre, une manie », et qui pour cette raison bouda les mariés à leur retour[9]. On peut douter que le vieil homme ait vraiment parlé, en 1851, de « voyage de noces » : c'est bien plutôt parce qu'elle écrit dans les années 1890 que Mme Feuillet utilise l'expression. En ce tournant des XIXe et XXe siècles, celle-ci est devenue d'usage courant, renvoyant à une pratique elle-même entrée dans les mœurs bourgeoises. Certains vont jusqu'à souligner, dans des volumes de souvenirs parus dans les années 1900, qu'ils ne sont pas partis en voyage de noces au temps de leur jeunesse, parce qu'alors la mode n'était pas encore répandue[10]. C'est dire à quel point la pratique est devenue banale.

Cependant, cela ne signifie pas qu'elle obéisse à des codes très précis. Sur ce point, les guides de savoir-vivre laissent entrevoir l'amertume de leurs auteurs, impuissants à dire l'exacte

9. Mme Octave Feuillet, *Quelques années de ma vie*, 2e éd., Paris, Calmann-Lévy, 1894, p. 145-152.

10. C'est le cas de Gustave-Emmanuel Roy, gros commerçant parisien qui publie ses mémoires en 1906. Cité dans Vincent Gourdon, *Histoire des grands-parents (fin XVIIIe-début XXe siècles)*, *op. cit.*

conduite à tenir. Faut-il partir immédiatement après la cérémonie à l'église, à la manière anglaise, ou attendre un peu ? Et, dans ce cas, faut-il partir après le déjeuner ou bien maintenir la tenue d'un bal et partir après quelques contredanses ? Ou encore faut-il organiser, comme autrefois, une réception complète, suivie des visites traditionnelles des jeunes mariés, avant de partir en voyage de noces quelque temps après la fête – six semaines pour la baronne Staffe, quinze jours pour la comtesse de Tramar, attachées toutes deux à promouvoir une forme de retour à des usages patinés par le temps ? Au fond, ces hésitations importent peu. Elles traduisent simplement la difficulté à adapter la nouvelle pratique sociale à un ensemble de rites qui se donnent comme très anciens. Tout au plus peut-on lire, dans la liberté laissée aux jeunes mariés quant à l'organisation de leur voyage de noces (« il n'y a à cet égard ni règle ni loi », soupire Mme de Grandmaison, « le choix est laissé à la fantaisie de chacun[11] »), une illustration supplémentaire de l'indépendance acquise par le couple, au détriment de la famille.

Le goût des voyages de noces entre en effet en résonance avec le processus général d'autonomisation du couple au XIXe siècle[12]. La pratique consistant à s'éloigner dès le soir même de la cérémonie de mariage doit être interprétée comme l'expression du désir de tenir la famille à l'écart de cet autre moment fondateur du couple qu'est la nuit de noces[13]. Quittant leur environnement quotidien, les jeunes mariés soudent leur union à l'occasion du voyage, ce que Maupassant suggère en affirmant

11. Mme de Grandmaison, *Le Savoir-vivre et ses usages dans la société actuelle*, Paris, Bernardin-Béchet, p. 327.
12. Processus identifié par le premier théoricien du fait social, Émile Durkheim (« La famille conjugale » (1892), dans *Textes*, tome 3, Paris, Éditions de Minuit, 1975).
13. Aïcha Limbada, *La Nuit de noces. Une histoire de l'intimité conjugale*, Paris, La Découverte, 2023.

qu'ils ne se tutoient en public qu'à l'issue de leur voyage, manifestant ainsi leur intimité nouvelle[14]. Ils font la découverte de l'autre, et tout particulièrement du corps de l'autre. Ils font aussi la découverte, au moins dans le cas de l'épouse, des rapports sexuels. C'est d'ailleurs ce qui fonde l'hostilité des guides de savoir-vivre jusqu'aux années 1870. Lorsque Raban de Damville s'élève contre la nouvelle pratique, c'est bien l'idée « d'aller à quelque cent lieues de leur domicile s'enfermer dans une chambre d'auberge » qui le choque. Sa feinte discrétion – « nous ne voulons pas dire ce qu'il [le mari] peut y perdre » – ne signifie pas autre chose que la crainte de voir la jeune épouse, partie s'enfermer uniquement dans le but de découvrir le plaisir sexuel, succomber à cette découverte. Les médecins de l'époque soulignent volontiers les dangers pour la femme de l'abandon à la jouissance[15]. Sans compter l'indécence qu'il y a à exhiber ainsi au vu de tous le moment de cette initiation. En 1876, Mme de Waddeville s'insurge ainsi contre l'existence, dans les hôtels américains, d'« une chambre – qui porte un nom particulier – très luxueusement meublée, uniquement destinée aux jeunes mariés ». Cette « *bride-chamber* » la scandalise : « est-ce que cette affectation et cette banalité publique n'ont pas quelque chose qui révolte ? Je laisse aux femmes à compléter ma pensée[16] ». Comment ne pas voir, suggère Mme de Waddeville qui n'ose le dire, que la pratique du voyage de noces est, d'abord, la publicité de l'amour charnel ?

À partir des années 1880, néanmoins, cette indépendance nouvelle du jeune couple est décrite de façon positive. La baronne Staffe, par exemple, entend chanter poétiquement la

14. Guy de Maupassant, *Une vie* (1883), Paris, Le Livre de Poche, 1983, p. 73.
15. Alain Corbin, « La rencontre des corps », dans Alain Corbin, Jean-Jacques Courtine et Georges Vigarello (dir.), *Histoire du corps*, tome 2, Paris, Seuil, 2005, p. 151-162.
16. Mme de Waddeville, *Le Monde et ses usages*, *op. cit.*

nécessaire solitude des jeunes mariés, dans le passage de son manuel désormais consacré, comme dans tant d'autres ouvrages du même genre, au « voyage de noces » :

> Jusqu'à leur retour, après lequel ils font leurs visites de noces, – annonçant ainsi qu'ils rentrent dans le train de la vie ordinaire, – les jeunes époux sont affranchis de tout devoir mondain. Lorsqu'on vient à les rencontrer, on ne doit pas faire mine de les reconnaître... à moins qu'il ne leur convienne de s'approcher les premiers. Mais, alors même, on ne les retient pas longtemps ; on ne leur parle jamais d'événements douloureux, néfastes ou tristes : il ne faut pas troubler leur bonheur, ennuager leur ciel ; on les traite comme des dieux dont la sérénité heureuse ignore la souffrance... jusqu'au jour où il leur plaît de redescendre sur la terre, de redevenir simples mortels[17].

Dans les années 1920, le *Guide des convenances* édité par *Le Petit Écho de la Mode* définit à son tour le voyage de noces comme « une rupture entre eux et leurs amis, durant laquelle les époux, tout à leur bonheur, ne donnent guère signe de vie[18] ». Cette superposition de plus en plus nette de la lune de miel et du voyage de noces, cette valeur nouvelle donnée à la solitude des jeunes mariés doivent être lues comme un des éléments de l'assomption du couple moderne, contre l'ancien système de valeurs centré autour du nom, de la lignée et de la famille. Le bonheur désormais constitue la fin première du couple et il passe notamment par l'extase sensuelle. Il trouve tout à la fois son moyen et sa figure dans la pratique nouvelle du voyage de noces.

---

17. Baronne Staffe, *Usages du monde. Règles du savoir-vivre dans la société moderne*, Paris, Havard, 1889, p. 60.
18. Liselotte, *Guide des convenances*, nouvelle éd., Bibliothèque de la Société anonyme du *Petit Écho de la Mode*, 1925, p. 102.

Les lieux de l'amour

Pendant longtemps, celui-ci n'a pas impliqué une géographie particulière. L'usage anglais, tel que Horace Raisson le préconisait, consistait à se retirer sur des propriétés familiales prêtées pour l'occasion. D'autres parcours étaient possibles. En 1851, M. et Mme Octave Feuillet, sitôt mariés à Saint-Lô, partirent pour Paris. Le voyage à la capitale permettait de conjuguer l'éloignement, d'éventuels impératifs professionnels (Octave en profita pour rencontrer son éditeur) et les achats en vue de l'installation du nouveau ménage. Les règles du voyage de noces n'étaient pas encore précisément fixées, même si, déjà, les rivages méditerranéens attiraient le regard. C'est bien vers eux que se tourne Emma Bovary, en 1857, lorsqu'elle commence à reprocher à son époux de ne pas l'entourer du romanesque dont elle a besoin :

> Elle songeait quelquefois que c'étaient là pourtant les plus beaux jours de sa vie, la lune de miel, comme on disait. Pour en goûter la douceur, il eût fallu, sans doute, s'en aller vers ces pays à noms sonores où les lendemains de mariage ont de plus suaves paresses ! Dans des chaises de poste, sous des stores de soie bleue, on monte au pas des routes escarpées, écoutant la chanson du postillon, qui se répète dans la montagne avec les clochettes des chèvres et le bruit sourd de la cascade. Quand le soleil se couche, on respire au bord des golfes le parfum des citronniers ; puis, le soir, sur la terrasse des villas, seuls et les doigts confondus, on regarde les étoiles en faisant des projets[19].

Lorsqu'à partir des années 1870 le voyage de noces s'impose et se diffuse, c'est vers cette région que convergent tous les discours. Florence, Venise, Vérone, Capri, Rome, Naples en

19. Gustave Flaubert, *Madame Bovary* (1857), Paris, Garnier, 1983, p. 41.

deviennent, et pour longtemps, les destinations privilégiées[20]. Sans doute, d'ailleurs, le succès persistant de l'édition de récits de voyage en Italie, à la Belle Époque, doit-il beaucoup à l'existence de ce public nouveau constitué des couples désirant faire ou ayant fait un voyage de noces en Italie. Un système symbolique se met en place, identifiant le soleil, le ciel bleu – « l'Azur » qui donne alors son nom à la Riviera française –, la mer, la douceur du climat et les oranges à ce printemps de la vie que doivent être les premiers temps du mariage (et l'on peut d'ailleurs remarquer la tendance qui apparaît alors de partir en voyage de noces au printemps, contrairement aux usages du tourisme hivernal dans le Midi). L'Italie, en tant qu'elle est perçue depuis longtemps comme « le pays de la volupté », ainsi que l'écrivait Stendhal en 1829[21], semble s'accorder tout particulièrement aux représentations du voyage de noces. Elle bénéficie aussi de la présence très forte de l'Église catholique. Non seulement, par un paradoxe qui n'est qu'apparent, le catholicisme a pu être associé au plaisir, mais on doit aussi admettre, avec Alain Corbin, que « l'intensité du mystère de la conception, la sacralité reconnue du corps de la femme-mère, l'exaltation de la fidélité entre époux et du don réciproque de deux êtres qui, selon les termes bibliques, ne forment plus qu'une seule chair, l'atmosphère de la chambre conjugale des couples chrétiens, le lit souvent surmonté d'un crucifix, le voisinage, parfois, du prie-Dieu ont pu, nonobstant l'absence de raffinement érotique, conférer à l'union charnelle une intensité émotionnelle dont il convient de tenir compte si l'on garde le

---

20. Même si l'on peut trouver des contre-exemples, par exemple en direction des fjords de la Norvège (Anne Martin-Fugier, *La Bourgeoise. Femme au temps de Paul Bourget*, Paris, Grasset, 1983, p. 75).

21. Stendhal, *Promenades dans Rome* (1829), Paris, Gallimard, coll. « Folio », 1997, p. 7.

souci d'éviter tout anachronisme psychologique[22]. » L'amour dans des chambres d'hôtel italiennes préparées pour les couples en voyage de noces a pu faire la somme de toutes ces représentations et contribuer grandement à l'initiation des jeunes mariés de la Belle Époque au plaisir physique.

Le mouvement général de diffusion et de transformation du voyage d'agrément, à partir des années 1880, autorise cette mode de l'Italie et de la Méditerranée. C'est en effet à cette époque qu'apparaissent les premiers trains de luxe, à commencer par l'Orient Express. Sur le territoire français, des liaisons régulières se créent : en 1903-1904, le PLM (Paris-Lyon-Méditerranée) lance le Riviera Express, le Côte d'Azur Rapide, le Vichy-Royat Express et le Dauphiné-Savoie-Express, qui tous s'attachent à offrir un maximum de confort. À Paris, dans la gare de Lyon, point de départ pour les terres enchantées de la Côte d'Azur et de l'Italie, le restaurant *Le Train bleu* manifeste avec éclat le luxe gastronomique français. Les mêmes années voient le début de l'âge d'or des grands paquebots, qui dure jusqu'au milieu du XXe siècle, faisant du confort et du luxe les pièces centrales d'un art du voyage renouvelé. Elles voient également l'aménagement hôtelier du littoral français progresser de façon décisive. Une fièvre de construction s'empare en particulier de la Côte d'Azur. De nombreux hôtels aux noms évocateurs – *Régina, Royal, Impérial, Majestic, Excelsior* – singent l'apparat des palais royaux du XVIIIe siècle, auxquels ils adjoignent le confort le plus moderne, de l'électricité au téléphone.

Le temps paraît loin, désormais, des inquiétudes liées aux conditions de transport et de logement, tout particulièrement en ce qui concerne la jeune mariée. On n'a plus à redouter, au moins le long de ces parcours touristiques majeurs qui de plus

22. Alain Corbin, « L'emprise de la religion », dans Alain Corbin, Jean-Jacques Courtine et Georges Vigarello (dir.), *Histoire du corps*, tome 2, *op. cit.*, p. 69.

en plus précisément deviennent ceux des voyages de noces, les inconforts de la poste et des auberges. « J'ai quelque souci et quelque pudeur à les savoir allant d'auberges en auberges », écrivait Mme de Waddeville en 1876, « et si la jeune épouse n'est pas accompagnée d'une femme de chambre, je la plains, lorsqu'elle aura à réclamer certains services que sa modestie hésitera à solliciter de son mari, et qu'elle ne pourra demander à des étrangers sans une pénible rougeur[23]. » Dans les nouveaux hôtels de la Riviera et de la Côte d'Azur, tout est mis en œuvre, dix ans plus tard, pour que l'ensemble de ces « services » soient rendus, avec toute la discrétion requise – même si les médecins, qui n'ignorent pas que le voyage de noces est aussi en théorie le moment des premiers rapports sexuels de la jeune femme, préfèreraient ne pas ajouter aux émotions des seconds les fatigues du premier.

Les jeunes couples en voyage de noces en viennent ainsi à incarner, à partir de la fin du XIXe siècle, l'essence du tourisme et de ses ridicules. Le thème touristique est depuis longtemps un sujet satirique. Si le « touriste », lorsqu'il est apparu dans le vocabulaire au début du XIXe siècle, était défini comme celui qui part par désir de l'altérité – qui veut voir et connaître autre chose –, très rapidement l'écart entre ce désir et la faiblesse supposée des moyens mis en œuvre pour l'assouvir en a fait une figure répulsive de l'imaginaire du voyage. Incarnation de l'absolu du touriste, « l'Anglais » amusait précisément en cela que, voyageant, il serait incapable de s'abstraire de sa culture et de ses convenances pour aller à la rencontre de l'autre. Aux alentours de 1900, c'est au tour des couples en voyage de noces de pousser la logique du ridicule touristique à son extrême. Dans une nouvelle intitulée *Gradiva*, publiée en 1907, l'écrivain autrichien Wilhelm Jensen mettait en scène ce grotesque

23. Mme de Waddeville, *Le Monde et ses usages*, *op. cit.*

incarné désormais par les jeunes mariés en voyage. À l'occasion de la visite du musée d'antiquités de Naples, deux d'entre eux donnent à voir leur indifférence vis-à-vis des lieux visités :

> Regarde donc comme ils avaient l'esprit pratique, nous allons nous acheter aussi un chauffe-plat comme celui-là ! [...] Tout cela est terriblement passionnant. Mais maintenant, est-ce qu'il faut aller à Pompéi même ?
> – Non, ça n'en vaut guère la peine, il n'y a plus que des vieilles pierres et des décombres ; ce qui avait de la valeur, d'après le Baedeker, a été ramené ici. Et puis, j'ai peur que là-bas le soleil ne soit déjà trop brûlant pour un teint délicat comme le tien, et cela je me le reprocherais toute ma vie...
> – Mais si tu avais tout d'un coup pour femme une négresse ?
> – Non, heureusement je ne peux pas imaginer quelque chose comme ça ; mais simplement une tache de rousseur sur ton petit nez suffirait à me rendre malheureux. Je pense, si tu es d'accord, ma chérie, que demain on prendra la route de Capri. Là-bas, il paraît que tout est organisé avec le maximum de commodité, et dans le magnifique éclairage de la Grotte d'Azur, je pourrai enfin me rendre pleinement compte de quel gros lot j'ai tiré à la loterie du bonheur !
> – Toi alors, si quelqu'un t'entend, je crois que je serais couverte de honte ! Emmène-moi où tu voudras, je suis tout à fait d'accord, et ça m'est égal où l'on va du moment que je t'ai près de moi[24].

De la révérence vis-à-vis du guide Baedeker à la recherche du plus grand confort, de la volonté de tout rapporter au quotidien le plus trivial à l'absence de connaissance acquise par le voyage, les tares identifiées par Jensen sont, depuis longtemps, d'utilisation courante dans le discours qui vise à dénigrer le touriste. Adaptées au voyage de noces, elles acquièrent une force d'autant plus grande que les conseils donnés au jeune couple en partance ne concernent jamais les modalités de saisie de l'altérité. Tout

24. Wilhelm Jensen, *Gradiva, fantaisie pompéienne* (1907), Paris, Gallimard, coll. « Folio », 1986, p. 57.

au contraire, le *Livre du mariage*, par exemple, rappelait en 1886 aux jeunes mariés qu'il faut prévoir de grandes malles, non pas en prévision de recueillir ce que le voyage leur aura rapporté, mais parce que, de cette façon, « partout où ils vont, [ils] peuvent se créer en peu d'instants un intérieur charmant ». L'idéal du voyage de noces, selon le *Livre du mariage*, c'est de parvenir à être « à l'hôtel comme chez soi[25] ». C'est dire si la définition fondamentale du voyage comme dépaysement est loin d'être celle du voyage de noces. C'est dire aussi à quel point, dans la culture du voyage que le XIXe siècle a mise en place, le voyage de noces qui se codifie aux alentours de 1880 peut être défini, avec assez de rigueur, comme un anti-voyage.

Voyager en couple

Cette pratique triomphante a pourtant dessiné une nouvelle figure du voyage, insolite à de multiples titres. Le XIXe siècle en ses commencements avait célébré la figure du voyageur solitaire. Ce pouvait être une figure héroïque, à l'image de ces explorateurs qui s'enfonçaient seuls au cœur de l'Afrique. Ce pouvait aussi être une figure poétique, dans la mesure où le code romantique du voyage, depuis Bernardin de Saint-Pierre et Chateaubriand, et dans le sillage de Rousseau, s'articulait autour de la restitution des émotions ressenties par l'individu solitaire face aux paysages et aux peuples qu'il rencontrait[26]. Que la plupart des explorateurs aient voyagé en groupe, de même que la plupart des touristes ; que les uns comme les autres se soient fait accompagner de théories de porteurs ne change

25. Cité dans Anne Martin-Fugier, « Les rites de la vie privée bourgeoise », dans Philippe Ariès et Georges Duby (dir.), *Histoire de la vie privée*, tome 4, Paris, Seuil, 1987, p. 224.
26. *Cf. supra*, chapitre 1.

rien à cette représentation glorieuse du voyageur solitaire. Or, par rapport à ce modèle idéal, les couples en voyage de noces sont insolites en ce qu'ils sont indissolublement deux. Leur visibilité est d'autant plus nette.

Le déplacement de ces voyageurs d'un genre nouveau ne comporte aucun des imprévus constitutifs de l'imaginaire du voyage. Aucune aventure ne doit leur survenir : la baronne Staffe, qui les compare à des êtres du ciel, est d'accord sur ce point avec Vladimir Jankélévitch pour qui les anges, à qui rien de vraiment grave ne peut arriver, sont incapables pour cette raison de vivre une aventure[27]. Cette atonie du voyage de noces explique d'ailleurs la rareté des témoignages. Le livre de Mme Georges Duhamel, *Mon voyage de noces en Italie*, constitue une exception insolite. Et encore : Georgette Duhamel, dans son ouvrage, ne donne jamais à voir ce que pourrait être la spécificité du voyage en couple. Tout au plus consent-elle à noter que, « à deux, il est facile de ne point trouver le temps long » en train[28]... À cela près, ses descriptions de l'Italie ne doivent rien à sa situation de jeune mariée. Cette absence de relief du voyage de noces explique les embarras des romanciers. Que raconter d'intéressant, en effet, à propos d'un couple en voyage de noces, dès lors qu'on se refuse, contrairement à Maupassant, à traiter directement de la sexualité ? Les gens heureux n'ont pas d'histoires, répète-t-on avec le proverbe – et les romanciers, après lui, ne trouvent d'inspiration qu'à condition de renverser le stéréotype même du voyage de noces. Tel auteur fera donc se rencontrer, à l'occasion d'un voyage de noces, le jeune marié et l'une de ses anciennes conquêtes, dont

27. Vladimir Jankélévitch, *L'Aventure, l'ennui, le sérieux*, Paris, Aubier, 1963, p. 19.
28. Mme Georges Duhamel, *Mon voyage de noces en Italie. Souvenirs et impressions*, Paris, Société libre d'édition des gens de lettres, 1898, p. 3.

il découvre qu'il a eu un enfant[29]. Tel autre fera poursuivre le nouveau couple par une ancienne amante jalouse[30]. D'autres présenteront des voyages de noces baroques, échouant dans leur quête du bonheur à force d'imprévus[31]. Le romanesque ne trouve sa place dans l'imaginaire du voyage de noces qu'à condition d'en renverser le sens puisque, dans les faits, les couples menant un tel voyage sont, sur la Terre, les individus les moins susceptibles d'aventures. C'est si vrai que le voyage de noces deviendra vite une excellente « couverture » pour tous ceux qui auront quelque chose à cacher. Les personnages d'un roman de Patrick Modiano s'en servent ainsi pour se camoufler, à Juan-les-Pins, après avoir franchi clandestinement, en 1942, la ligne de démarcation[32]. Les militants du Parti communiste espagnol, exilés en France, se déguisent de la même façon pour retourner en Espagne, à partir des années 1950, dans des voitures chargées de documents destinés à la lutte révolutionnaire[33]. On voit bien comment le voyage de noces pouvait représenter la figure idéale du voyage sans histoires.

Cette spécificité doit beaucoup à la place que ce voyage réserve aux femmes. Celles-ci ont été longtemps tenues à l'écart de l'imaginaire du voyage. Tout un système de représentations les éloignait des grands chemins et tendait à les confiner dans l'espace clos du foyer. Le voyage d'agrément lui-même, en ces temps d'invention touristique, était problématique.

---

29. Louis Thiercelin, *Un voyage de noces*, Paris, Lemerre, 1881.
30. Philippe Tonelli, *Un voyage de noces sous la terreur*, Paris, Bernard, 1904.
31. Georges Vautier, « Le Voyage de noces », dans *Le Crime du substitut*, Paris, Ghio, 1876 ; Jules Simon, « Le Voyage de noces », dans *Nouveaux Mémoires des autres*, Paris, Testard et Flammarion, 1891, p. 71-102 ; Cesare Pavese, « Voyage de noces », dans *Terre d'exil et autres nouvelles* (1960), Paris, Gallimard, 1972.
32. Patrick Modiano, *Voyage de noces*, Paris, Gallimard, 1990.
33. Natacha Lillo, « Les Militants du PCE à la découverte clandestine de l'Espagne », communication au colloque *Intellectuels, artistes et militants. Le Voyage comme expérience de l'étranger*, Paris, Sciences Po, 13 et 14 janvier 2005.

On voyait certes des femmes accompagnant leurs maris dans les villes d'eaux ou dans les stations balnéaires, mais les guides de savoir-vivre s'en inquiétaient. « Abstenez-vous, autant que vous le pourrez », écrivait par exemple la très pieuse comtesse Drohojowska en 1860, « de ces déplacements inutiles, de ces joies bruyantes au milieu d'un monde avide de plaisirs, d'émotions, trop souvent de scandales, et où viennent se briser les réputations les mieux établies. Pour ce qu'on appelle une femme élégante, une ville d'eau est en effet le théâtre des plus grands dangers, des plus périlleuses luttes[34] ». Quant à voyager seule, une femme ne devait même pas y penser. Flora Tristan qui l'avait fait à plusieurs reprises dans les années 1830 et 1840 s'était ainsi vu interdire l'entrée de certains hôtels : que pouvait bien être en effet cette voyageuse solitaire, sinon une femme de mauvaise vie[35] ? Contre ces préjugés, le voyage de noces apparaît comme un des seuls déplacements féminins licites. Il est en tout cas le seul voyage qu'on ne puisse imaginer sans la présence d'une femme. Cela explique sans doute une partie des réticences des guides de savoir-vivre à son égard dans les années 1830-1870. Encourager la pratique du voyage de noces, c'était en effet risquer de donner aux femmes le goût funeste du déplacement. C'était bousculer dangereusement un système de représentations qui, soutenu par des arguments moraux, religieux, médicaux et politiques, identifiait la mobilité, c'est-à-dire l'action, au masculin, et l'immobilité, c'est-à-dire la passivité, au féminin. On comprend que les prescripteurs de normes sociales s'en soient bien gardés – et les médecins qui, à la Belle Époque, s'inquiétèrent des conséquences du voyage de noces sur la santé des jeunes épouses ne firent que redoubler

34. Comtesse Drohojowska, *De la politesse et du bon ton*, Paris, Carlit, 1860, p. 136.
35. Michelle Perrot, « Sortir », dans Georges Duby, Michelle Perrot, Geneviève Fraisse (dir.), *Histoire des femmes*, tome 4, Paris, Plon, 1991, p. 479.

cette ancienne morale qui écartait les femmes de la pratique du voyage.

On comprend aussi qu'avec la diffusion de la pratique, seules des femmes aient entrepris de publier le récit de leur voyage de noces, événement exceptionnel dans le cours de leur vie. Le plus souvent, ce voyage était leur premier voyage d'agrément et, très souvent, il était aussi le dernier : au voyage de noces devait succéder la première grossesse, qui elle-même appelait les femmes à leurs devoirs de mère et les éloignait des grandes routes. Là où les hommes formés aux lectures des robinsonnades et de Jules Verne se dirigeaient, après leur mariage, vers une activité professionnelle impliquant le contact avec le monde extérieur, les femmes instruites par la comtesse de Ségur, une fois accompli cet unique voyage, se concentraient sur des tâches domestiques dans le cadre du monde intérieur de la maison. Bien sûr, ce modèle a connu de très nombreux contre-exemples. Il n'en a pas moins dominé le XIXe et le début du XXe siècle. La jeune Mme Feuillet l'avait en tête au retour de ses quinze jours de voyage de noces, lorsqu'elle s'installa dans la maison familiale, en Normandie. Elle y fit la connaissance du vieil oncle d'Octave, qui lui annonça que désormais ce serait elle qui lui ferait sa bouillie :

> Il me montra la petite casserole d'argent dans laquelle je devais tourner cette bouillie et me terrifia en m'annonçant que ce serait sur les six heures du matin qu'elle devait être confectionnée. Durant toute une année, je remuai ce maudit brouet dans la petite casserole au moment où les oiseaux commençaient à chanter.

Et Mme Feuillet, qu'avait ravie son voyage parisien, de conclure : « Combien je les trouvais bêtes de chanter ; la vie n'était pourtant pas drôle[36] ! » La vie féminine, après l'intervalle exceptionnel du voyage de noces, reprenait son cours normal.

36. Mme Octave Feuillet, *Quelques années de ma vie*, *op. cit.*, p. 152.

Le voyage de noces demeurait ainsi, dans l'esprit de la jeune épouse, un souvenir inoubliable. C'était du reste une de ses fonctions : prolonger le moment du mariage, en accroître l'intensité émotionnelle en l'étendant dans le temps. Ce jour qui, dans l'imaginaire du XIXe siècle, devait être le plus beau jour de la vie d'une femme s'élargissait aux dimensions de plusieurs semaines, d'autant plus importantes que le voyage féminin était exceptionnel. Dans cette optique, l'espace du voyage de noces représentait le temps de la lune de miel : les paysages méditerranéens, par exemple, rappelaient l'époque des jours heureux. Tel était l'intérêt des souvenirs que l'on rapportait du voyage de noces, objets ou photographies dont on a peuplé, à partir des années 1880, les intérieurs bourgeois. Maupassant a mis en scène de tels sentiments, avec d'autant plus de force que la vie de son héroïne, après le voyage de noces de celle-ci, n'est qu'une longue suite de désillusions. Toute la perception du temps de Jeanne est orientée vers le passé. Le monde dans lequel sa vie se passe est par définition un monde nostalgique, dans lequel le regret du temps passé est identifié à un espace précis : la Corse de son voyage de noces. Maupassant illustre cela par de nombreuses images. C'est par exemple une mouette, qui traverse le ciel normand et qui lui rappelle, brutalement, le vol de l'aigle lors de sa promenade décisive au val d'Ota (elle y fit pour la première fois l'expérience de l'orgasme). C'est une réflexion sur la différence entre son retour dans la maison familiale à la sortie du couvent et ce même retour à l'issue de son voyage de noces : « comment deux retours aux mêmes lieux qu'elle croyait aimer pouvaient être si différents » ? C'est surtout la vue de l'océan, qui la reporte en souvenir vers la Méditerranée ; et « ce mot qui lui était venu aux lèvres, "la Méditerranée", l'avait de nouveau pincée au cœur, rejetant toute sa pensée vers ces contrées lointaines où gisaient ses rêves ». Un certain nombre d'images déchirent ainsi, par instants, la durée séparant le présent du passé et font apparaître le voyage de noces comme un moment d'une intensité extraordinaire. Maupassant traduit celle-ci en identifiant le voyage de noces à un rêve. Dès son arrivée en Corse, Jeanne a le sentiment « qu'elle sortait de la réalité pour entrer, tout éveillée, dans un rêve ». Le retour en Normandie correspond au contraire « à un affaissement de ses rêves » et, lorsqu'elle prend conscience du néant de sa vie, elle songe, on l'a dit, à « ces contrées lointaines où gisaient ses rêves[37] ». La métaphore, dans sa récurrence, est significative. Elle doit être rapprochée de l'idée selon laquelle tout voyageur fait, pendant son voyage, l'expérience d'une autre texture du temps, un temps d'une intensité plus forte, un moment hors de son cours linéaire, susceptible de revenir avec une même intensité par le jeu de la mémoire. Le voyage de noces, plus qu'aucun autre – et dans la mesure même où, pour la femme, un autre n'est pas vraiment prévu – relève de cette expérience.

S'aimer au loin

L'originalité du voyage de noces, parmi toutes les pratiques possibles du voyage, tient surtout à l'ombre de la sexualité qui plane sur les jeunes couples – et qui horrifiait tant, on l'a vu, Mme de Waddeville en 1876. C'est ici qu'il faut relire, avec Sigmund Freud, la *Gradiva* de Wilhelm Jensen. Le héros de la nouvelle est un jeune spécialiste de l'Antiquité romaine, Norbert Hanold, qu'obsède la représentation d'un bas-relief représentant une femme en train de marcher. Cette femme, Norbert la nomme Gradiva et elle symbolise pour lui une forme de pureté qu'il associe confusément à la pureté de son amour pour la science historique. Norbert, répète le narrateur,

37. Guy de Maupassant, *Une vie*, *op. cit.*, p. 96, 98, 114, 75 et 94.

n'a pas d'attirance pour les femmes réelles qu'il est amené à rencontrer ; seule cette Gradiva imaginaire le passionne. Or son voyage à Pompéi, à la recherche des lieux dans lesquels elle avait pu vivre, est tout entier parasité par des couples en voyage de noces – au moins jusqu'à Naples, car par la suite les jeunes mariés partent tous pour Capri, laissant Pompéi aux savants et aux curieux. Les descriptions de Wilhelm Jensen donnent à voir l'importunité de ces compagnons de voyage :

> En sens contraire des oiseaux migrateurs, des couples de ce genre essaiment chaque printemps par-dessus les cols des Alpes. Pendant tout son voyage en train, Norbert Hanold fut enveloppé par les battements d'ailes et de roucoulements comme dans un pigeonnier roulant. [...] Il se prit à réfléchir ainsi des heures durant à l'étrange comportement des humains, et arriva à la conclusion que, parmi toutes leurs folies, c'était certainement le mariage, en tant que la plus grande et la plus inconcevable, qui détenait la première place, et que leurs insensés voyages de noces en Italie remportaient en quelque sorte la palme de la sottise[38].

C'est en fonction de cette psychologie du personnage qu'il faut lire la description de sa nuit passée dans un hôtel de Rome :

> Sa conscience commença à s'embrumer et il était en train de s'assoupir quand il fut réveillé : seule une porte dissimulée derrière une armoire séparait sa chambre de celle qui se trouvait à côté et dans celle-ci venaient de pénétrer deux personnes qui en avaient pris possession le matin. À en juger par leurs voix qui traversaient la mince paroi, une voix d'homme et une voix de femme, ils appartenaient indéniablement à la classe de ces oiseaux de passage printaniers venus d'Allemagne avec lesquels il avait fait le voyage la veille depuis Florence. [...]
> « Est-ce que la montagne qui crache le feu où il va falloir monter se trouve près d'ici ?

38. Wilhelm Jensen, *Gradiva, fantaisie pompéienne*, *op. cit.*, p. 51.

– Non, je crois qu'il faudra encore faire deux ou trois heures de train.
– Et si elle se mettait d'un seul coup à entrer en éruption juste au moment où on arrivait en plein milieu, qu'est-ce que tu ferais ?
– Ma seule pensée serait sûrement de trouver le moyen de te sauver, et je te prendrais dans mes bras comme ça !
– Commence par ne pas te piquer à une de mes épingles !
– Je ne peux rien imaginer de plus beau que de verser mon sang pour toi !
– Auguste, mon amour !
– Grete, ma douceur[39] ! »

Là-dessus l'entretien s'interrompt. Norbert entend encore des bruits confus, tissus qui crissent, chaises qu'on remue, puis c'est le silence et il retombe dans son demi-sommeil. Celui-ci le transporte à Pompéi, juste au moment où le Vésuve entre en éruption. Un grouillement bariolé de gens en train de s'enfuir forme une mêlée autour de lui. Il aperçoit tout à coup un peu plus bas l'Apollon du Belvédère qui enlève la Vénus Capitoline, l'emporte et dans une ombre ténébreuse la dépose en sûreté sur quelque chose, une voiture ou carriole avec laquelle il doit l'emmener car un bruit de grincements s'élève de par là. Cet épisode mythologique ne surprend pas plus que ça le jeune archéologue. En revanche ce qui frappe son attention, c'est que tous deux ne parlent pas en grec mais en allemand. Au bout d'un petit moment, reprenant conscience à demi, il entend : « Grete, ma douceur ! Auguste, mon amour ! »

Freud a consacré une assez longue étude à la *Gradiva* de Jensen, faisant suite à son ouvrage sur l'interprétation des rêves. Pudiquement, il souligne que le rêve de Norbert à Rome « n'exige pas un art particulier pour être interprété », tout particulièrement dans le sens à donner à l'éruption du Vésuve.

39. *Ibid.*, p. 53-54.

Il lui semble surtout évident que le voyage de Norbert correspond à « une fuite devant le désir amoureux », et même, plus exactement, à un « rejet de l'érotisme[40] ». Avec une vigueur de ton particulière, Freud fait ressortir la signification que pouvaient avoir, sur les routes de l'Italie, les jeunes couples en voyage de noces. Ne manifestent-ils pas nettement, par leur simple présence tout autant que par leurs « roucoulements », la sexualité ? Ils sont, parmi toutes les figures du déplacement, l'incarnation la plus remarquable du lien qui peut unir le voyage et le désir sexuel.

C'est si vrai que le voyage de noces détourne en ce sens l'imaginaire du voyage, au centre duquel était traditionnellement placée la rencontre de l'autre. Sans cette rencontre, le voyage perd sa spécificité. Il n'est plus qu'un trajet. Or la caractéristique du voyage de noces est de définir comme voyage une pratique du déplacement qui non seulement n'accorde à l'espace qu'une valeur préalablement codée, mais surtout se passe résolument de la rencontre de l'autre. La véritable rencontre, ici, ce n'est pas celle de l'hypothétique peuple au milieu duquel on se retrouve – le peuple italien par exemple –, mais celle du conjoint voyageur. Et le voyage n'est finalement qu'une métaphore de la découverte du corps de celui-ci. C'est sans doute Maupassant qui l'a exprimé avec le plus de talent. Sa Jeanne en partance pour la Corse est tout entière « agitée par l'inconnu du voyage » : « Oh ! c'était bien un voyage, cela ! », s'exclame-t-elle, « avec tout l'imprévu des routes inexplorées ». Mais ces routes inexplorées ont, dans le contexte du voyage de noces, une signification bien particulière, correspondant à la découverte réciproque du corps des deux époux :

40. Sigmund Freud, dans *ibid.*

> Alors commença l'intimité enfantine et charmante des niaiseries d'amour, des petits mots bêtes et délicieux, le baptême avec des noms mignards de tous les détours et contours et replis de leurs corps où se plaisaient leurs bouches.
> Comme Jeanne dormait sur le côté droit, son téton du côté gauche était souvent à l'air au réveil. Julien, l'ayant remarqué, appelait celui-là : « monsieur de Couche-dehors » et l'autre « monsieur Lamoureux », parce que la fleur rosée du sommet semblait plus sensible aux baisers.
> La route profonde entre les deux devint « l'allée de petite mère » parce qu'il s'y promenait sans cesse ; et une autre route plus secrète fut dénommée le « chemin de Damas » en souvenir du val d'Ota[41].

Comment mieux dire la conversion qui résulte du voyage de noces – même si celle de Jeanne, en l'occurrence, sera suivie d'une rapide apostasie ? Le voyage de noces est un chemin de Damas qui conduit les deux époux devenus amants à la révélation du plaisir. C'est à l'occasion de leur promenade au val d'Ota, décrite par Maupassant dans les termes d'un rapport sexuel, que Jeanne a fait l'expérience du plaisir sexuel. Et c'est dans les termes d'une promenade que Julien décrit le corps de Jeanne. Ainsi se renouvelait, sous les auspices du voyage de noces et à l'ombre de la sexualité, la vieille métaphore qui faisait de la vie un voyage.

41. Guy de Maupassant, *Une vie*, *op. cit.*, p. 90.

13.

Pour tuer des animaux

À partir de la fin du XVIIIe siècle, un phénomène nouveau associa, aux yeux des Européens, les émotions de la chasse et le désir des confins. Il émergea dans les récits des soldats britanniques aux Indes avant de s'épanouir à la faveur de la politique de conquête coloniale en Afrique du Sud, en Algérie, puis en Afrique de l'Est. Il se métamorphosa au XXe siècle sous la forme du safari. Dans la seconde moitié du XIXe siècle, on l'appelait : les « grandes chasses ».

Il a fait l'objet de très peu d'études sérieuses[1]. Le plus souvent, les grandes chasses ont été cantonnées dans la littérature de l'exploit cynégétique, dont elles constituaient un sous-genre glorieux mais marginal. Les histoires de la chasse ne les mentionnent qu'en passant[2]. Seules les histoires des empires coloniaux, et singulièrement de l'empire britannique, les ont considérées d'un peu plus près, mais toujours dans le but d'étudier l'impérialisme plutôt que les chasses elles-mêmes[3].

---

1. Des travaux existent sur le safari, notamment en ethnologie et en anthropologie. Voir Michèle Cros et Julien Bondaz (dir.), *Sur la piste du lion. Safaris ethnographiques entre images locales et imaginaire global*, Paris, Éditions des Archives contemporaines, 2010 et Michèle Cros, Julien Bondaz et Maxime Michaud (dir.), *L'Animal cannibalisé. Festins d'Afrique*, Paris, Éditions des Archives contemporaines, 2012.
2. Voir Andrée Corvol, *Histoire de la chasse. L'homme et la bête*, Paris, Perrin, 2010 ; Erich Hobusch, *Histoire de la chasse des origines à nos jours*, trad. de M. Maléfant, Paris, Pygmalion, 1980 ; Tim Ingold, David Riches et James Woodburn (eds.), *Hunters and Gatherers*, vol. 1 : *History, Evolution and Social Change*, Oxford, Berg, 1988.
3. John M. MacKenzie, *The Empire of Nature : Hunting, Conservation and British Imperialism*, Manchester, Manchester University Press, 1988.

On peut déplorer ce manque d'intérêt. Pendant plus d'un siècle, les grandes chasses ont en effet alimenté le désir de l'Ailleurs. Elles ont illustré, conforté et en partie modelé les représentations que les Européens se faisaient du monde. Peu d'individus les ont pratiquées, certes, et c'est sans doute ce qui justifie le dédain des études historiques à leur sujet. Mais d'innombrables récits, gravures et spectacles en ont fixé les images à travers le monde entier. Ce ne fut pas sans conséquences : pour s'en tenir à ce seul aspect, les grandes chasses du XIXe siècle ont sans doute exprimé, mieux qu'aucun autre phénomène, le désir d'émotions fortes.

Le prestige des chasseurs

À la fin du XVIIIe siècle, cela faisait longtemps que les chasseurs d'Europe ne tuaient plus seulement pour se débarrasser des espèces jugées nuisibles, pour se nourrir ou pour conserver la fourrure des animaux. Ils ne dédaignaient sans doute pas la viande de lièvre, de perdrix ou de sanglier. Mais leurs principales motivations n'étaient ni la nourriture, ni la protection des cultures, ni le commerce des peaux.

Pour autant, les gestes de la chasse s'enracinaient dans ce passé lointain, qui conférait aux chasseurs une partie de leur prestige. En tuant du gibier, les hommes poursuivaient une histoire que de nombreux mythes, depuis Artémis et Diane jusqu'à saint Hubert et saint Eustache, situaient à l'origine de la civilisation. Chasser impliquait de s'éloigner des villes et des villages et de retrouver la *nature* – un mot que les Lumières avaient chargé de significations puissantes[4]. Les chasseurs étaient

4. Keith Thomas, *Dans le jardin de la nature. La mutation des sensibilités en Angleterre à l'époque moderne. 1500-1800*, Paris, Gallimard, 1985, p. 256 et suiv. notamment.

armés de fusils, certes, mais aussi de couteaux, de racloirs, parfois de haches, autant d'outils parmi les plus anciens que l'humanité ait conçus. Ils employaient des ruses jugées immémoriales. Lors de l'affût, ils transformaient le temps lui-même en une sorte d'éternité, que des générations et des générations de chasseurs avaient éprouvée avant eux. Alors que la ville et la bourgeoisie semblaient devoir dominer le monde sous le signe du progrès, du bruit et de la vitesse, les chasseurs se muaient progressivement en conservateurs de traditions silencieuses, parmi les plus anciennes qui soient.

C'était d'autant plus vrai que la chasse était depuis longtemps considérée comme la meilleure préparation à cette autre activité presque aussi ancienne que l'humanité elle-même : la guerre. La chasse enseignait l'art du maniement des armes, les techniques de l'embuscade. Elle permettait d'apprendre à se mouvoir en terrain inconnu, à dominer sa peur, à faire preuve de sang-froid. Elle initiait au meurtre, familiarisait avec la vue du sang. Elle endurcissait le corps et le cœur. Les armées s'en souviendraient longtemps, en empruntant aux chasseurs une partie de leur vocabulaire et de leur imaginaire[5]. Quant aux chasseurs, ils se servaient volontiers des métaphores de la guerre pour décrire leurs exploits.

Dans la mesure où la guerre était en théorie l'affaire de l'aristocratie, la chasse était parée des prestiges de la noblesse. Aux Temps modernes, elle était un privilège. Elle prouvait l'appartenance à un groupe défini par sa valeur guerrière et, par la grâce du sang versé de l'animal, elle permettait d'actualiser cette valeur. Toute une politique de discrimination avait d'ailleurs éloigné la roture des terrains de chasse et soigneusement distingué, à l'intérieur de la noblesse, les pratiques de chacun[6].

5. Qu'on songe aux régiments de Chasseurs ou aux avions de chasse.

6. Philippe Salvadori, *La Chasse sous l'Ancien Régime*, Paris, Fayard, 1996, p. 15-36.

Enfin, la chasse était une affaire d'hommes exclusivement. Les femmes ne chassaient pas. Le seul sang qu'elles faisaient couler était leur propre sang et il ne signifiait pas la mort, mais la vie. Tuer était un apanage masculin. Les formes les plus obscures de la virilité étaient en jeu : celles qui, par exemple, poussaient à verser le *sang noir* des cerfs et des sangliers en rut. La chasse était le lieu où les hommes ne cessaient d'affirmer leur identité d'hommes[7].

Toutes ces significations s'entremêlaient pour dessiner, par-delà la diversité des pratiques et des savoir-faire, les contours d'un puissant imaginaire social. Partir à la chasse, c'était se soumettre à un régime d'émotions ordonné par les désirs de nature, de guerre, de noblesse, de virilité, de mort[8]. On ne se mettait pas en route pour éliminer les animaux nuisibles, se nourrir de leur viande ou conserver leurs fourrures. On partait rechercher des émotions. Que ces émotions soient parmi les plus fortes qu'un homme pût connaître, rien n'en témoigne mieux que la fréquence de l'association entre la chasse et la vie sexuelle. La figure du chasseur cocu n'en constitue en l'occurrence qu'une variante comique, facilitée par l'homologie entre les cornes de l'animal rapportées en trophée et celles du mari trompé. Que l'on ait mis si souvent en équivalence le plaisir pris par le chasseur dans la forêt et celui pris au même moment par son épouse dans son lit en dit assez sur la qualité des émotions associées à la pratique de la chasse.

7. Bertrand Hell, *Le Sang noir. Chasse et mythe du Sauvage en Europe*, Paris, Flammarion, 1994.
8. Charles Stépanoff, *Chasses, modernité et crise du sauvage*, Paris, La Découverte, 2021.

Le temps des grandes chasses

Tout cela demeura vrai, pour une grande part, jusqu'à aujourd'hui[9]. Au XIXe siècle, d'autres significations vinrent néanmoins se surimposer à celles issues du Moyen Âge et des Temps modernes. Quatre renouvellements contribuèrent ainsi à modifier et à enrichir la gamme des émotions susceptibles d'être ressenties par les chasseurs.

Premièrement, la chasse cessa d'être un privilège nobiliaire. Le fait semble très remarquable en France, où la Révolution autorisa tous les citoyens à la pratiquer librement, dans les limites du droit de propriété. Mais le mouvement fut européen et, du reste, en France même, la rupture fut moins brutale qu'on pourrait le penser. D'une part, en effet, le droit de chasser avait connu aux Temps modernes de très nombreuses exceptions (seul le Bassin parisien, terre des chasses princières, avait appliqué dans toute sa rigueur la logique du monopole nobiliaire). D'autre part, en assurant la victoire de la propriété privée, la Révolution ne rendait finalement la chasse possible que pour ceux qui possédaient d'assez vastes terrains. En 1844, l'instauration d'un permis de chasse très coûteux renforça encore le caractère élitaire de l'activité. En 1854, on n'en comptait en France que 76 000 titulaires[10].

La distribution sociale des pratiques de chasse changea donc un peu moins qu'on ne l'entend parfois. Dans l'ordre des représentations, en revanche, les proclamations d'égalité devant la chasse eurent de grands effets. Le chasseur cessa d'être une des

9. Créée en 1975, la chanson *Monsieur Lepetit le chasseur* témoigne par exemple de la belle vitalité du thème du chasseur trompé, que les Frères Jacques peignaient d'ailleurs de façon amusante aux couleurs des grandes chasses, en faisant intervenir des « rhinoféroces » et des « zippopotames ».

10. À quoi s'ajoutaient de l'ordre de 150 000 braconniers (Éric Baratay, *Et l'homme créa l'animal. Histoire d'une condition*, Paris, Odile Jacob, 2003, p. 79).

figures de l'aristocratie. Cette pratique devint le creuset d'une nouvelle élite, désormais définie par ses seules vertus cynégétiques. On n'avait certes pas attendu le XIXe siècle pour célébrer les exploits individuels des grands chasseurs[11]. Néanmoins, dans la mesure où chacun pouvait désormais s'adonner librement à la chasse, le chasseur ne devait plus rien à ses origines sociales et tout à son talent personnel. Il n'était plus défini par autre chose que ses actes. Ses aptitudes ne signifiaient plus une capacité particulière à actualiser les valeurs guerrières héritées de sa famille.

Il est possible que l'avènement de la figure de Nemrod soit caractéristique de cette évolution. Cet arrière-petit-fils de Noé, dont la Genèse dit avec une certaine ambiguïté qu'il était « chasseur devant Dieu », avait jusque-là fait une carrière assez discrète dans l'imaginaire européen. Il en fut tout autrement au XIXe siècle, où sa gloire fut immense. Les chasseurs étaient désignés et se désignaient eux-mêmes comme des Nemrod. L'obscur personnage biblique était devenu la figure tutélaire d'un groupe social désormais défini exclusivement par la pratique de la chasse[12].

La culture britannique du *sport*, progressivement diffusée dans toute l'Europe, sanctionna également cette métamorphose. Dès le milieu du siècle, les chasseurs étaient présentés comme des *sportsmen* et la chasse comme un *sport*[13]. Ces nouvelles représentations étaient ordonnées par l'avènement des loisirs tout autant que par la passion de la performance. Là encore, les meilleurs chasseurs formaient une élite

11. Philippe Salvadori, *La Chasse sous l'Ancien Régime*, *op. cit.*, p. 173-175 notamment.
12. À partir de 1886, le journal officiel de la Société de vénerie s'appela *Le Nemrod.*
13. Voir par exemple Jules Gérard, *Voyages et chasses dans l'Himalaya*, Paris, Michel Lévy, 1865, p. 2 et Henri d'Orléans, *Six mois aux Indes. Chasses aux tigres*, Paris, C. Lévy, 1889, p. 144.

qui, en théorie, ne devait plus rien aux origines sociales de ses différents membres.

En réalité, tout cela était bien sûr plus compliqué. Au XIXe siècle, les chasseurs demeuraient le plus souvent des aristocrates ou des soldats. Mais, outre que les honneurs militaires eux non plus n'étaient plus réservés à la noblesse, la signification de la chasse avait bien changé. Un halo de noblesse flottait encore autour des grands chasseurs, mais il s'agissait désormais, la plupart du temps, d'une élection conquise sur le terrain, et non plus d'un héritage.

Une deuxième évolution notable du XIXe siècle concerne l'armement. Les anciens fusils à âme lisse, se chargeant par la gueule, démunis de mire et tirant des balles rondes en plomb furent bientôt périmés au vu des progrès de l'industrie. On ne se souvient plus aujourd'hui que de leurs inconvénients. Par rapport aux fusils modernes, c'étaient en effet des armes lourdes, dont le mécanisme réclamait beaucoup de force et qui nécessitaient une douzaine d'opérations pour être en état de tirer. Leur recul était difficile à maîtriser. Leur mise à feu connaissait de nombreux ratés. Leur portée était limitée. Sans compter que ces fusils dégageaient au moment du tir un énorme nuage de fumée noire très gênant.

Ces caractéristiques apparurent comme des tares impardonnables au fur et à mesure qu'on parvenait à les faire disparaître. Dès les années 1830, l'amorce de cuivre au fulminate de mercure limita les ratés, cependant que le canon rayé puis la balle Minié augmentaient la portée des armes et rendaient le tir beaucoup plus précis. Au milieu du siècle, l'invention du chargement par la culasse permit d'accélérer la cadence de tir, tout en autorisant désormais la position couchée. Les carabines à répétition apparurent dans les années 1870 et, dans les années 1880, l'invention de la poudre sans fumée permit de généraliser leur usage, le tireur n'étant plus aveuglé dès le premier coup de feu. Les balles explosives, enfin, furent mises au point à la fin du siècle[14].

Ces évolutions techniques s'accompagnèrent d'un véritable engouement pour les armes à feu. Les expositions universelles et la presse illustrée rendaient compte de leurs fantastiques progrès. Lee-Enfield, Chassepot, Snider, Martini-Henry, Colt, Gras, Winchester, Kropatschek, Lebel, Lee-Metford, Mauser devinrent des noms communs. Les auteurs de romans d'aventures pour enfants – Jules Verne, Karl May, George Alfred Henry, Emilio Salgari – les célébrèrent dans d'innombrables scènes de chasse. Il ne s'agissait pas seulement d'une ode au progrès. Les anthropologues ont souligné à quel point l'attachement de l'homme à son fusil est extrême, l'arme étant à bien des égards un prolongement du corps et, dans le cas du fusil, un prolongement à la symbolique sexuelle évidente[15]. La forme de l'objet et sa puissance signifiaient autre chose encore que des capacités accrues de destruction. Les mutations du fusil avaient aussi des conséquences sur la façon dont les chasseurs se percevaient eux-mêmes.

La première de ces conséquences fut certes l'accroissement du sentiment de puissance. Aux alentours de 1890, un chasseur avec une carabine à répétition et des balles explosives était capable de destructions infiniment plus grandes que cinquante ans plus tôt. Mais cela n'allait pas sans ambiguïtés. Les chasseurs de la fin du XIXe siècle pouvaient espérer abattre plus d'animaux que jamais – et des animaux plus grands que jamais. Mais ils étaient bien conscients que cela réclamait moins de force,

14. Daniel Headrick, *Tools of Empire : Technology and European Imperialism in the Nineteenth Century*, Oxford, Oxford University Press, 1981.
15. Stéphane Audoin-Rouzeau, *Combattre. Une anthropologie historique de la guerre moderne (XIXe-XXIe siècle)*, Paris, Seuil, 2008, p. 252-259.

d'adresse et de talent qu'auparavant. La pente du siècle était donc double : la puissance des chasseurs s'accroissait cependant que leur mérite diminuait. En Grande-Bretagne, des femmes participaient désormais à des chasses au renard. N'était-ce pas le signe que quelque chose avait changé ?

Un troisième facteur de renouvellement des émotions liées à la chasse tient au réaménagement de la frontière entre civilisation et sauvagerie. Au tournant des XVIIIe et XIXe siècles, le goût croissant pour le monde sauvage – la quête des effrois sublimes précédant en l'occurrence la codification de l'esthétique romantique – s'accompagna du sentiment d'un processus accéléré de civilisation. Tout semblait concourir à l'éradication de la sauvagerie en Europe. Dans la première moitié du XIXe siècle, les autorités municipales des villes en plein développement interdirent pour des raisons de sûreté l'exhibition des bêtes sauvages à l'occasion des foires. On n'avait jamais autant montré d'animaux exotiques, c'est vrai, mais les conditions de leur présentation avaient considérablement changé. Apparus au début du siècle, les jardins zoologiques ordonnaient dorénavant le monde sauvage sur le modèle des musées, ne donnant à voir que des spécimens soumis à la rationalité humaine. Au même moment, les cirques se peuplaient de fauves que dompteurs et dresseurs réduisaient au statut d'auxiliaires du spectacle. Panthères, tigres et lions étaient peut-être considérés comme des fauves cruels – et non plus comme ces curiosités qu'ils étaient encore au XVIIIe siècle – mais le « frisson sauvage » qu'ils suscitaient illustrait d'abord la capacité de l'humanité à dominer le règne animal[16].

Alors que les ours et les loups avaient presque disparu des forêts et des montagnes d'Europe occidentale, il semblait

16. Éric Baratay et Élisabeth Hardouin-Fugier, *Zoos. Histoire des jardins zoologiques en Occident (XVIe-XXe siècles)*, Paris, La Découverte, 1998, p. 180-210.

évident que la sauvagerie tendait à se réfugier dans les lieux les plus reculés du monde. À partir des années 1820, l'engouement pour l'œuvre de Fenimore Cooper exprima ainsi les désirs d'une vie de chasseur désormais impossible en Europe. Les possibilités offertes par l'Amérique de Bas-de-Cuir étaient pourtant limitées. Cooper prenait soin de préciser qu'il peignait un monde disparu, celui de la fin du XVIIIe siècle. Les voyageurs de l'époque romantique, Chateaubriand en tête, lui emboîtèrent le pas en soulignant à quel point, en l'espace de deux générations, les forêts de Nouvelle-Angleterre étaient devenues parfaitement civilisées. De plus, Bas-de-Cuir n'avait affaire qu'à des animaux jugés assez peu dangereux : depuis Buffon, il était bien entendu que la faune du Nouveau Continent, à quelques exceptions près – le grizzly, le jaguar ou le puma – était de taille plus réduite que celle de l'Ancien[17].

Il n'en allait pas ainsi ailleurs. En Afrique et en Asie vivaient ces animaux gigantesques et féroces dont on pouvait contempler des spécimens dans les jardins zoologiques et les ménageries ambulantes – ou encore sur ces gravures que la technique du bois de bout permettait de diffuser dans des proportions inouïes. Pour la plupart d'entre elles, ces bêtes étaient connues en Europe depuis très longtemps. Mais elles représentaient désormais aux yeux des chasseurs, pour la première fois, le moyen de connaître des émotions devenues inaccessibles dans le monde que l'on disait civilisé.

Or l'expérience de ces émotions était rendue possible du fait d'un quatrième et dernier renouvellement : la politique impériale moderne. Les conséquences de celle-ci furent immenses. Dans un premier temps, les colons européens commencèrent par exporter leurs propres pratiques de chasse en Afrique et

17. Philippe Roger, *L'Ennemi américain. Généalogie de l'antiaméricanisme français*, Paris, Seuil, 2002.

en Asie. Les Britanniques adaptèrent ainsi un peu partout leur goût singulier pour la chasse au renard, que méprisaient tant les chasseurs français. Ils n'emportaient certes pas leurs magnifiques meutes de chiens. Le plus souvent, ils ne trouvaient même pas de renards et pourchassaient des chiens sauvages ou des hyènes, en s'aidant de meutes dépareillées. Ces tentatives de transposition de chasses européennes allaient de toute façon s'effacer devant les possibilités nouvelles offertes par les territoires conquis.

Outre-mer, les colons retrouvèrent en effet les anciennes fonctions de la chasse. La destruction des animaux nuisibles, la recherche de nourriture, le commerce des peaux ou de tout autre attribut du cadavre, à commencer par les défenses d'éléphants, redevenaient des raisons de chasser. Associées au pouvoir de destruction croissant des armes à feu, elles furent à l'origine des exterminations les plus massives que, de mémoire humaine, on ait pu observer à la surface de la Terre.

En ce domaine, l'Amérique du Nord servit de champ d'expériences, qu'il s'agisse de la chasse aux animaux à fourrure organisée par les grandes compagnies du Canada britannique, telle l'Hudson Bay Company, ou de la dévastation des troupeaux de bisons. Dans les années 1860, les chasseurs, à commencer par le célèbre William F. Cody, dit « Buffalo Bill », commencèrent par alimenter en viande de bison les cohortes d'ouvriers qui construisaient le chemin de fer transcontinental des États-Unis d'Amérique. Ils reçurent bientôt le soutien des grands éleveurs, lesquels utilisèrent les territoires des bisons pour l'établissement d'immenses troupeaux de bêtes à cornes beaucoup plus rentables. Quant aux autorités des États-Unis, elles ne voyaient que des avantages à l'extermination d'une espèce animale à laquelle une grande partie des Amérindiens devaient leur existence. Au cours du XIXe siècle, le nombre de bisons d'Amérique du Nord passa ainsi de 60 millions à guère plus d'un millier. Cette extermination s'accompagna de celle des antilopes à cornes fourchues, également originaires des prairies de l'Ouest : des 30 à 40 millions d'individus présents en 1800, il n'en restait que 200 000 un siècle plus tard.

En Asie et en Afrique, les choses étaient un peu différentes. La volonté de protéger les cultures coloniales conduisit certes à de grandes campagnes d'extermination des bêtes sauvages : ainsi les tigres, dans certaines régions de l'Inde, ou les lions et les panthères d'Algérie, à partir des années 1840. La destruction des éléphants d'Afrique commença à peu près au même moment en raison de la valeur marchande de l'ivoire (et ce fut également vrai, quoiqu'à un moindre degré, pour les rhinocéros et les hippopotames, dont on commercialisait les cornes et les dents). En Afrique orientale, on tuait chaque année 30 000 éléphants vers 1850, 60 à 70 000 vers 1880. Entre 1880 et 1910, environ 2 millions d'individus y furent abattus. Ce fut encore pire en Afrique du Sud. On estime qu'entre 1887 et 1908 quatorze espèces de mammifères, dont le couagga et le bluebock, y furent anéanties[18].

Dans le cadre particulier des colonies européennes d'Afrique et d'Asie, la chasse aux animaux sauvages acquit néanmoins d'autres significations[19]. Sur la plupart des territoires où ils s'établirent, les colonisateurs furent en effet confrontés à l'existence de séduisantes pratiques de chasse. Comme en Europe, celles-ci étaient étroitement liées aux hiérarchies sociales. Les colons européens se les approprièrent dans la mesure même où

18. Éric Hobusch, *Histoire de la chasse des origines à nos jours*, *op. cit.* Voir aussi Edward I. Steinhart, *Black Poachers White Hunters. A Social History of Hunting in Colonial Kenya*, Oxford, James Currey, 2006.

19. Sur ces significations impériales des grandes chasses, voir les travaux de John M. MacKenzie, déjà cités, à qui les paragraphes qui suivent doivent beaucoup.

elles apparurent comme un moyen symbolique de déposséder les autorités locales de leurs prérogatives. Les représentations associées aux bêtes renforcèrent cette politique. Tuer le « roi des animaux », c'est-à-dire le tigre en Inde ou le lion en Afrique, permettait de manifester son pouvoir exactement au même titre que le cerf d'Europe avait été défini, aux Temps modernes, comme du gibier royal.

Les colons reprirent aussi les étonnantes pratiques ostentatoires de la chasse qu'ils pouvaient observer sur place. L'Inde moghole fut en l'occurrence, à la fin du XVIIIe siècle, un révélateur de modèles. Les Britanniques s'y convertirent à ce qui allait devenir la plus somptuaire de toutes les grandes chasses : la chasse au tigre à dos d'éléphant. Assis dans des sortes de palanquins appelés *howdahs*, munis de leurs meilleurs fusils, les chasseurs partaient à la poursuite des tigres en étant accompagnés d'un très grand nombre de domestiques et de soldats, ainsi que de ces guides locaux appelés *shikaris*, qui devaient rabattre le gibier. La magnificence de ces chasses était sans commune mesure. Lorsqu'en décembre 1882 le duc de Portland partit pour une grande chasse au Népal en compagnie de ses amis lord Beresford, lord Grey, fils du vice-roi des Indes, lord Ripon et lord Wenlock, ils étaient accompagnés de 700 éléphants. Des expéditions de ce genre avaient aussi une fonction diplomatique. Elles étaient le moyen de rencontres et de politesses. Les représentants de la Couronne et les princes indiens s'y côtoyaient, particulièrement dans les États de l'intérieur, où les Britanniques n'exerçaient qu'une autorité limitée. Du point de vue britannique, les grandes chasses étaient un moyen de s'inscrire légitimement dans l'histoire longue des envahisseurs de l'Inde.

De telles pratiques essaimèrent dans de nombreux territoires coloniaux. Elles confortèrent un sentiment souvent exprimé par les Européens expatriés : celui de bénéficier d'un statut social impensable dans leurs pays d'origine. On disait volontiers au XIXe siècle que la démocratie était l'avenir de l'Europe (une prédiction dont l'accomplissement s'accompagna toutefois d'infinies nuances). L'Afrique et l'Asie, en revanche, apparaissaient comme les derniers refuges de sociétés traditionnelles, où princes et rois disposaient d'un pouvoir absolu sur leurs sujets. Le désir de vivre une vie féodale – et de la vivre dans des conditions seigneuriales – n'entrait pas pour rien dans la fascination exercée par les grandes chasses. L'ancien lien symbolique qui unissait la chasse et la noblesse s'en trouvait renouvelé.

Ce cadre se mit progressivement en place à partir de la fin du XVIIIe siècle. La gloire des exploits individuels, la puissance nouvelle de l'armement, le désir d'affronter le monde sauvage résiduel et la situation coloniale créèrent les conditions d'épanouissement des grandes chasses, dont l'âge d'or dura des années 1840 à la fin du XIXe siècle. À cette époque, il n'était guère d'émotions fortes plus désirables que la rencontre du chasseur et de la bête fauve.

Rencontrer la bête fauve

Les bêtes fauves n'avaient pas toujours été des « fauves ». *Fauve* avait d'abord été une couleur, laquelle avait permis de désigner certains animaux au pelage ocre orangé ou brun rougeâtre, tels les cerfs et les daims. Elle ne devint le nom des bêtes sauvages et féroces, le plus souvent des félins, qu'à partir de l'extrême fin du XVIIIe siècle. À sa façon, ce changement témoigne lui aussi de la vigueur nouvelle de l'association entre la sauvagerie et l'éloignement (éloignement de l'Europe d'abord, puis de cet ensemble vaste et flou qui englobait aussi une bonne part de l'Amérique du Nord et qu'on nommait de plus en plus volontiers « Occident »).

Il était bien entendu que les fauves se trouvaient aux confins du monde connu, c'est-à-dire au cœur mystérieux des continents, tout particulièrement de l'Afrique. Les îles, si grandes soient-elles, en étaient dépourvues. Les kangourous et les chiens sauvages de l'Australie furent toujours considérés comme un médiocre gibier, de même que ces cochons devenus sauvages que les équipages du capitaine Cook avaient introduits en Nouvelle-Zélande. En revanche, par-delà les troupeaux d'antilopes, de girafes et de buffles de diverses espèces, deux sortes d'animaux fascinaient les chasseurs européens : les grands félins (lions, tigres, panthères, léopards, guépards), d'une part ; les bêtes gigantesques et bizarres (éléphants, rhinocéros, hippopotames, gorilles, crocodiles), d'autre part. À leur sujet, on parlait volontiers de « monstres ».

Le prestige de ces animaux fut contemporain de celui de l'exploration puis de la colonisation de l'Asie et de l'Afrique. Le tigre indien vint le premier, bientôt suivi des grands mammifères d'Afrique du Sud, au fur et à mesure que l'implantation britannique contraignait les Boers à se retirer dans l'intérieur des terres. Puis ce furent les panthères et les lions d'Algérie, exterminés afin de civiliser le nouveau territoire colonial français. Enfin vinrent les animaux d'Afrique équatoriale. Une des dernières figures animales de la sauvagerie, le gorille, émergea en Europe dans les années 1860.

En ces temps d'expéditions géographiques, et alors que les chasseurs étaient plus que jamais définis par leurs exploits individuels, chacune de ces espèces fut d'abord associée à un nom célèbre. Dans la France du milieu du XIXe siècle, les éléphants appartenaient ainsi à Adulphe Delegorgue, les lions à Jules Gérard et les panthères à Charles Bombonnel[20]. Quant à Paul

20. Voir notamment Adolphe d'Houdetot, *Chasses exceptionnelles. Galerie des chasseurs illustres*, Paris, 1855.

du Chaillu, il s'honorait d'avoir fait découvrir au monde civilisé les mœurs de ces gorilles si étonnamment semblables à l'homme et en même temps tellement épouvantables avec « leur coutume de se battre la poitrine lorsqu'ils sont furieux[21] ». Ce partage des espèces entre les grands chasseurs s'accompagna d'une âpre compétition pour savoir quel était l'animal le plus dangereux ou, pour le dire autrement, quel était le chasseur le plus héroïque. Gérard et Bombonnel, qui chassaient tous les deux sur le même territoire algérien, furent de parfaits exemples de cette course à la gloire[22]. Le premier tenait la chasse au lion, dans laquelle il s'était illustré, comme la plus intrépide de toutes. Le second défendait que la primauté revenait au contraire à la chasse à la panthère, dont il était l'expert incontesté.

Ces querelles de préséance durèrent peu. Très vite apparurent des individus désireux de chasser toutes les espèces animales réputées dangereuses. Ce furent souvent des Britanniques. Bien qu'il fût surnommé « *the lion hunter* », Roualeyne G. Gordon-Cumming, dont les exploits en Afrique du Sud dataient des années 1840, fut sans doute la première incarnation majeure de ce désir nouveau. Il fut suivi de nombreux autres, dont les récits témoignent de l'âge d'or des grandes chasses : Samuel Baker, William Baldwin, Bénédict-Henry Révoil, Frederick Courtney Selous, Édouard Foà, Denys Lyell, James Sutherland, Walter « Karamojo » Bell, Philip Percival, Théodore Lefebvre, etc. Il n'existe aucune étude sur les origines sociales de ces Nemrod

21. Paul du Chaillu, *L'Afrique sauvage. Nouvelles excursions au pays des Ashangos*, Paris, M. Lévy frères, 1868, p. 5. Sur ce personnage, voir Jean-Marie Hombert et Louis Perrois (dir.), *Cœur d'Afrique. Gorilles, cannibales et pygmées dans le Gabon de Paul du Chaillu*, Paris, CNRS Éditions, 2007.

22. Voir Jules Gérard, *Le Tueur de lions*, Paris, Vermot, 1862, p. VII-XI. Paul du Chaillu en tenait évidemment pour la chasse au gorille (*L'Afrique occidentale. Nouvelles aventures de chasse et de voyage chez les sauvages*, Paris, Michel Lévy frères, 1875, p. 59).

d'outre-mer, mais il y a gros à parier que les similitudes avec celles des explorateurs étaient très grandes. Certains, tels Baker ou Foà, furent d'ailleurs considérés tout autant comme des explorateurs que comme des chasseurs. À l'instar de Gordon-Cumming, Gérard ou Selous, ils avaient souvent une expérience dans l'armée. Dans l'ensemble, c'étaient des hommes qui n'étaient pas destinés à accéder à une haute situation dans leur pays natal, mais qui, selon un lieu commun de la propagande impériale de la fin du XIXe siècle, pouvaient espérer y parvenir par le détour des colonies. Ils incarnaient avec éclat la figure moderne du chasseur ennobli par sa seule science de la chasse.

On ne dira jamais assez à quel point cette époque a célébré le fait de donner la mort aux bêtes sauvages. Il y avait pourtant d'autres moyens de rencontrer les fauves dans leur milieu naturel. Les ménageries des muséums d'histoire naturelle européens et nord-américains, fondées sur le modèle de celle de Paris, réclamaient des spécimens vivants de toutes les espèces animales. Elles le demandaient de façon d'autant plus pressante que, dans les conditions de captivité de l'époque, les bêtes mouraient très vite et qu'il fallait perpétuellement les remplacer. Ce besoin engendra la création d'entreprises prospères, à l'image de celle fondée par Carl Hagenbeck à Hambourg. Des « capteurs » furent envoyés à travers le monde entier afin de fournir les ménageries en animaux vivants.

Ces hommes, eux aussi, tuaient abondamment, l'unique manière de capturer un animal vivant consistant à abattre d'abord les femelles allaitantes ou les chefs de troupeaux. Mais, dans la mesure où leur but était la capture et non la mort, ils ne bénéficièrent pas de la même gloire que les chasseurs. L'œuvre de Jules Verne, si fertile en exploits cynégétiques de toutes sortes, ne présente ainsi qu'un seul personnage de capteur : le « naturaliste Mathias Van Guitt, fournisseur ordinaire de pachydermes, tardigrades, plantigrades, proboscidiens, carnassiers et autres mammifères pour la maison Charles Rice de Londres et la maison Hagenbeck de Hambourg[23] ». C'était un homme assez ridicule, ancien professeur d'histoire naturelle, âgé de cinquante ans et portant lunettes, à qui l'enseignement n'avait pas réussi. Verne était pourtant sensible à l'extermination des animaux sauvages, dont il s'inquiéta à plusieurs reprises[24]. Mais, même pour lui – et pour les enfants qui lisaient ses livres –, rien n'égalait la gloire du tueur de fauves. De façon générale, aucun employé des maisons de commerce d'animaux vivants ne connut une célébrité équivalente à celle des grands chasseurs du XIXe siècle. L'émotion procurée par la rencontre de la bête sauvage impliquait fatalement la mort de celle-ci.

Le prestige nouveau des armes à feu y était pour quelque chose. Les chasseurs dissertaient à n'en plus finir sur les mérites comparés des différents fusils à leur disposition. Ils exposaient avec soin leurs opinions sur la bonne taille des munitions ou sur l'intérêt des armes à répétition ou des balles explosives. Dans ce dernier cas, la question du percuteur était essentielle, parce que celui-ci était protégé en temps ordinaire par une calotte et que, écrit Édouard Foà, « cinq fois sur dix [la balle] ne détonne pas, sans doute parce que dans l'émotion du danger on oublie d'enlever le protecteur[25] ». Comment mieux dire que la valeur de l'arme était étroitement liée à la connaissance que son utilisateur avait de ses propres émotions ? Du reste, ceux qui partaient pour de longues campagnes au loin se déplaçaient avec leur moule à balles et leurs réserves de plomb, de poudre et d'amorces. Ils avaient leurs astuces pour façonner leurs propres

23. Jules Verne, *La Maison à vapeur* (1880), Paris, Le Livre de poche, 1968, p. 294-297.
24. Ainsi dans *Vingt Mille Lieues sous les mers* ou dans *Le Pays des fourrures*.
25. Édouard Foà, *Chasses aux grands fauves pendant la traversée du continent noir du Zambèze au Congo français*, Paris, Plon et Nourrit, 1899, p. 8.

munitions. Certains durcissaient le plomb en le faisant fondre avec de l'étain. De telles pratiques, mises au point au fur et à mesure que s'accumulaient les expériences, renforçaient encore l'affection véritable des chasseurs pour leurs armes.

À cela s'ajoute le fait que la chasse au gros gibier impliquait un armement exceptionnel, que les soldats de métier eux-mêmes ne connaissaient pas. La plus remarquable de ces armes nouvelles était le fusil à éléphant, qui apparut à la fin du XVIIIe siècle et demeura à peu près inchangé jusque vers 1870. Il pesait six à sept kilos, se chargeait par la gueule et ne pouvait tirer qu'une seule grosse balle ronde en plomb, de l'ordre de cent grammes. Il nécessitait tout un ensemble de précautions qui conféraient à son utilisateur un prestige particulier. Frederick Selous, qui tua une dizaine d'éléphants en 1872 avec l'un de ces fusils, raconte que le recul l'envoyait chaque fois sur le sol[26]. De plus, le fait de ne disposer que d'une balle – et, pendant longtemps, d'être aveuglé par la fumée noire dégagée par le coup de feu – imposait de se jeter le plus vite possible sur le côté au cas où l'animal blessé chargerait après avoir été touché. Les récits de chasse ressassaient les histoires de ces chasseurs qui, pour une raison ou une autre, avaient ainsi trouvé la mort, piétinés par l'éléphant ou le rhinocéros qu'ils avaient blessé.

De tels risques constituaient un des éléments les plus fascinants des grandes chasses. Ils n'étaient possibles qu'avec les fauves et les très grandes bêtes. Les autres mammifères ne procuraient pas les mêmes émotions. La plupart du temps, ils étaient du gibier secondaire, dont on ne se vantait que pour en avoir tué des quantités phénoménales. Au milieu du XIXe siècle, les Britanniques des Indes inventèrent néanmoins un genre de chasse particulier,

26. Édouard Foà, *Mes Grandes chasses dans l'Afrique centrale* (1895), Paris, Pygmalion, 1988.

destiné à compenser le caractère inoffensif de ces animaux. Ils l'appelèrent le *pigsticking*[27]. Cela consistait en une chasse effectuée à cheval, au moyen exclusif d'une lance, le plus souvent à l'assaut de certaines espèces de cochons sauvages. Les amateurs de *pigsticking* répudiaient donc les fusils en plein perfectionnement au profit d'une sorte de *sport* qui, par le cheval et par la lance, empruntait beaucoup à l'imaginaire des anciens chevaliers. Robert Baden-Powell estimait que, au *pigsticking*, le chasseur tuant le cochon de sa lance avait quelque chose de saint George combattant le dragon. Certains se représentaient peut-être les choses ainsi. On doit surtout remarquer que cette pratique originale résultait de la volonté de rechercher ces émotions fortes que, dans le cas de la chasse aux cochons sauvages, les armes modernes rendaient impossibles à éprouver autrement.

Ce fut la belle époque des trophées. La décoration d'intérieur – une des grandes affaires du XIXe siècle – s'ouvrit aux animaux empaillés[28]. L'avènement de la profession de taxidermiste fut ainsi contemporain de l'émergence de l'expression « trophée de chasse » pour désigner les têtes naturalisées et encadrées des bêtes abattues. Des fusils étaient parfois associés aux trophées, afin de commémorer la victoire du chasseur sur son gibier. Mis en série dans les intérieurs des anciens coloniaux, ils manifestaient également le pouvoir désormais acquis par l'Europe sur les territoires d'outre-mer. Les muséums d'histoire naturelle, qui créaient au même moment des galeries

27. J. A. Mangan et Callum McKenzie, « Pigsticking is the Greatest Fun : Martial Conditioning in the Hunting Fields of Empire », dans J. A. Mangan et Boria Majumdar (eds.), *Militarism, Sport, Europe : War without Weapons*, Londres, Frank Cass, 2003, p. 97-119. Pour une description étonnée de cette pratique par un chasseur français, voir Jules Gérard, *Le Mangeur d'hommes*, Paris, Dentu, 1863, p. 1-22.
28. John M. MacKenzie, *The Empire of Nature : Hunting, Conservation and British Imperialism*, *op. cit.*

d'animaux empaillés, fournissaient une caution scientifique à cette célébration de la domination européenne sur les confins du monde. Au tournant des XIXe et XXe siècles, le duc Philippe d'Orléans, fils aîné du comte de Paris, se constitua ainsi la plus grande collection au monde de trophées d'animaux tués et rassemblés par un seul individu[29]. À sa mort, en 1926, il en fit cadeau au Muséum d'histoire naturelle de Paris, où le visiteur peut aujourd'hui encore contempler une tigresse agrippée au *howdah* du duc. La forme particulière donnée à ce trophée rappelait une aventure de chasse à dos d'éléphant, que le duc d'Orléans avait consignée avec soin dans un récit publié en 1892[30]. Le cas nous dit assez à quel point le trophée servait aussi à rappeler le souvenir des émotions ressenties à l'occasion des grandes chasses.

Ce n'était pas qu'une question de scénographie. Les chiffres étaient très importants. On mesurait les bois, les cornes, les défenses des animaux tués ainsi que, dans le cas des fauves, la longueur de la peau, du mufle à l'extrémité de la queue. Le nombre et la taille des bêtes disaient la performance et permettaient d'évaluer les mérites respectifs des chasseurs. Peut-être ces mesures exprimaient-elles aussi la victoire de la rationalité supposée de l'Europe sur le monde sauvage. En tout cas, les récits de chasse publiés se concluaient volontiers par une énumération dont il faut comprendre, à rebours de nos sensibilités actuelles, qu'elle était source de fierté. À l'occasion de sa première expédition de chasse au Népal, en 1882, le duc d'Orléans s'enorgueillissait d'avoir tué à lui seul 2 442 bêtes, dont 12 tigres, 22 crocodiles, 45 singes, 176 perroquets,

29. Nélia Dias, « Les trophées de chasse au Musée du duc d'Orléans », dans Michèle Cros, Julien Bondaz et Maxime Michaud (dir.), *L'Animal cannibalisé. Festins d'Afrique*, *op. cit.*, p. 102.
30. Duc d'Orléans, *Une expédition de chasse au Népaul*, Paris, Calmann-Lévy, 1892, p. 141-144.

216 cerfs et 451 bécassines. On pouvait faire mieux. Dès 1860, dans la seule journée du 24 août, le prince Alfred, deuxième fils de la reine Victoria, avait abattu avec ses invités, sur le fleuve Orange, plus de cinq mille couaggas, blesboks, gnous, koudous, springboks, zèbres et autres animaux[31].

Les exemples du prince Alfred et du duc d'Orléans illustrent par ailleurs le progressif glissement de la pratique des grandes chasses en direction des élites sociales dans la seconde moitié du XIXe siècle. Les fauves et les grands mammifères d'Afrique cessèrent d'être l'affaire des seuls explorateurs et soldats coloniaux. Les représentations de la noblesse qui leur étaient associées attirèrent aussi les membres des anciennes aristocraties. Au début du XXe siècle, la pratique s'étendit même aux nouvelles élites dominantes d'Europe et d'Amérique du Nord. L'avènement du safari moderne coïncida avec ce déplacement social. Le mot *safari*, emprunté à un terme swahili associé à l'idée de voyage, fut en effet popularisé en 1910 par l'ancien président de la République des États-Unis d'Amérique, Theodore Roosevelt, à l'occasion de la publication de son récit de chasse en Afrique orientale, *African Game Trails*[32]. Il allait désigner une mode que suivirent une partie des élites du XXe siècle, à commencer par les hommes politiques de la France républicaine, de Georges Clemenceau à Valéry Giscard d'Estaing. Le safari devint ainsi l'une de ces pratiques originales du voyage, grâce auxquelles les touristes fortunés – et certains artistes – pouvaient manifester leur souci de distinction sociale.

31. Erich Hobusch, *Histoire de la chasse des origines à nos jours*, *op. cit.*

32. Maxime Michaud, « L'œuf ou la pintade ? Safari de chasse et imaginaire sauvage du bestiaire africain », dans Michèle Cros, Julien Bondaz et Maxime Michaud (dir.), *L'Animal cannibalisé. Festins d'Afrique*, *op. cit.*, p 83-98. La chasse de Theodore Roosevelt, très médiatisée, avait été organisée notamment par Frederick Selous.

L'avènement du safari signifia néanmoins un basculement décisif dans l'ordre des représentations des grandes chasses. Non seulement il faisait disparaître toutes les anciennes significations de la chasse – nourriture, protection des cultures, commerce des peaux, des cornes ou des dents –, que les conquêtes coloniales avaient réactualisées. Mais il faisait disparaître aussi l'association de la sauvagerie et des confins, qui avait été si importante au XIXe siècle. Les amateurs de safaris ne partaient plus aux limites du monde connu, en direction d'une vaste *frontière* où toutes les aventures étaient possibles. Ils s'ébattaient dorénavant dans des territoires qui, sous le nom de *parcs*, avaient précisément pour fonction de conserver ce qui restait de la faune sauvage après les grandes tueries d'animaux du siècle précédent. Signe tangible de cette évolution, les chasseurs cessèrent de vouloir tuer le plus d'animaux possible et entourèrent au contraire leurs exploits de multiples proclamations de respect pour les bêtes sauvages et leur environnement.

Plus que le Yellowstone National Park, pensé en 1872 comme une figure identitaire de la *wilderness* des États-Unis, ou que le parc canadien de Wood Buffalo, qui devait protéger à partir de 1893 les dernières centaines de bisons survivants, le modèle de tels parcs fut la Réserve naturelle de Sabi, en Afrique du Sud. Voulue dès 1884 par le président de la République du Transvaal Paul Kruger, elle fut ouverte en 1898[33]. On peut considérer que sa naissance marqua la fin du temps des grandes chasses, désormais vécues sous le signe d'une irrémissible nostalgie. Les sociétés protectrices des animaux sauvages, comme la Society for Preservation of the Wild Game of the Empire, créée en Grande-Bretagne en 1903, ou le Shikar Club, fondé dans l'Inde britannique en 1908, empêchèrent de penser la chasse

33. Jane Carruthers, *The Kruger National Park : a Social and Political History*, Pietermaritzburg, University of Natal Press, 1995.

aux fauves de la même façon qu'auparavant. De Theodore Roosevelt à Juan Carlos Ier d'Espagne en passant par Ernest Hemingway, l'histoire du safari au xxe siècle ne releva plus de la même logique que celle des grandes chasses du siècle précédent[34]. Dès les années 1920, l'invention du safari-photo en témoignait. Pour un nombre toujours croissant de gens, les grandes chasses manifestaient désormais une virilité hors de saison, causant aux animaux des souffrances que plus rien ne semblait justifier et ayant sur la diversité du monde vivant des conséquences catastrophiques. Surtout, elles n'étaient plus associées aux mêmes émotions qu'auparavant.

Émotions vécues, émotions racontées

Pendant un siècle, les grandes chasses avaient en effet représenté le moyen de connaître les émotions les plus fortes. Il est très difficile de faire éprouver au lecteur d'aujourd'hui cette fascination presque entièrement disparue. Si Tartarin de Tarascon nous amuse tant, c'est parce qu'il nous paraît être le héros grotesque d'une aventure qui nous semble elle-même ridicule. Or il faut nous déprendre de ce sentiment. Pour les lecteurs de 1872, si Tartarin était risible, c'était parce qu'il singeait des chasseurs qui, eux, étaient d'authentiques incarnations de l'héroïsme. Jules Gérard, un des principaux modèles de Tartarin, avait été en son temps une gloire sérieuse. En 1857, c'était son portrait en pied que les rédacteurs du *Monde illustré* avaient choisi pour orner la couverture du premier numéro de la nouvelle revue.

34. En avril 2012, le roi Juan Carlos Ier se fracturait la hanche à l'occasion d'un safari au Botswana. La révélation que le vieux roi chassait l'éléphant fit scandale. Le fait que tuer un éléphant coûtait au chasseur autour de 37 000 euros, alors que l'Espagne connaissait une grave crise économique, alimenta les critiques. Mais le safari apparut surtout comme une pratique aussi anachronique que le roi lui-même, lequel abdiqua deux ans plus tard.

Les livres de voyage de la première moitié du XIXe siècle avaient très souvent contenu des récits de chasses aux fauves ou au gros gibier[35]. À partir du succès de *Five Years of a Hunter's Life in the Far Interior of South Africa*, publié par Gordon-Cumming en 1851, les éditeurs multiplièrent les ouvrages exclusivement consacrés à de tels récits[36]. *La Chasse au lion* de Jules Gérard fut, en 1855, le premier succès français. Chaque fois, les auteurs soulignaient qu'au loin, et surtout en Afrique, la chasse était à l'origine d'émotions qu'on ne pouvait pas ressentir en Europe. « Ce sont là de ces émotions que nous n'avons jamais éprouvées, nous autres, pauvres chasseurs à l'eau de rose[37] », écrivait en 1855 Léon Bertrand dans sa préface au livre de Gérard. L'incommensurabilité des émotions ressenties face aux fauves et aux grands mammifères devint un lieu commun des récits de chasses lointaines.

En 1895, Édouard Foà expliquait qu'il était parti pour le Zambèze par dédain des chasses européennes. Il ajoutait : « Ce dont je rêvais, c'était l'imprévu, l'animal, dangereux ou non, rencontré au coin d'un fourré, sa ruse instinctive déjouée par l'expérience humaine, sa défense quelquefois désespérée, et enfin sa mort, due à la fois à la sûreté de main, au coup d'œil, à la prudence et à l'habileté du chasseur[38]. » Tout ou presque était dit dans ces quelques lignes d'un chasseur qui avait aussi été un grand lecteur des récits de ses prédécesseurs,

35. Les récits de chasse à l'éléphant d'Adulphe Delegorgue avaient par exemple été publiés en 1847 dans son *Voyage dans l'Afrique australe*.

36. Alexandre Dumas écrivait que « les voyages qui m'amusent le plus sont ceux qui contiennent des récits de chasse » (avant-propos à Gordon-Cumming, *La Vie au désert. Cinq ans de chasses dans l'intérieur de l'Afrique méridionale*, Paris, Blot, 1860, p. 2).

37. Léon Bertrand, préface à Jules Gérard, *La Chasse au lion*, Paris, Librairie nouvelle, 1855, p. 13.

38. Édouard Foà, *Mes grandes chasses dans l'Afrique centrale*, *op. cit.*, p. 6.

à commencer par ceux de Frederick Selous[39]. Après d'autres, Foà soulignait que les émotions de la chasse ne naissaient pas de la rencontre avec la bête, mais de l'attente. Tous les récits insistaient sur ce point, décrivant avec force détails le long temps de l'affût, le chasseur aux aguets, tout son être mobilisé d'une façon extraordinaire. Le crépuscule favorisait cela, la pénombre exacerbant les sens autres que la vue. Les récits décrivaient les sensations liées à la chaleur, à l'humidité, au vent, les odeurs portées par la nuit. L'ouïe surtout était mise en scène. La variété du vocabulaire des cris animaux permettait de donner au lecteur une idée de la gamme des sons entendus par les chasseurs. Dans le lointain de ces livres on entendait aboyer, baréter, barrir, beugler, chuinter, couiner, craquer, crier, feuler, grogner, grommeler, gronder, grouiner, hennir, hurler, japper, miauler, mugir, piailler, piauler, râler, ricaner, rugir, siffler, souffler, vagir. On frémissait en écoutant les bruits venus d'herbes et de branches agitées par des bêtes que l'on ne voyait pas. « Autant de bruits, autant d'émotions diverses », écrivait Jules Gérard, qui ajoutait à propos d'un de ses affûts, et alors qu'il n'avait toujours rencontré aucun animal : « je puis dire que dans l'espace d'une demi-heure j'en éprouvai assez pour satisfaire un coureur d'aventures[40] ».

Édouard Foà racontait lui aussi comment, « dans ce calme absolu, une feuille qui tombe, une ombre, une petite branche qui craque, sont autant de sujets d'émotion, et le cœur bat plus d'une fois à l'approche d'une inoffensive antilope dont on ignore l'identité[41] ». Bien sûr, ces émotions provenaient de ce que ces ombres et ces bruits pouvaient annoncer une bête bien

39. Le premier livre d'Édouard Foà était dédié à Frederick Selous, auteur en 1881 de *A Hunter's Wanderings in Africa*.

40. Jules Gérard, *Le Tueur de lions*, *op. cit.*, p. 157.

41. Édouard Foà, *Chasses aux grands fauves*, *op. cit.*, p. 174.

plus terrible qu'une antilope – précisément le genre de bêtes que les chasseurs étaient venus trouver. Néanmoins, lorsqu'ils évoquaient leurs émotions, les auteurs de récits de chasse les rapportaient toujours à ces heures d'attente passées aux aguets, et pas à l'instant de la rencontre avec l'animal lui-même.

La brusque vision de la bête était certes pour les chasseurs l'occasion d'une intense émotion, de l'ordre de la stupeur, surtout lorsqu'il s'agissait de leur première grande chasse, ou encore lorsque la bête était d'une taille inattendue[42]. Mais le bon chasseur était précisément celui qui, à ce moment précis, était capable d'une totale maîtrise de soi[43]. La plupart des exploits de chasse résultaient de cette aptitude à passer instantanément des émotions fortes de l'affût au plus grand sang-froid. Ainsi seulement le chasseur pouvait espérer abattre la bête au premier coup de feu. Jules Gérard fournit ici encore le modèle de ce comportement si souvent décrit par la suite :

> Le site où je me trouvais, la voix formidable du monstre, l'obscurité profonde qui m'entourait, tout contribuait à m'impressionner malgré moi. Mais cette émotion se dissipa aussi promptement qu'elle était venue et quand j'aperçus les yeux du lion, brillants comme deux charbons ardents, descendre vers le ruisseau, j'étais tout à fait impassible, quel que dût être le résultat de la lutte[44].

Cette maîtrise des émotions était le résultat d'un apprentissage. Il fallait être capable d'assurer la victoire de l'intelligence sur son propre instinct. Pour établir cette capacité, les auteurs

42. Voir par exemple Jacques Chassaing, *Mes chasses au lion*, Paris, Dentu, 1865, p. 89 et Édouard Foà, *Chasses aux grands fauves*, *op. cit.*, p. 318.

43. Dans *Le Tueur de panthères*, Bombonnel n'utilise ainsi qu'une seule fois l'expression, précisément pour expliquer que ce n'est pas à cause de l'émotion qu'il n'a pas tiré, mais parce qu'il n'a pas vu la bête (Paris, Hachette, 1863, p. 55). Voir sinon, Bénédict-Henry Révoil, *Le Sport américain. Chasses excentriques dans l'Amérique du Nord*, Tours, Mame, 1882, p. 28.

44. Jules Gérard, *Le Tueur de lions*, *op. cit.*, p. 103-104.

des récits de chasse commençaient par brouiller la frontière entre l'homme et l'animal. Ils montraient que le chasseur courait le risque de l'animalité en se laissant dominer par ses émotions. À l'inverse, ils mettaient souvent en scène des bêtes cherchant à se venger de l'homme et échafaudant pour cela des stratégies apparemment intelligentes. La mort de l'animal signifiait un retour à l'ordre du monde après que, pendant quelques instants, celui-ci eût été menacé par le chassé-croisé de l'intelligence et des émotions.

Les romans renforçaient cette leçon en s'affranchissant encore davantage des règles de la vraisemblance (règles que les auteurs de récits de chasse, comme les auteurs de récits de voyage, ne respectaient pas vraiment). Contre la hantise croissante de la finitude du monde et de la disparition de la sauvagerie, ils entraînaient leurs lecteurs en direction des chasses de l'avenir : celles qui prendraient pour gibier les bêtes polaires ou celles des fonds sous-marins, à une époque où les pôles étaient encore inconnus et où l'océan conservait tout son mystère. En 1851, *Moby Dick* célébra pour la première fois la chasse au cachalot. En 1869, Jules Verne faisait du requin le gibier le plus terrible qui se pût imaginer :

> On vous inviterait à chasser l'ours dans les montagnes de la Suisse, que vous diriez : « Très bien, demain nous irons chasser l'ours. » On vous inviterait à chasser le lion dans les plaines de l'Atlas, ou le tigre dans les jungles de l'Inde, que vous diriez : « Ah ! ah ! il paraît que nous allons chasser le tigre ou le lion ! » Mais on vous inviterait à chasser le requin dans son élément naturel, que vous demanderiez peut-être à réfléchir avant d'accepter cette invitation[45].

45. Jules Verne, *Vingt mille lieues sous les mers* (1869), Paris, Gallimard, coll. « Bibliothèque de la Pléiade », 2012, p. 979.

Enfin, il y avait les spectacles. Dans sa préface à la traduction française du récit de Gordon-Cumming, publiée en 1860, Alexandre Dumas racontait sa visite à Londres où, dans Coventry Street, Cumming avait organisé une véritable *exhibition.* Cumming possédait un théâtre dont les abords étaient défendus par une haie de cornes de rhinocéros et de défenses d'éléphants. L'avant-scène était pavée d'immenses écailles. La scène était tapissée de peaux de bêtes fauves et décorée de serpents empaillés et de milliers de cornes de toutes sortes : des courbes, des droites, des tordues, des embranchées, des pointues, des obtuses, des fourchues, des mates, des luisantes, des rugueuses. « C'était le désarmement complet de la garde nationale[46] », écrit Dumas en reprenant le stéréotype du chasseur cocu.

Une à deux fois par jour, quelqu'un jouait du piano et Cumming lui-même apparaissait, vêtu d'un kilt, et racontait sa vie. Il était né en Écosse en 1822, où il avait appris à chasser. En 1839, il s'était engagé dans la cavalerie légère de Madras, aux Indes, puis il était passé chez les *Cape Riflemen* d'Afrique du Sud. En 1843, il était parti pour une grande expédition dans l'intérieur de l'Afrique, qui avait duré jusqu'en 1848. De retour à Londres avec ses trophées et ses souvenirs, il avait monté ce spectacle. Au fur et à mesure qu'il faisait le récit de sa vie et de ses aventures, des tableaux panoramiques représentant les principales vues de ses voyages étaient présentés derrière lui.

Dumas notait avec regret que les Français n'avaient aucune idée de cette sorte de spectacle. Cela viendrait. L'exhibition londonienne de Cumming allait être suivie de nombreuses autres, mettant en scène toutes les sortes de grandes chasses du XIXe siècle. Les plus célèbres aujourd'hui, parce qu'elles semblent rétrospectivement annoncer l'âge de l'*entertainment*, sont celles

---

46. Alexandre Dumas, avant-propos à Gordon-Cumming, *La Vie au désert*, *op. cit.*, p. 3.

qu'organisa William F. Cody, à partir de 1882, sous le nom de « Buffalo Bill ». De fait, les trois tournées européennes du *Buffalo Bill Wild West Show* (1887, 1889-1891, 1905-1907) furent de grands succès populaires, qui accompagnèrent l'avènement du mythe du *Far West*. Elles ne rendent toutefois pas justice à l'imaginaire des grandes chasses du XIXe siècle, qui, ainsi que nous l'avons vu, concernait beaucoup plus les Indes et l'Afrique que l'Amérique du Nord. Jusqu'à la fin du XIXe siècle, les spectacles de Buffalo Bill donnèrent sans doute moins à rêver que les innombrables illustrations qui accompagnaient les livres de grandes chasses, dont Cumming avait offert le modèle et dont Alexandre Dumas tâchait de faire ressentir le pouvoir évocateur :

> Je me jetai sur le livre, et, comme fait un enfant, je courus aux gravures. Les gravures étaient dignes du sujet. C'étaient des éléphants faisant sauter, arbre par arbre, des forêts en l'air ; c'étaient des rhinocéros donnant la chasse au chasseur, au lieu de la recevoir de lui ; c'étaient des myriades de chiens sauvages, la gueule ouverte et la queue roide, entourant le narrateur dans l'intention bien visible de le dévorer ; c'était Gordon Cumming, aidé de son petit Boschisman, tirant par la queue un boa de vingt-cinq pieds de long, ou assassinant, à coups de couteau, un hippopotame dans une mare ; c'était enfin, fixés sur le papier, les rêves les plus fantastiques que puisse faire un chasseur, soit pour son compte, soit pour le compte des autres[47].

Pour le dire comme Jules Gérard, ces récits devaient « initier le lecteur aux émotions et aux sensations diverses[48] » éprouvées par le chasseur. Les illustrations y aidaient. En 1855, Gustave Doré dessinait celles de *La Chasse au lion*. À partir de 1863, celles des *Voyages extraordinaires* magnifiaient les exploits de

47. *Ibid.*
48. Jules Gérard, *Le Tueur de lions*, *op. cit.*, p. 27.

chasseurs. Dès *Cinq semaines en ballon*, Jules Verne proposait à l'admiration de ses jeunes lecteurs le personnage de Dick Kennedy, grand chasseur originaire d'Écosse, que l'illustrateur représentait vêtu d'un kilt – ce qui était alors un hommage appuyé au célèbre Gordon-Cumming.

Les jeunes garçons étaient particulièrement visés par de tels livres[49]. Ils y puisaient, sinon les émotions elles-mêmes, du moins la certitude que l'on s'aguerrissait en apprenant à les maîtriser. Retrouvant une antique tradition, les grandes chasses étaient présentées comme une école de la guerre, telle que le XIXe siècle en renouvelait les formes. Les vastes colonies britanniques n'avaient-elles pas été conquises par des soldats qui étaient aussi de grands chasseurs ? Pour le dire comme une société française d'instruction militaire en 1885, « celui qui de sa carabine vise un tigre d'Asie, un lion ou un rhinocéros africain, doit avoir un cœur de bronze et des muscles d'acier ; car le plus léger tremblement, la moindre des émotions serait une cause de mort[50] ». Or une semblable maîtrise, dans un tel contexte, était un atout pour le combat. De la traque au trophée, certaines expériences combattantes déclinèrent dramatiquement, à l'occasion des guerres coloniales, ces pratiques des grandes chasses dont les Européens avaient nourri leur imaginaire depuis la fin du XVIIIe siècle[51].

---

49. John M. MacKenzie, « Hunting and Juvenile Literature », dans Jeffrey Richards (ed.), *Imperialism and Juvenile Literature*, Manchester, Manchester University Press, 1988, p. 144-172.
50. Cité dans Sylvain Venayre, *Panorama du voyage. 1780-1920. Mots, figures, pratiques*, Paris, Les Belles Lettres, 2012, p. 421.
51. Lancelot Arzel, « Du gibier au colonisé ? Chasse, guerre et conquête coloniale en Afrique (France, Royaume-Uni, Belgique, 1870-1914) », dans Amory Lorin et Christelle Taraud (dir.), *Nouvelle Histoire des colonisations européennes. XIXe-XXe siècles. Sociétés, cultures, politiques*, Paris, PUF, 2013, p. 15-25. Voir aussi Grégoire Chamayou, *Les Chasses à l'homme. Histoire et philosophie du pouvoir cynégétique*, Paris, La Fabrique des éditions, 2010.

14.

Pour ne pas servir l'empire

Si répandue soit-elle, l'expression « l'aventure coloniale » ne repose – ou plutôt ne devrait reposer – sur aucune évidence logique. Présente dans bien des genres de discours, elle s'est imposée comme naturelle avec une force telle qu'un effort intellectuel est devenu nécessaire pour revenir à ses imprécisions premières.

Les termes « aventure coloniale » impliquent en effet deux univers dont la réunion est problématique. L'adjectif « colonial », d'une part, renvoie au monde des décisions politiques, celles qui ont commandé les colonisations, différentes selon les époques et selon les pays, mais unies par une même définition minimale du fait colonial, à savoir l'exploitation d'un territoire par un peuple qui n'en est pas originaire (chacun de ces termes posant de nombreux problèmes). Le substantif « aventure », d'autre part, renvoie à un monde d'abord discursif, voire narratif, une aventure étant le nom que l'on choisit de donner, pour des raisons qu'il faut élucider, à un événement que l'on pourrait sans doute nommer autrement – que l'on pourrait nommer, en particulier, « histoire ». « L'aventure coloniale » semble ainsi manifester la volonté de ne pas parler exactement d'« histoire coloniale », de raconter autre chose que la seule histoire des politiques et des pratiques qui ont conduit à l'établissement de la situation coloniale (ou plutôt d'une situation coloniale, à une époque et en un lieu précis). La réunion des termes « aventure coloniale » tend à exprimer ce que j'appellerai ici un *imaginaire social*, c'est-à-dire un système de représentations, partagé par l'ensemble d'une société et dont les études historiques ont pour premier devoir d'étudier les évolutions dans le temps. Tâchons donc de penser « l'aventure coloniale » non pas comme un donné de l'histoire, mais comme un discours, historiquement et socialement construit, aux fins politiques ambiguës.

L'aventure coloniale

Considérons le riche dossier des affirmations selon lesquelles la colonisation serait née – ou en tout cas aurait été grandement favorisée – par l'expression du désir d'aventure.

La figure par laquelle ce discours s'est cristallisé est celle de l'aventurier, l'homme dont les aventures auraient fait advenir la politique de colonisation. De cette figure, on peut donner de multiples incarnations. On a vu ce qu'il en était de Gaston de Raousset-Boulbon, dont l'aventure en Sonora a été désignée comme l'étincelle qui alluma l'incendie de l'expédition mexicaine de Napoléon III[1]. Comme l'écrivait en 1873 un historien du Second Empire :

> [...] les cinq balles qui lui trouèrent la poitrine après la défaite de Goyacos [sic] en Sonore ont emporté son secret ; mais l'appui qu'il trouva tout de suite chez les agents du gouvernement impérial au Mexique et l'indifférence qu'ils lui témoignèrent lorsqu'il fut mis en jugement, semblent le mettre au rang des aventuriers qu'on renie ou qu'on récompense selon leur fortune[2].

Cette définition des « aventuriers qu'on renie ou qu'on récompense selon leur fortune » a connu un grand succès pendant la période coloniale moderne. Le modèle souvent donné était James Brooke, ce Britannique devenu en 1842 rajah de Sarawak et dont la reine Victoria avait reconnu la

---

1. *Cf. supra*, chapitre 9.
2. Taxile Delord, *Histoire du Second Empire*, tome III, Paris, Baillière, 1873, p. 289.

souveraineté, se contentant d'établir son petit territoire du nord de l'île de Bornéo comme un protectorat de la Couronne. Dans les années 1880, un Français, rapidement présenté comme un aventurier heureux[3], Marie-Charles David de Mayrena, prétendit s'être fait proclamer, de la même façon que Brooke et Raousset-Boulbon, chef d'un État colonial – en l'occurrence roi du peuple sédang sur les hauts plateaux indochinois. De fait, sa correspondance de 1888 avec le résident général de la France à Qui-Nhon, Charles Lemire, donne à penser que les autorités françaises au Tonkin avaient pris au sérieux « l'opération hardie » de Mayrena auprès de peuples indépendants. Comme l'écrivait alors le résident Lemire, il aurait été possible « de tirer de l'ensemble des faits [de l'aventure de Mayrena] un parti avantageux à la France[4] ». Si la vie personnelle de Mayrena, de retour en France en 1889 et mort deux ans plus tard, fut finalement un échec de ce point de vue, un de ses biographes le définissait à la fin des années 1930 comme un homme appartenant à « la race de ces grands aventuriers à qui il suffit d'un peu de chance pour sortir de l'irrégularité et devenir ce que les manuels appellent des "pionniers de l'idée coloniale"[5] ». Du livre d'histoire de 1873 à celui-ci, qui date de 1937, on peut ainsi constater la belle permanence, et même le renforcement, dans le cadre du discours colonial, de la figure de ces « aventuriers qu'on renie ou qu'on récompense selon leur fortune ».

Les « manuels » dont il est question s'emparèrent d'ailleurs de celle-ci. Dans l'un d'entre eux, *La Politique coloniale de*

3. Constant Améro, « Un aventurier français en Indo-Chine », *Journal des Voyages*, n° 609, 10 mars 1889.

4. Voir les dossiers 11883 à 11897 de la série F5 du Gouvernement général de l'Indochine, conservés aux Archives d'Outre-mer d'Aix-en-Provence.

5. Jean Dorsenne, *Un boulevardier roi des sauvages*, Paris, Éditions de France, 1937, p. 1.

la France, d'Albert Duchêne, publié en 1928, la préface de Gabriel Hanotaux, ancien ministre et historien de la colonisation, résolument favorable à celle-ci, exposait franchement l'idée selon laquelle toute colonisation serait, dans son principe, une affaire d'aventuriers. Il expliquait ainsi, à travers l'exemple de l'Indochine, « comment se sont faites nos colonies » :

> Au début de l'entreprise, il y a un homme. Un homme seul, inconnu et même, d'ordinaire, assez mal coté, parce qu'il a une idée fixe, ses projets à lui qui dérangent ceux des autres. [...] Jules Ferry est ministre : un homme demande à être reçu, un homme un peu lourd, un peu fruste, assez mal ficelé, portant lunettes, moitié subrécargue, moitié aventurier. Il s'appelle Dupuis ; il arrive du Tonkin. Le Tonkin ! C'est si loin !... Il est introduit : Jules Ferry l'écoute, comme il sait écouter, les ongles aux dents ; il le fait revenir, étudie, consulte ; et voilà que s'allume « l'affaire du Tonkin » ; d'où, un jour, l'Indochine française[6].

Cette même année 1928, un *Essai sur la psychologie de l'aventure* parvenait à la même conclusion générale à propos du « roi des sédangs » :

> Tous [ces aventuriers], bon gré, mal gré, collaborèrent à une même œuvre ; unis dans la diversité de leurs aspirations, de leurs sentiments et de leurs moyens par ce goût de l'aventure, ils se mirent au service de cette grande force qui poussait les hommes vers la colonisation. Leur vanité, leur cupidité, leur inquiétude sans raison, leur besoin de domination, leur esprit de prosélytisme contribuèrent, par des voies souvent imprévues, à étendre sur un nouveau territoire l'autorité française[7].

6. Gabriel Hanotaux, préface à Albert Duchêne, *La Politique coloniale de la France. Le Ministère des Colonies depuis Richelieu*, Paris, Payot, 1928, p. IX.
7. Marcel Ner, « Essai sur la psychologie de l'aventure. Marie Ier, roi des Sédangs », *Revue indochinoise illustrée*, n° 21, mars 1928, p. 398.

On n'en finirait pas d'aligner les pièces du dossier tendant à prouver la profonde correspondance entre les actions des aventuriers et la politique coloniale. Les traités d'économie politique de la fin du XIXe siècle théorisèrent même le fait, en reprenant une morale qui renvoyait, sur le temps long, à la philosophie augustinienne : il existerait de grandes passions humaines dont l'assouvissement pourrait transformer le monde en chaos – et le désir d'aventure était perçu, à la fin du XIXe siècle, comme une de ces passions. Reprenant une métaphore issue de la thermodynamique, très répandue au XIXe siècle, ces auteurs définirent les colonies comme des « soupapes de sûreté » permettant l'évacuation du désir d'aventure. Pour le dire comme le *Dictionnaire d'économie politique* de Joseph Chailley, en 1891, les colonies permettaient de se débarrasser utilement des « esprits aventureux[8] » qui, demeurés en France, risqueraient de déséquilibrer la société. En 1905, le prix Goncourt fut décerné aux *Civilisés* de l'ancien officier de marine Claude Farrère, lequel désignait les aventuriers comme le « fumier humain[9] » que l'on devait jeter sur les territoires coloniaux et sur lequel on ferait pousser, à l'avenir, les fleurs de la civilisation.

Dans les années 1930 encore, la gloire du personnage qui, en France, posait le plus visiblement à l'aventurier, Henry de Monfreid, s'accompagna de l'idée selon laquelle celui-ci, ainsi que s'en émerveillait Joseph Kessel, avait rêvé « de donner, seul, les îles Farsan à la France[10] ». Dans un livre de souvenirs intitulé *Aventures de mer*, Monfreid détailla comment il s'était rendu compte, en 1915, que les Turcs avaient évacué les îles Farsan, en mer Rouge ; comment il avait projeté d'y fonder

8. Cité dans Charles-Robert Ageron, *France coloniale ou parti colonial ?*, Paris, Seuil, 1978, p. 59.

9. Claude Farrère, *Les Civilisés* (1905), Paris, Kailash, 1997, p. 100.

10. Joseph Kessel, *Marchés d'esclaves* (1930), Paris, U.G.E., 10/18, 1984, p. 43 et suiv.

un établissement français, qui eût pu permettre à la France de s'approprier lesdites îles ; comment Gaston Doumergue, alors ministre des Colonies, l'avait reçu et lui avait dit qu'il ne pouvait lui donner aucune mission officielle, « mais que plus tard, devant le fait accompli, son collègue des Affaires étrangères saurait en tirer le meilleur parti[11] ». Malheureusement, Monfreid avait dû renoncer, faute de soutien de la part du gouvernement, et les îles Farsan étaient passées sous contrôle britannique. Henry de Monfreid vantait du reste explicitement, dans les années 1930, « le goût de l'aventure, origine de l'expansion coloniale[12] ». Un tel système de représentations était solidement mis en place depuis, au moins, le milieu du XIXe siècle.

Le discours anticolonialiste moderne, dès ses balbutiements, a repris à son compte cette figure de l'aventurier au service de la colonisation. C'est le cas dans le roman de Joseph Conrad *Cœur des ténèbres* – un livre de 1898, dont la situation est certes compliquée dans l'histoire de l'anticolonialisme. Lorsque le héros, Marlow, parvient, à l'issue de sa lente remontée du fleuve qui est certainement le Congo, à l'endroit où l'Européen Kurtz a établi son mystérieux empire sur un ensemble de populations africaines, il tombe sur un « jeune Russe », échappé de son collège, embarqué sur plusieurs navires, parti toujours plus loin au point de douter lui-même qu'il lui soit possible de revenir – et aujourd'hui tout entier dévoué à Kurtz :

> Il était devant moi, en habit bariolé, comme s'il venait de s'échapper d'une troupe de baladins, enthousiaste et fabuleux. Le seul fait de son existence était invraisemblable, inexplicable, complètement déconcertant. Il était un de ces problèmes qu'on ne résout pas.

11. Henry de Monfreid, *Aventures de mer* (1932), Paris, Grasset, 1950, p. 11.
12. Henry de Monfreid, *Charras. La Cargaison enchantée* (1940), dans *Aventures en mer Rouge*, tome II, Paris, Grasset, 1989, p. 346.

Et Marlow d'en proposer la description suivante :

> Il avait l'air d'un arlequin. Ses vêtements étaient faits de ce qui sans doute avait été autrefois de la toile brune, mais ils étaient entièrement couverts de pièces éclatantes, bleues, rouges, jaunes – pièces dans le dos, sur le devant, sur les coudes, aux genoux ; ganse de couleur au veston, ourlet écarlate au bas de son pantalon ; et le soleil le faisait paraître extraordinairement gai et propre en même temps, parce qu'on pouvait voir avec quel soin ce rapiéçage avait été fait.

« Si jamais l'esprit d'aventure, absolument pur, désintéressé et chimérique posséda un homme », conclut Marlow, « c'était bien cet adolescent tout rapiécé[13] ». Or cette description du jeune Russe fait écho, dans un roman dominé par les teintes des « ténèbres », au seul autre moment où Conrad fait usage des couleurs vives, c'est-à-dire lorsque Marlow, dans une ville d'Europe qui est certainement Bruxelles, entre dans l'antichambre de la société pour laquelle il vient signer son contrat d'engagement. La pièce qui est ainsi décrite :

> Il y avait une table de bois blanc au milieu, des chaises ordinaires le long des murailles, et au bout de la pièce, une grande carte brillante, bariolée de toutes les couleurs de l'arc-en-ciel. Beaucoup de rouge, qui fait toujours plaisir à voir, parce qu'on sait que là, du moins, on travaille effectivement ; une quantité de bleu, un peu de vert, quelques taches orange et, sur la côte est, une bande pourpre pour indiquer l'endroit où les joyeux pionniers du progrès dégustent la joyeuse bière lager !... Mais il n'y avait là rien pour moi : j'étais destiné au jaune ; tout juste au centre[14] !...

On comprend alors ce que Conrad nous dit en décrivant le rapiéçage de la toile brune qui constitue les vêtements du

13. Joseph Conrad, *Cœur des ténèbres*, édition de J.-P. Stassen et S. Venayre, Paris, Futuropolis/Gallimard, 2006, p. 91-93.
14. *Ibid.*, p. 41.

jeune Russe. À la fin du XIXe siècle, le rapiéçage de la carte d'Afrique, lui aussi, se faisait alors avec soin. Dans les années 1890, les missions de délimitation de frontières commandées par les différents États européens affinaient, au grand soleil, les approximations de la conférence de Berlin. Du point de vue des Européens, l'Afrique avait été autrefois de la toile brune. Elle était maintenant entièrement couverte de pièces écarlates – bleues pour les Français, rouges pour les Anglais, jaunes pour le roi des Belges. Le jeune Russe, qui incarne le goût de l'aventure, porte sur lui l'image contemporaine de la carte d'Afrique : saisissant rapprochement, par lequel Conrad donne à voir l'utilisation de l'esprit d'aventure par un principe colonial dont il cherche alors à dénoncer, sinon le bien-fondé, du moins les pires formes prises par ses réalisations.

Cette subtile démonstration de Conrad, bien d'autres la firent à leur tour, plus explicitement. Citons Paul Nizan, qui écrivait dans *Aden Arabie*, à propos de la fin des années 1920 :

> Dans ces années molles où le dégoût, où l'impatience d'être des hommes montaient dans tous les corps comme des accès de fièvre, une force centrifuge irrésistible attirait les hommes les moins pesants de l'Europe, loin de ce nombril de la terre qu'était peut-être Paris. Ils volaient du côté où les dernières chances paraissaient accrochées à la rose des vents : le prétexte des aventures garantissait la confiance qu'ils ne pouvaient s'empêcher, malgré tout, de conserver à la vie. L'aventure était l'attention merveilleuse qu'ils portaient à leur avenir. Il y avait une grande part de naïveté dans ces entreprises qui avaient rarement une signification commerciale ; mais cette naïveté a des excuses : des écrivains, des philosophes promettaient merveille des voyages. C'était un mot où pendaient bien des ornements littéraires et moraux.
> [...] il y avait dans ce temps cruel dont je parle, des hommes qui voulaient vraiment fuir les niches où les fixaient les chaînes de causes auxquelles ils ne comprenaient presque rien. Ils le

> voulaient sans hypocrisie, sans docilité à des mots d'ordre littéraires : ils n'étaient pas tous des intellectuels adonnés aux délices de leurs raisonnements abstraits. Ni des amateurs oisifs qui aiment les paquebots et les croisières ruineuses, ni des commerçants anonymes. Ces fuites étaient naturelles comme des crimes, des mariages, des suicides, qui sont en tel et tel nombre dans un pays. Les Pouvoirs connaissaient assez bien ces désirs pour les utiliser aux fins les plus brutales de leur activité : le recrutement des marins et des militaires de carrière, la paix sanglante de leurs expériences coloniales. Les affiches de racolage à la porte des gendarmeries, des casernes, des mairies, les articles du « Temps » colonial, exploitaient avec une ruse grossière le désir que des paysans, des ouvriers, des employés pouvaient avoir d'échapper à leur vieille peau[15].

Pour Nizan, il y avait donc une utilisation consciente, et éminemment condamnable, par les responsables de la politique impériale, du thème de l'aventure.

Que les anticolonialistes aient pu reprendre, sans le critiquer davantage, le discours des colonialistes sur l'évidence d'un lien entre le désir d'aventure et la politique coloniale est déjà étonnant. Plus étonnant encore est le fait que les historiens eux-mêmes leur ont emboîté le pas. Lucien Febvre soulignait ainsi que la stimulation de ce désir était l'éperon nécessaire aux conquêtes coloniales. Il évoquait les presses de Séville du XVIe siècle, « occupées à tirer et à retirer, par milliers, des romans d'aventure : en particulier, des *Amadis* qui s'en allaient à fond de cale, vers les Amériques » :

> Et le soir, au bivouac, les compagnons de Pizarre ou d'Almagro tiraient de leur sac un exemplaire de ces livres chargés de dynamisme, et qui, à la mode du temps, leur parlaient d'honneur chevaleresque, d'amour idéalisé, d'idéal conquérant. Ils écoutaient,

15. Paul Nizan, *Aden Arabie* (1931), Paris, Points, 1990, p. 71.

> aventuriers du réel, ces aventures de la chimère. Ils en avaient besoin. C'était leur ration de vitamines spirituelles. Et ils s'endormaient bercés par ces rêveries – qui ne les empêchaient pas, le lendemain, d'être ce qu'ils étaient : cruels, farouches, indomptables sans doute, mais d'autant plus avides de cette élégance, l'attitude chevaleresque, qui les aidaient à se maintenir, à se soutenir au-dessus d'eux-mêmes[16].

Et Febvre de conclure, à cent lieues de l'anticolonialisme de Nizan : « Histoire d'aventures et romans d'aventure : saine littérature. Elle délasse les héros fatigués. Mieux, elle forge des hommes pour les tâches de demain. »

Citons un dernier exemple – encore un historien, le premier à avoir livré une synthèse sur la pénétration de l'idée coloniale en France, Raoul Girardet, pour lequel l'adhésion des Français au principe de la colonisation était due en grande partie, à la fin du XIXe siècle, à « la place essentielle que tend à prendre le monde colonial dans les innombrables romans d'aventure [...] destinés à la jeunesse » :

> Combien de récits dans lesquels se trouve entretenu le lyrisme de la conquête et celui de l'exploration, mêlé à l'évocation minutieuse des terres lointaines, de leur paysage, de leur flore, de leur faune, des mœurs étranges de leurs indigènes [...] ! Combien de jeunes héros à la moustache hardie et à l'esprit entreprenant, débrouillards et gouailleurs et qui se trouvent lancés sur tous les chemins du monde, pionniers de l'Aventure, du Drapeau et de la Civilisation ! L'historien de la sensibilité ne saurait négliger cette littérature. Plus sans doute que toute action délibérée de propagande, elle a contribué à modeler un état d'esprit, à diffuser certaines images et à orienter certains rêves[17].

---

16. Lucien Febvre, « L'homme et l'aventure », dans L.-H. Parias, *Histoire universelle des explorations*, tome I, Paris, Nouvelle Librairie de France/Sant'Andrea, 1950, p. 19.
17. Raoul Girardet, *L'Idée coloniale en France de 1871 à 1962*, Paris, Hachette, coll. « Pluriel », 1972, p. 119.

En posant cette évidence, « l'historien de la sensibilité » se bornait en fait à constituer en schéma d'analyse historique une explication proposée d'abord par les acteurs de l'époque qu'il étudiait – ce qui est toujours suspect. Il couvrait de son autorité intellectuelle ce qui n'était finalement qu'un lieu commun du discours sur la colonisation, lieu commun forgé et propagé par les acteurs mêmes du débat colonial. Or c'est l'examen de la pertinence de ce lieu commun, qui devrait plutôt retenir notre attention.

L'origine de l'aventure

Entendons-nous bien : il n'est pas question d'affirmer que le désir d'aventure et le fait colonial n'ont rien à voir l'un avec l'autre. Bien au contraire, la multiplicité des auteurs – colonialistes, anticolonialistes, historiens – qui ont affirmé la force du lien entre les deux vaut preuve. Ne serait-ce que parce qu'on l'a tant dit, et vraisemblablement tant pensé, nous devons tenir comme une réalité historique l'idée selon laquelle la stimulation du désir d'aventure a accompagné le mouvement de colonisation moderne. Cela dit, cette réalité ne nous dit très certainement rien sur la réalité des diverses formes de colonisation. Elle ne nous dit rien non plus, et cela a été plus rarement remarqué, sur la réalité de l'aventure elle-même.

Il serait facile de montrer le consensus qui existait, à l'époque des grands empires coloniaux, autour de l'idée selon laquelle l'aventure naît, comme naturellement, de l'éloignement. Plus on s'éloignait de l'Europe et de ce qui était représenté, ainsi que le dit Nizan, comme un « nombril de la terre », plus les aventures avaient des chances de survenir. Des territoires inconnus, une nature gigantesque et dangereuse, des peuples sauvages, lesquels transforment, selon une logique souvent exprimée dès les Temps Modernes, le voyage dans l'espace en voyage dans le temps : voilà autant de conditions nécessaires à l'épanouissement de l'aventure.

Or un tel système de représentations de l'espace ne cadrait pas du tout avec celui que mettait en place, dans sa plus grande généralité, la propagande impériale. Les motifs nobles de la politique coloniale étaient d'abord la science, qui tendait à réduire le nombre des terres inconnues (on sait ainsi le ralliement, dans les années 1860, des sociétés de géographie à la politique de colonisation) ; ensuite la technique, qui facilitait les déplacements et devait mettre en valeur les ressources naturelles des pays conquis (insistons sur la question des déplacements : la construction des chemins de fer dans les colonies fut ainsi un des motifs les plus régulièrement répétés par la propagande impériale jusque dans la seconde moitié du XXe siècle) ; la civilisation, enfin, grâce à laquelle disparaîtraient, à terme, des mœurs et des coutumes d'un autre âge – ces mœurs et ces coutumes qui, précisément, autorisaient l'absolu de l'éloignement, à la fois spatial et temporel, mais qui justifiaient aussi, tel l'esclavage, les formes de la colonisation moderne. Nombreux furent ceux qui, dans le dernier quart du XIXe siècle, ressassèrent ces arguments.

Ainsi définie et célébrée, la colonisation avait donc pour premier effet de détruire l'espace dans lequel l'aventure était possible. Plusieurs auteurs, particulièrement dans l'entre-deux-guerres, se sont lamentés de ce qui était alors ressenti comme un état de fait. Citons Henry de Monfreid :

> Le nègre du Sénégal, dans sa forêt, avec ses coutumes barbares, ses superstitions, son indifférente cruauté, fût-il anthropophage, reste sympathique, malgré tout, par l'admirable harmonie qui le tient à sa place dans une nature dont il ne trouble aucun rapport[18].

18. Henry de Monfreid, *Charras. La Cargaison enchantée*, *op. cit.*, p. 354.

À la même époque, Ernst Jünger notait dans ses carnets :

> Ils pouvaient bien entreprendre ce qu'ils voulaient en Allemagne, exterminer le dernier animal rare, labourer le dernier lopin de terre inculte et construire un téléphérique sur le moindre sommet – pourvu qu'ils laissent l'Afrique tranquille ! Car il devait rester sur terre au moins un pays où l'on puisse circuler sans buter à chaque pas sur une caserne en pierre de taille et un panneau d'interdiction, et où il puisse y avoir des seigneurs capables de disposer sans partage de tous les attributs de la puissance. Mais que l'introduction de la technique dans une telle contrée entraînât parallèlement l'introduction de l'humanité moderne et par là le nivellement de l'impitoyable hiérarchie de la vie naturelle, j'en avais instinctivement une claire conscience.
>
> C'est probablement la raison pour laquelle j'éprouvais si peu de sympathie pour le personnage de Stanley. Éclairer le continent noir, découvrir les sources des fleuves légendaires, établir la cartographie d'un territoire sauvage, cela possédait quelque chose de répugnant. Répugnante était également l'irruption de l'énergie américano-européenne dans une telle contrée. [...] C'était comme si un mécanisme d'horlogerie avait descendu l'immense Congo[19].

Comme Monfreid, Jünger exprimait l'antagonisme entre l'imaginaire de l'aventure et la politique impériale, le sentiment que la colonisation n'était pas l'aboutissement politique de l'aventure, mais qu'elle en constituait très exactement la mort prochaine. Georges Simenon, qui commença sa carrière de romancier dans les années 1920 en écrivant sous plusieurs pseudonymes d'innombrables – et très oubliables – romans d'aventures, intitula précisément « L'Aventure est morte » une conférence qu'il fit à la salle Pleyel, en 1938. La démonstration centrale en était la suivante :

19. Ernst Jünger, *Le Cœur aventureux* (1929), trad. de J. Hervier, Paris, Gallimard, 1995, p. 36.

> La géographie nous avertit honnêtement. Prenez par exemple une carte des mers du Sud.
> Que vous dit-elle, cette carte ? Elle vous dit sans ambages, du premier coup, dans le langage bariolé qui a cours dans le monde des atlas, elle vous dit que les archipels rouges sont des colonies anglaises, que les îles vertes sont des colonies américaines, les roses des colonies françaises, et les violettes des colonies japonaises.
> Alors ? La géographie peut-elle s'exprimer plus crûment ? Des colonies ! Donc des colons ! Des fonctionnaires qui sont venus administrer et qu'on appelle d'ailleurs des administrateurs ! Des comptables qui viennent compter, des gendarmes qui viennent gendarmer ! Des inspecteurs qui viennent inspecter !... »

Et Simenon de conclure, un peu plus loin : « Si l'aventure doit, par définition, être bannie de quelque part, c'est bien des colonies[20] ! » On pouvait donc, au même moment, tout autant considérer le désir d'aventure comme l'origine de la politique coloniale et la politique coloniale comme devant mener, nécessairement, à la disparition de l'aventure. Monfreid, par exemple, n'hésitait pas à tenir les deux positions à l'intérieur du même livre. Le lien de l'aventure et de la colonisation était donc plutôt complexe.

Il était d'autant plus complexe que l'espace célébré par la propagande coloniale avait, dans son principe, peu à voir avec l'espace idéal de l'aventure. Dans le dernier quart du XIXe siècle, alors que s'accélérait brutalement le processus de formation des grands empires, la propagande coloniale entreprit ainsi de vanter les charmes de l'expatriation. La progressive définition d'un ministère des Colonies et la constitution d'écoles d'administrateurs coloniaux s'accompagnèrent de la présentation nouvelle des territoires coloniaux comme des pays d'avenir.

20. Georges Simenon, « L'aventure est morte » (1938), dans *Portrait-souvenir de Balzac*, Paris, Christian Bourgeois, 1991, p. 123-132.

Une double tension traversa alors l'imaginaire de « l'aventure coloniale ».

D'une part, les catégories qui commandaient la description de la nature dans le discours sur l'aventure (la démesure, l'hostilité, la présence de peuples dangereux) entrèrent en conflit avec d'autres, qui soulignaient l'intérêt des terres nouvellement conquises : la fertilité du sol, l'excellence du climat ou le bon accueil fait par les populations locales. Un exemple de cette tension, dans un cadre toutefois un peu différent de celui des colonisations européennes, a été naguère étudié par le géographe Michel Foucher[21]. Celui-ci avait dressé la carte de la « *gun belt* », laquelle indiquait les lieux où étaient censés s'être déroulés, entre 1830 et 1890, les faits mis en scène par les principaux westerns (ceux tournés entre 1903 et les années 1960). Il avait ainsi parfaitement mis en évidence que les lieux réels de ces histoires, au XIXe siècle, étaient les Grandes Plaines, le Texas, les vallées californiennes ou les terres de l'Idaho et de l'Oregon, c'est-à-dire les bonnes terres où se situaient les enjeux économiques de l'époque, qui mettaient aux prises les éleveurs, les fermiers et les compagnies de chemins de fer. Or les lieux de tournage du XXe siècle furent presque tous situés dans le Nevada, le nord de l'Arizona, le sud de l'Utah, les plateaux du Colorado, c'est-à-dire dans des lieux désertiques qui, pour avoir été ceux d'un angle mort historique (il ne s'y était rien passé), n'en charriaient pas moins toutes les représentations de l'espace de l'aventure, telles que le western les célébrait. Personne ne s'était battu pour ces terres hostiles, aux paysages surhumains. Elles n'en constituaient pas moins, pour ces raisons précisément, les espaces idéaux de l'aventure des hommes de l'Ouest. L'histoire impériale européenne est certes en partie différente

21. Michel Foucher, « Du désert, paysage de western », *Hérodote*, n° 7, juillet-septembre 1977, p. 130-147.

de celle de la Conquête de l'Ouest américain. Il n'en demeure pas moins que la tension entre les différentes représentations de l'espace, selon que l'accent est mis sur l'aventure ou sur la valorisation des terres, relève de la même logique.

À ce premier point il faut en ajouter un second : à partir du dernier quart du XIXe siècle, l'espace colonial fut de plus en plus explicitement défini comme un espace d'accueil, c'est-à-dire un lieu où les émigrants partaient s'installer. Même si la France connut très peu de colonies de peuplement (l'Algérie et la Nouvelle-Calédonie), les fonctionnaires et les commerçants partis pour les colonies françaises entendaient vivre dans l'empire au moins pour une durée déterminée. Ce motif de l'installation se distinguait très nettement de celui du voyage, lequel commandait depuis longtemps l'imaginaire de l'aventure. Il ne s'agissait plus seulement de traverser un espace hostile et de vivre les aventures qu'impliquait éventuellement cette hostilité, mais de mettre en valeur un territoire lointain appelé à être réuni à la patrie. L'évolution de l'œuvre de Jules Verne est intéressante de ce point de vue. Contrairement à ses successeurs, à commencer par Louis Boussenard, Verne a très peu vanté la colonisation française (les Français ne constituent que la troisième nationalité présente dans les *Voyages extraordinaires*, derrière les Anglais et les Américains). Dans ses premiers livres, à l'image de *Cinq semaines en ballon*, en 1863, il se borne même à faire traverser à ses héros des pays inconnus, dont il souligne le caractère dangereux. Ce n'est qu'à partir des années 1880 qu'il mit de plus en plus en scène la dimension coloniale des voyages de ses personnages. Dès lors, tout changea, puisqu'il lui fallut assumer la volonté de créer, par la colonisation, une « seconde patrie » (pour reprendre le titre d'un de ses livres, publié en 1900), c'est-à-dire de mettre en valeur un lieu qui n'était plus du tout celui de l'aventure, mais dont l'ambition était précisément de ressembler le plus possible à la patrie que les voyageurs avaient quittée.

Les réflexions qui précèdent doivent nous conduire à admettre que, derrière le même mot – l'aventure – peuvent se dissimuler des systèmes de représentations très différents. Un regard trop rapide sur l'imaginaire de « l'aventure coloniale » nous ferait ainsi méconnaître la crise des représentations de l'aventure au tournant des XIXe et XXe siècles.

Rappelons brièvement les principaux signes qui manifestèrent, à cette époque, le changement de sens de l'aventure : la définition progressive d'une « grande aventure » ou d'une « Aventure avec un grand A », laquelle s'incarna alors, tout à la fois, dans des « aventuriers » désormais définis par la seule quête de l'aventure, à l'exclusion de tout autre but, et par un nouveau genre de roman d'aventure, théorisé par Jacques Rivière ou Pierre Mac Orlan, et dont Joseph Conrad, Jack London, bientôt le premier André Malraux ou Antoine de Saint-Exupéry, pour s'en tenir à quelques noms célèbres, allaient illustrer[22]. C'est le temps où le terme « aventurier » cessa d'être nécessairement péjoratif, en attendant que ce fût bientôt le cas pour « l'aventurière ». C'est le temps où l'aventure fut définie comme une « modalité esthétique de l'existence[23] », pour le dire comme Vladimir Jankélévitch, le moment où se forma une *mystique* de l'aventure, c'est-à-dire le moment où l'aventure devint le siège d'un certain nombre de vertus suprêmes, le moment donc, où l'aventure cessa d'être une péripétie, survenant involontairement, pour devenir un but en soi, susceptible d'anoblir celui qui la vit. Sans détailler tout ce processus, qu'en retenir, dans l'optique de ce chapitre ? Quel rôle le fait colonial a pu jouer

22. *Cf. supra*, chapitre 11.
23. Vladimir Jankélévitch, *L'Aventure, l'ennui, le sérieux*, Paris, Aubier, 1963, p. 30.

dans la crise des représentations de l'aventure, au tournant des XIXe et XXe siècles ? À ce propos, il convient de faire deux remarques essentielles.

La première est que les individus qui incarnèrent le plus nettement cette conception renouvelée de l'aventure entretenaient un rapport ambigu avec la politique de colonisation – un rapport bien plus ambigu que celui incarné naguère par Brooke, Raousset-Boulbon ou Mayrena et que Monfreid, d'une certaine façon, perpétuait encore dans les années 1930. Il en va ainsi tout particulièrement d'Arthur Rimbaud, devenu, malgré qu'il en eût, la figure tutélaire de la mystique moderne de l'aventure. En dépit des efforts faits par quelques propagandistes de l'idée coloniale dans l'entre-deux-guerres, la légende de Rimbaud avait peu à voir avec l'empire. La définition du poète comme aventurier ne s'accompagnait de la reconnaissance d'aucun rôle colonial, mais reposait tout entière sur une conception de l'aventure comme poésie en actes. Il en allait de même, paradoxalement, de la figure de « Lawrence d'Arabie », les idées politiques de Thomas Edward Lawrence en matière impériale ayant du reste été balayées par le Foreign Office au lendemain de la Première Guerre mondiale. L'assomption du personnage de l'aventurier moderne – celui que Malraux reconnaissait de façon si évidente dans le mythe créé autour de Lawrence[24] – passait ainsi, pour le dire comme Ernst Jünger, par la nécessité d'abandonner le monde des buts (à commencer par la colonisation) pour le monde des sens (qui ne concernait plus, en théorie, la société, mais le seul individu qui avait vécu l'aventure), par la nécessité de bien comprendre la différence entre les héros (qui acceptaient de mourir pour une idée, laquelle pouvait être l'idée coloniale) et les aventuriers (dont la

24. André Malraux, *Le Démon de l'absolu*, dans *Œuvres complètes*, tome II, Paris, Gallimard, coll. « Bibliothèque de la Pléiade », 1996, p. 819-840 notamment.

relation avec l'aventure ne pouvait être parasitée par la référence à aucune mission)[25].

La deuxième remarque qu'il convient de faire, à propos de la crise des représentations de l'aventure ouverte au tournant des XIXe et XXe siècles, est l'importance décisive alors prise par le motif nostalgique. On a vu de quelle façon Monfreid pouvait regretter dans les années 1930 le « nègre anthropophage du Sénégal », appelé à disparaître – ou comment un Jünger refusait la connaissance géographique du centre de l'Afrique. On pourrait ajouter que la conception nouvelle de l'aventure impliquait également le refus des moyens de transport modernes – ce dont témoignait avec éclat, dès les années 1920, l'air d'aventure qui entourait les premiers tours du monde en solitaire à la voile, celui d'Alain Gerbault par exemple. En fait, l'aventurier issu de cette crise du système de représentations de l'aventure répudiait, dans une logique romantique, la révolution des transports et la connaissance géographique. Il rejetait aussi – et c'était plus nouveau – le processus de civilisation du monde, qu'exprimait alors avec éclat la propagande coloniale. Tirant toutes les conséquences de l'idée selon laquelle la colonisation condamnait l'aventure, l'imaginaire moderne de l'aventure détachait celle-ci du monde colonial auquel elle était liée depuis, au moins, le milieu du XIXe siècle. L'aventure se constituait en valeur précisément en répudiant la référence impériale.

De ce qui précède, on pourrait conclure que, au lendemain de la crise des représentations de l'aventure intervenue au tournant des XIXe et XXe siècles, deux imaginaires sociaux se faisaient face, qui coïncidaient difficilement. D'un côté se trouverait l'imaginaire de l'aventure ; de l'autre celui de l'héroïsme colonial. Et c'est certainement vrai.

---

25. Ernst Jünger, *Le Cœur aventureux*, *op. cit.*, p. 46.

Toutefois, pour différents, voire antagonistes, qu'ils soient, ces deux systèmes de représentations n'en étaient pas moins unis par l'empire, lequel, jusqu'à sa disparition, a fourni le cadre privilégié de leur affrontement.

Les modalités de cet affrontement furent complexes. Elles différèrent selon les auteurs. Elles différèrent aussi – et c'est peut-être encore plus important – selon les lecteurs. On a vu, par exemple, la lecture héroïque qu'un Jünger pouvait faire des voyages de Stanley, et comment il refusait à celui-ci l'entrée dans le monde de l'aventure. Blaise Cendrars, pour ne citer qu'un exemple, fit exactement la lecture inverse des récits de Stanley[26].

Avant de réfléchir aux expressions littéraires de « l'aventure coloniale », il est donc bon de se rappeler que, comme l'écrivait Pierre Mac Orlan en 1920, « l'aventure n'existe pas. Elle est dans l'esprit de celui qui la poursuit[27] ». Il faut en penser autant de « l'aventure coloniale », riche des ambiguïtés de l'histoire de l'aventure, plus encore, peut-être, que de celles de l'histoire de la colonisation.

---

26. Blaise Cendrars, *Le Lotissement du ciel* (1949), Paris, Gallimard, coll. « Folio », 1996, p. 386.
27. Pierre Mac Orlan, *Petit Manuel du parfait aventurier*, Paris, Éditions de la Sirène, 1920, p. 21.

15.

Pour ne pas faire le tour du monde

Il y a plusieurs manières de faire l'histoire du tour du monde. La plus évidente consiste à raconter les péripéties de celles et ceux qui ont accompli un voyage autour du globe. Cette histoire a été souvent écrite : on ne compte plus les livres qui, détaillant les explorations, ont consacré de nombreux chapitres aux différentes circumnavigations européennes depuis le temps des « Grandes Découvertes[1] ». Je voudrais aborder ici la question sous un angle un peu différent – analyser non pas la réalité de ces voyages, ou même ce qu'on en a dit, mais l'imaginaire qui les institue. Ou, pour le dire autrement : qu'a signifié, dans l'histoire européenne, le désir de faire le tour du monde ?

On a volontiers présenté ce désir comme une manifestation de la raison. Partir avec en tête l'idée du *tour du monde*, ce serait renoncer au mythe du *bout du monde*. S'embarquer en direction de l'Ouest en étant certain de revenir à son point de départ, ce serait vaincre la peur de tout navigateur égaré au-delà des colonnes d'Hercule. Autrefois, il avait fallu la témérité d'Ulysse, dont l'aventure sur l'Atlantique était si exceptionnelle qu'on disait que Lisbonne avait été fondée par le roi d'Ithaque. Désormais, s'il fallait toujours s'armer de courage pour entreprendre un voyage aussi long, il était néanmoins acquis qu'avec suffisamment de prévoyance on pouvait en revenir. Ceux qui croyaient encore au bout du monde étaient des illuminés refusant toute éducation scientifique ou des sauvages n'en ayant

1. Romain Bertrand (dir.), *L'Exploration du monde. Une autre histoire des Grandes Découvertes*, Paris, Seuil, 2019.

jamais reçue, à l'image de ces Bochimans mis en scène avec condescendance par le réalisateur sud-africain Jamie Uys, en 1980, dans *Les Dieux sont tombés sur la tête*.

Telle est la signification du mythe de Magellan. En accomplissant au début du XVIe siècle le premier grand voyage autour du monde, le navigateur portugais n'aurait pas seulement prouvé, par l'expérience, que la Terre est ronde (chose connue depuis longtemps). Il n'aurait pas seulement été cette incarnation de l'Europe, célébrée par Stefan Zweig, imposant le savoir par la technique[2]. Il aurait surtout fait disparaître la possibilité d'un éloignement infini. Comme l'écrit Victor Segalen, depuis cette circumnavigation inaugurale, il n'y aurait plus eu d'« extrême lointain[3] ». On ne peut plus quitter l'Europe sans être certain de pouvoir y revenir un jour, même sans retourner sur ses pas. Pour rentrer chez soi, il n'est plus nécessaire de faire « demi-tour ». Il suffit de faire le tour du monde.

Tours et voyages

Au XVIe siècle, cependant que les circumnavigations se multipliaient, les humanistes s'étaient efforcés de définir les modalités d'un voyage utile et raisonné, entrepris dans le seul but d'accroître les connaissances (des connaissances qui, dans certains cas, contribuaient à l'édification d'un savoir général sur le monde). Juste Lipse et Montaigne, parmi d'autres, étaient d'accord avec Joachim du Bellay pour inviter les jeunes gens à faire « un beau voyage » avant de retourner, « plein d'usage et raison, vivre entre ses parents le reste de son âge[4] ». Les auteurs

2. Romain Bertrand, *Qui a fait le tour de quoi ? L'affaire Magellan*, Lagrasse, Verdier, 2020.
3. Victor Segalen, *Essai sur l'exotisme* (1916), Paris, Le Livre de Poche, 1986.
4. Joachim du Bellay, « Heureux qui comme Ulysse… » (dans *Les Regrets*, 1558).

d'*Artes apodemicae* définissaient alors le sens du voyage par le retour à la patrie natale d'un individu que ses expériences auraient rendu plus savant et plus vertueux.

La figure du tour accompagna le triomphe de ces conceptions éducatives. Dans la Grande-Bretagne de la seconde moitié du XVIIe siècle, où les élites aristocratiques avaient pris très tôt l'habitude d'envoyer leurs enfants faire un long voyage concluant leur éducation, on se mit à parler de « Grand Tour[5] ». Le phénomène, dont l'appellation n'était justifiée que par la boucle conduisant le voyageur à son point de départ, dura deux siècles. Dans les premières années du XIXe siècle encore, on a vu que Chateaubriand de passage par Constantinople écrivait qu'il avait entrepris ce voyage pour compléter « le cercle des études que je m'étais toujours promis d'achever[6] ». Ce cercle-là était encore, jusque dans sa géométrie, un héritage du Grand Tour.

La passion patriotique du XIXe siècle conduisit à donner toujours plus d'importance à cette représentation. Depuis la popularité du tour de France des compagnons (songeons au *Compagnon du tour de France* de George Sand) jusqu'à l'invention du tour de France cycliste en passant par l'extraordinaire succès du *Tour de la France par deux enfants*, tout voyage visant à faire connaître et aimer un territoire devait prendre la forme d'un tour – on pourrait trouver des exemples semblables un peu partout en Europe[7].

La plus grande postérité du tour est néanmoins d'avoir fourni le radical d'un mot nouveau, correspondant à la révo-

5. Daniel Roche, *Humeurs vagabondes. De la circulation des hommes et de l'utilité des voyages*, Paris, Fayard, 2003, p. 686.

6. *Cf. supra*, chapitre 1.

7. Patrick Cabanel, *Le Tour de la nation par des enfants. Romans scolaires et espaces nationaux (XIXe-XXe siècles)*, Paris, Belin, 2007.

lution que nous avons vue dans les pratiques du voyage : le tourisme. Le terme, une fois diffusé à travers toute l'Europe, a désigné cette industrie nouvelle, dont témoignaient les collections de guides, telle celle de l'Allemand Karl Baedeker, les agences, à commencer par celle du Britannique Thomas Cook – et tout un ensemble d'objets et de pratiques qui se résumèrent bientôt à un mot emprunté lui aussi à l'anglais : le confort. À la fin du XIXe siècle, le réseau associatif qui, présent un peu partout en Europe, assurait la promotion de ces modalités modernes du voyage s'appelait les « Touring-Clubs ».

L'enrichissement général des sociétés européennes et le développement des moyens de communication avaient rendu le tourisme accessible à un nombre toujours croissant d'individus. En France, les « petits trous » remplaçaient le « Grand Tour »[8]. Par contrecoup, les plus riches revendiquaient des formes de voyage plus raffinées que jamais – selon cette logique de la « consommation ostentatoire » théorisée en 1899 par Thorstein Veblen à propos de la « classe de loisir[9] ». Pour eux, on aménageait des trains de luxe et les chambres de ces hôtels d'un nouveau genre qu'on appelait des « palaces », cependant que les « croisières » exprimaient une façon inédite et luxueuse de faire des ronds dans l'eau.

Celles et ceux qui pouvaient se le permettre élargissaient à la Terre entière ces flâneries motivées par le goût de la curiosité. On parlait à leur propos de « *globe-trotters* ». Comme l'écrivit en 1890 un des premiers Français à se reconnaître dans cette identité, « le nom anglais de Globe-Trotter a été adopté pour désigner les touristes assez nombreux qui font sans prétention

8. Maxime Serpeille, *Les Petits Trous pas chers. Guide pratique des familles aux bains de mer*, Paris, La Fare, 1895.
9. Thorstein Veblen, *Théorie de la classe de loisir* (1899), Paris, Gallimard, 1970.

le voyage assez facile aujourd'hui du tour du monde[10] ». À la fin du XIXe siècle, certains associaient donc, sans vraiment y penser, la rotondité du globe terrestre et cette conception originale du voyage qui avait pris, depuis longtemps, la forme du « tour ».

De fait, les deux coïncidaient de plus en plus précisément. L'ouverture du canal de Suez et l'achèvement du chemin de fer transcontinental américain, la même année 1869, avaient permis à certaines agences de voyages de proposer désormais des tours du monde à forfait. Le premier fut organisé en 1872 par l'agence de Thomas Cook. Pendant 222 jours, huit de ses clients particulièrement fortunés passèrent par les États-Unis, le Japon, la Chine, Singapour, Penang, Ceylan, l'Inde, Aden, l'Égypte et Constantinople avant de revenir en Angleterre. Cook lui-même fit le voyage, assurant à l'entreprise un surcroît de publicité (il publia à son retour des *Letters from the Sea and from Foreign Lands : Descriptive for a Tour Round the World*). Son agence organiserait désormais un tour du monde par an. D'autres firent de même en Allemagne, en France et aux États-Unis.

Le cas de l'agence française est remarquable – même si son seul voyage autour du monde dut malheureusement être interrompu. Elle fut créée en 1876, sous le nom de Société des Voyages d'études autour du monde, avec le but d'offrir aux « jeunes gens de bonne famille, ayant terminé leurs études classiques, un complément d'instruction supérieure qui étende leurs connaissances dans une voie pratique et leur donne des notions exactes sur la situation générale des principaux pays du monde[11] ». C'était exactement le programme du Grand Tour, élargi aux dimensions du globe. Pour ces deux raisons, il ne concernait

10. Dr. Benj. Anger, *Notes de voyage d'un globe-trotter*, Lille, Danel, 1890, p. 1.
11. Lionel Gauthier, « Les premiers tours du monde à forfait. L'exemple de la Société des Voyages d'études autour du monde (1878) », *Annales de Géographie*, 2012/4, n° 686, p. 350.

qu'une étroite élite (le voyage, qui devait durer 320 jours, coûtait 25 000 francs en cabine simple, 15 000 en cabine triple). Parmi les fondateurs de la Société figurait Ferdinand de Lesseps. Lors du dîner d'adieu offert aux participants au voyage, le 14 juillet 1878, Henry Morton Stanley était présent. On ne pouvait mieux mettre en scène les possibilités nouvelles autorisées tout autant par les moyens de communication modernes que par l'effort occidental d'exploration du monde.

Images du monde

Depuis le début du XIXe siècle, les Européens s'étaient pris de passion pour les reproductions des paysages lointains. Dans les grandes villes, les dioramas se donnaient comme des « spectacles du monde[12] ». En 1851, la *Great Exhibition* de Londres avait inauguré la mode de ces expositions universelles qui, en présentant des objets, des produits, des spectacles et des images d'un peu partout, proposaient à leurs visiteurs de faire le tour du monde en une seule journée. En montant dans les trains et les paquebots affrétés par l'agence Cook, les voyageurs en partance pour le tour du monde dépensaient beaucoup d'argent pour voir sur les lieux mêmes les scènes, les types et les paysages que les spectateurs des dioramas et des expositions universelles pouvaient voir dans leur propre pays sans dépenser autant d'argent. Car il s'agissait bien de voir. On ne prescrivait pas aux touristes d'autres recommandations. Tous étaient d'abord considérés comme des « *sigh-seers*[13] », ainsi que le disait un guide français de 1904. Celles et ceux qui voulaient éduquer les touristes n'imaginaient pas que

12. Jean-Marc Besse, *Face au monde : atlas, jardins, géoramas*, Paris, Desclée de Brouwer, 2003, p. 187.
13. F.-L. Bénassy et J.-E. Arnaudet, *Le Touriste français en Angleterre*, Paris, Delagrave, s.d. (1904), p. VII.

ceux-ci puissent apprendre à utiliser leurs cinq sens – ils devaient seulement « apprendre à regarder[14] ».

De retour à leur point de départ, après leur tour du monde, on ne leur demandait d'ailleurs que des images. En rassemblant dans sept albums 651 photographies achetées au cours du voyage effectué grâce à la Société des Voyages d'études autour du monde, le Genevois Alfred Bertrand était parfaitement représentatif de cette injonction[15]. Cependant, ainsi qu'on en avait fait l'expérience depuis au moins Gustave Flaubert et Maxime Du Camp, il n'était pas si simple de rapporter des images des lieux qu'on avait visités[16].

Les auteurs d'*Artes apodemicae* l'écrivaient depuis le XVIe siècle : parmi les compétences exigées des voyageurs, il y avait la pratique du dessin. Dans le cours de ses visites, le voyageur devait être capable de croquer sommairement des personnages, des lieux et des situations. Si l'intérêt du voyage résidait tout entier dans les notes qu'on en rapportait, lesquelles constituaient autant de preuves d'expériences et de connaissances acquises, on n'oubliera pas que ces notes étaient aussi, en grande partie, des dessins. Pour autant, ces dessins étaient-ils de fidèles illustrations du monde que les voyageurs avaient observé ? Il était permis d'en douter. Dès le début du XIXe siècle, le savant français Georges Cuvier avait mis en garde contre cette illusion : « Les dessins qui se trouvent dans les voyages modernes, quoique faits sur les lieux, se ressentent plus ou moins des règles et des proportions que le dessinateur a apprises dans les écoles d'Europe, et il n'en est presque aucun sur lequel le naturaliste puisse assez compter

14. *Ibid.*
15. Lionel Gauthier, « Les premiers tours du monde à forfait », *op. cit.*, p. 351.
16. *Cf. supra*, chapitre 7.

pour en faire la base de recherches ultérieures[17] ». Il fallait se méfier des représentations, qui en disent toujours plus sur celui qui représente que sur ce qui est représenté. À quoi bon faire le tour du monde, si c'est pour en rapporter des images de soi ?

Cuvier préconisait pour cette raison de collecter plutôt des objets qui, traités comme des échantillons, fourniraient le moyen d'une étude savante du monde. Cela dit, ces objets pouvaient être eux-mêmes des images, produites sur place. À ma connaissance, l'intérêt européen pour les images fabriquées ailleurs qu'en Europe n'a pas fait l'objet d'analyses synthétiques. Nous pouvons néanmoins aisément repérer des traces de la fascination qu'elles ont exercée. Songeons par exemple aux tatouages océaniens : vers 1820, le pauvre Joseph Kabris, dont le corps en était recouvert, s'exhibait ainsi dans les foires d'Europe, où le public regardait avec stupéfaction ces curieuses images exotiques dessinées à même la peau[18]. Songeons aussi à la formidable séduction opérée en France, à partir de la fin des années 1850, par les estampes japonaises.

La photographie bouleversa évidemment cette relation aux images des confins. En s'imposant à la fois comme une pratique démocratique (elle n'impliquait en théorie aucun savoir-faire artistique ou technique) et en reproduisant la réalité elle-même, elle suggéra qu'il était possible de collecter des images fidèles des lieux qu'on avait visités. C'était certes au prix d'une double croyance un peu naïve : d'une part, les appareils photographiques ont longtemps nécessité une grande compétence technique (et beaucoup d'argent pour se les offrir) ; d'autre part, les

17. Cité dans Marie-Noëlle Bourguet, « Voyage et histoire naturelle (fin XVIIe-début XIXe siècle) », dans Pietro Corsi *et al.* (dir.), *Le Muséum au premier siècle de son histoire*, Paris, Muséum national d'histoire naturelle, 1997, p. 177.

18. Christophe Granger, *Joseph Kabris ou les possibilités d'une vie. 1780-1822*, Paris, Anamosa, 2020.

photographies étaient en noir et blanc (ce qui n'est pas le cas de la réalité) et devaient faire l'objet d'innombrables manipulations, depuis le cadrage jusqu'aux retouches en passant par les modalités du développement, qui en faisaient tout autre chose que des reproductions naturelles de la réalité. Mais enfin, c'est bien ainsi que la photographie fut présentée au public, dès l'invention du daguerréotype en 1839[19]. Grâce à la nouvelle technique, on allait voir ce qu'on allait voir – c'est-à-dire le monde entier, fidèlement reproduit.

La presse illustrée s'empara de ce nouvel imaginaire. Dès les années 1840, les grands hebdomadaires qui furent créés un peu partout en Europe, sur le modèle de l'*Illustrated London news* britannique, alimentèrent la croyance en l'objectivité des images. Alors même que les procédés de reproduction photomécanique étaient loin d'être au point, ces journaux assurèrent à leurs lecteurs qu'une partie de leurs gravures, tout particulièrement celles qui illustraient des récits de voyages, avaient été faites « d'après photographies ». Il n'était plus besoin d'aller au diorama ou aux expositions universelles pour contempler des images d'ailleurs. Il suffisait de lire les hebdomadaires illustrés. En 1860, la maison française Hachette, lança le plus célèbre et le plus luxueux d'entre eux, tout entier consacré à l'illustration de récits de voyage. Son titre était évidemment : *Le Tour du monde*[20].

À la fin des années 1880, cependant qu'émergeait le tourisme du tour du monde, l'avènement conjoint du Kodak et de la carte postale constitua une étape nouvelle dans l'industrialisation de ces images des lointains, en paraissant réaliser les promesses de la photographie. Désormais, le plus malhabile des voyageurs pouvait prendre des clichés des lieux qu'il avait

19. François Brunet, *La Naissance de l'idée de photographie*, Paris, PUF, 2012.
20. Pierrette Chapelle, *La Fabrique d'une revue de voyage illustrée (1860-1914). Le Tour du monde*, Paris, Classiques Garnier, 2019.

visités, cependant que celles et ceux qui n'avaient pas la chance de partir si loin pouvaient recevoir, par la poste, des photographies de sujets exotiques – et les collectionner[21].

De quoi ces images étaient-elles les illustrations ? On pourrait sans doute dire à leur propos ce que Walter Benjamin écrivait des « physiologies », ces petits livres illustrés qui, sous la monarchie de Juillet, présentaient de façon amusante les différents types sociaux, réduisant l'extériorité inquiétante de la grande ville aux dimensions familières d'un livre pour table de café[22]. En regroupant des vues du monde entier, les albums photographiques pourraient avoir cette fonction d'enlacement et de rétrécissement d'un monde dont l'immensité serait conjurée par le classement.

Ce serait néanmoins oublier que, dès ses commencements, le tourisme du tour du monde ne concernait pas le monde entier. Les voyageurs des années 1870 passaient à peu près tous par le canal de Suez, Singapour, Hong-Kong et Yokohama – et aucun ne mettait les pieds en Australie et en Afrique subsaharienne. En réalité, faire le tour du monde impliquait de voir un certain nombre de lieux codés, où les émotions étaient déjà prescrites – même s'il était évidemment loisible à tout un chacun de se démarquer des sentiments attendus. La permanence de ces représentations, pendant une cinquantaine d'années, est étonnante. Les autochromes conservés au musée Albert-Kahn en témoignent : le monde des Archives de la Planète, c'est, à peu de chose près, celui de Pierre Loti. Quasiment les mêmes lieux y sont documentés et on y repère les mêmes absences.

21. Christraud M. Geary et Virginia-Lee Webb, *Delivering Views : Distant Cultures in Early Postcards*, Washington D.C., Smithsonian Institution Press, 1998.
22. Richard Sieburth, « Une idéologie du lisible : le phénomène des Physiologies », *Romantisme*, n° 47, 1985, p. 42.

Cette relative uniformité des voyages autour du monde contribue à expliquer les formes du désir d'aventure au tournant des XIXe et XXe siècles. Ces nouvelles figures positives qu'étaient alors les aventuriers tiraient leur gloire de voyages qui les conduisaient ailleurs que dans les circuits touristiques, au moment même où ces circuits concernaient la Terre entière. Surtout, les aventuriers ne se vantaient pas seulement d'être allés ailleurs que les touristes : ils prétendaient y être allés différemment. Rien ne le prouve mieux, en l'occurrence, que leur mépris pour la photographie, si souvent exprimé, dans la mesure où, ainsi qu'on l'a vu, la vérité que les aventuriers recherchaient n'avait rien à voir avec l'apparence des choses[23]. C'est ce qui rend si fascinante, aujourd'hui encore, la question de l'authenticité des photographies de Rimbaud, dont on a fait depuis plus d'un siècle la figure tutélaire de l'aventure moderne.

Devenu une affaire de touristes, le problème des tours du monde est ainsi posé depuis la fin du XIXe siècle, peut-être depuis cette année 1873 qui a vu les touristes de l'agence Cook revenir de leur premier tour du monde et Jules Verne publier *Le Tour du monde en quatre-vingts jours* (et Rimbaud renoncer à l'écriture poétique). De Phileas Fogg obsédé par son record, Verne écrivait en effet : « Il ne voyageait pas ; il décrivait une circonférence[24] ». C'était formuler efficacement, en termes géométriques, le problème ontologique du tour du monde, tel qu'il était posé depuis Magellan : comment rendre compte d'une surface avec une ligne ?

23. *Cf. supra*, chapitre 11.
24. Jules Verne, *Le Tour du monde en quatre-vingts jours*, Paris, Hachette, 1873.

16.

Pour penser toujours ailleurs

Au XVIe siècle, venus du Nord et du Nord-Ouest, peut-être même d'une région aussi éloignée que l'actuel Soudan, les peuples Ngugi s'établirent en Afrique australe. Ils formèrent des clans. Chacun de ces clans était défini par un ancêtre commun et commandé par le représentant vivant de cet ancêtre. Il en allait ainsi des Ntungwa, des Mbo et des Lala, par exemple, qui s'installèrent dans la région de Phongolo-Mzimkhulu. Vers 1670, un chef de clan, Malandela, ou du moins sa famille, franchit le Mpembeni et le Mkumbane et entra dans la vallée Mfule où, quelques générations plus tard, naquit l'un des descendants de Malandela, Zoulou, qui devint le fondateur éponyme du clan zoulou.

À partir de la fin du XVIIIe siècle, certains de ces clans acquirent une importance particulière, sous la houlette de chefs remarquables parmi lesquels Chaka KaSenzangakhona, chef des Zoulous, et Dinginswayo, chef des Mtetwa. Leurs armées étaient formidables. Seuls leur résistaient les guerriers du clan des Ndwandwe. En 1817, ceux-ci infligèrent même une défaite cuisante aux Mtetwa, à l'occasion de laquelle le chef Dinginswayo trouva la mort. Mais Chaka vengea Dinginswayo. Il battit à son tour les Ndwandwe et se trouva ainsi à la tête d'un État zoulou dont l'autorité s'étendait sur de vastes territoires de l'Afrique du Sud-Est.

Chaka fut assassiné en 1828 par deux de ses demi-frères. Mais cela n'affaiblit pas le royaume zoulou. Tout au long du XIXe siècle, celui-ci lutta, souvent victorieusement, contre les autres nations établies en Afrique australe, à commencer par les

Boers et les Britanniques. Aujourd'hui encore, dans le cadre du système politique sud-africain, le parti de la liberté Inkhata se prétend l'héritier de cette histoire dont il entretient le souvenir, à l'occasion notamment du *Shaka Day*, qui a lieu tous les 24 septembre.

Le récit que je viens de rappeler n'est pourtant qu'imparfaitement zoulou. On le doit à Alfred T. Bryant, un missionnaire chrétien arrivé en Afrique australe en 1883 et qui publia en 1929, à partir des traditions orales qu'il avait recueillies, la première histoire du peuple zoulou. Or, peut-être parce qu'il cherchait à se faire comprendre de ses lecteurs européens, plus sûrement parce qu'il lui était difficile de penser autrement, Bryant recomposa l'histoire des Zoulous à la lumière de ses propres conceptions historiques. Celles-ci relevaient de l'histoire sainte, que le missionnaire connaissait bien. Il rapprocha donc l'errance initiale des Ngugi de celle des Hébreux et compara Malandela à Moïse. Elles concernaient également l'histoire romaine et celle des peuples européens. Dingiswayo apparut donc sous les traits d'un « preux chevalier » et Chaka fut élevé au rang de Jules César zoulou (le chapitre dans lequel Bryant raconte l'assassinat de Chaka est intitulé « Chute de César et fin de la tyrannie »). Le missionnaire avait certes entrepris de raconter, pour la première fois, l'histoire du peuple zoulou, mais la forme de son récit empruntait peu aux façons de penser et de sentir des Zoulous.

L'eût-il fait, du reste, que nous n'en saurions guère plus sur l'évolution de ces façons de penser et de sentir. En effet, les témoignages que Bryant avait recueillis lui paraissaient tous provenir d'un « peuple zoulou » pensé dans son essence. Bryant n'imaginait pas que ces traditions orales étaient en réalité des prises de position, différentes selon ses interlocuteurs et commandées par des considérations politiques immédiates.

Il n'imaginait pas non plus que des notions telles que celle de « clan » avaient pu subir d'importantes modifications de contenu depuis le XVIe siècle. Tout simplement, il n'imaginait pas que les réalités dissimulées derrière l'appellation « Zoulou » avaient pu changer en profondeur depuis le temps du fondateur éponyme du clan.

Aujourd'hui, les spécialistes de la région de Phongolo-Mzimkhulu voient les choses de façon très différente. Les Ngugi ne sont pas un groupe ethnique homogène, mais une famille linguistique. Les Ntungwa, les Mbo, les Lala, qui étaient pour Bryant d'anciennes branches des Ngugi, seraient en fait des groupes sans lien entre eux et dont l'existence ne remonterait pas plus haut que les années 1820. Quant à la grande migration depuis le Nord et le Nord-Ouest, elle n'a jamais eu lieu. Il s'agirait d'une légende destinée à légitimer les États apparus à la fin du XVIIIe siècle, tous fondés par des populations – Mtetwa, Ndwandwe, Zoulou – originaires de la région. L'émergence de ces États unifiés s'expliquerait d'abord par les conséquences de l'intégration de la région de Phongolo-Mzimkhulu au système commercial européen. La pénétration des marchands d'ivoire européens dans cette zone conduisit en effet à transformer l'organisation sociale et politique des chefferies, lesquelles rassemblèrent alors des bandes de jeunes hommes afin de chasser les éléphants et de contrôler les routes commerciales. Ce sont ces bandes qui, progressivement, se structurèrent en armées, lesquelles constituèrent l'armature des grandes entités politiques de la région, à commencer par l'État zoulou.

Le médiéviste Patrick J. Geary, à qui j'emprunte cet exemple[1], concluait de cette façon son livre consacré au mythe des origines médiévales des nations européennes. Selon lui, le

1. Patrick J. Geary, *Quand les nations refont l'histoire. L'invention des origines médiévales de l'Europe*, Paris, Aubier, 2004, p. 201-219.

récit de fondation de la nation zouloue devait sonner familièrement aux oreilles d'Européens habitués, depuis leurs premières années d'école, à entendre ainsi le récit de fondation de leurs propres peuples. Les Français, par exemple, qui croient connaître l'histoire des « grandes invasions[2] » et les figures majeures des premiers Mérovingiens, n'auraient pas de mal à reconnaître dans le récit de Bryant, à côté de schèmes empruntés à l'histoire biblique et à l'histoire romaine, certains traits de l'histoire mythique des premiers temps de leur nation.

L'astucieux principe de la conclusion de Geary, qui passe par l'exemple zoulou pour mieux revenir à son véritable objet, c'est-à-dire les origines mythiques des nations européennes, nous invite à réfléchir. La démarche intellectuelle proposée par le spécialiste du haut Moyen Âge européen constitue en effet un bon point de départ pour essayer de penser l'usage historien d'une notion encore confuse, mais dont il est possible de repérer l'émergence dans les études littéraires et les sciences humaines et sociales : l'Ailleurs.

Généalogie de l'Ailleurs

À la vérité, les modalités de l'introduction de cette notion dans le monde de la recherche sont plutôt ambiguës. Le succès de « l'Ailleurs » fut d'abord un succès médiatique, lié à l'engouement que suscita, à partir des années 1980, le genre littéraire du récit de voyage. La figure nouvelle de l'« écrivain-voyageur » fut rétrospectivement appliquée à bien des auteurs du passé, qui ne s'étaient pas désignés de cette façon. En 1990, la création du festival de Saint-Malo, Étonnants voyageurs, fut un des signes – et un des moyens – de cet engouement inédit.

2. Que les Britanniques appellent avec plus de justesse les « grandes migrations ».

Cette atmosphère fut favorable à l'émergence du mot d'ordre de « l'Ailleurs ». De 1987 à 2001, les éditions Phébus intitulèrent « D'ailleurs » une collection entièrement consacrée à la réédition de récits de voyages des temps passés. Ce n'est pas un hasard si le responsable en était Michel Le Bris, également fondateur du festival Étonnants voyageurs. La vague notion d'« ailleurs » semblait désormais le moyen d'assurer le succès de textes que leurs auteurs n'avaient pas rédigés en pensant à elle. Une édition récente de la correspondance de voyage de Mary Montagu (1689-1762) fut ainsi surmontée d'un titre que lady Montagu elle-même n'aurait jamais imaginé : *Lettres d'ailleurs*.

En réalité, ces éditeurs ne faisaient qu'achever une mutation de sens dont les origines remontent aux premières décennies du XXe siècle et que rien n'illustre mieux, sans doute, que les péripéties posthumes d'Arthur Rimbaud. Le 20 octobre 2004, jour du cent cinquantième anniversaire de la naissance de celui-ci, on inaugurait ainsi à Charleville-Mézières, dans sa maison natale, une « maison des Ailleurs » censée exprimer les nombreux voyages, réels ou rêvés, du poète. Le nom de la maison faisait écho à une formule célèbre, volontiers attribuée à Rimbaud : « la vraie vie est ailleurs ». Dès 1989, la phrase avait du reste déjà fourni le titre d'un livre consacré à toute une série d'individus remarquables, à commencer par Rimbaud lui-même, qui auraient quitté l'Europe pour trouver « ailleurs » le sens de leur vie[3].

Cependant, Rimbaud n'a jamais écrit cela. Rimbaud a écrit, au début des années 1870, dans *Vierge folle* : « Quelle vie ! La vraie vie est absente. Nous ne sommes pas au monde[4]. »

---

3. Jean-Michel Belorgey, *« La Vraie Vie est ailleurs ». Histoires de ruptures avec l'Occident*, Paris, Lattès, 1989.

4. Arthur Rimbaud, « Délires I, Vierge folle », *Une saison en enfer* (1874), dans *Œuvres complètes*, Paris, Gallimard, coll. « Bibliothèque de la Pléiade », 2009, p. 260.

Ce n'est que progressivement que la formule fut modifiée par les admirateurs du poète. On se souvient de la célèbre conclusion qu'André Breton donna, en 1924, au *Manifeste du surréalisme* : « C'est vivre et cesser de vivre qui sont des solutions imaginaires. L'existence est ailleurs[5]. » L'impulsion était donnée, qui allait permettre de mêler la figure de Rimbaud et l'idée vague selon laquelle la possibilité d'une vraie vie existerait « ailleurs ». Parmi les résultats de ce mélange, citons le recueil poétique de Henri Michaux, *Ailleurs*, en 1967 – ou encore le roman dans lequel, en 1971, Milan Kundera mettait en scène un héros rimbaldien pétri de poésie surréaliste : *La Vie est ailleurs*.

Tout au long du XXe siècle, l'adverbe *ailleurs* acquit ainsi une dignité nouvelle. Il désignait désormais l'ensemble des espaces qui, à la surface de la terre, pouvaient signifier l'aspiration à un certain sens de la vie. Montaigne avait certes écrit : « nous pensons tousjours ailleurs[6] ». Mais la formule n'impliquait pas, pour l'auteur des *Essais*, un référent géographique. Or c'est bien cela qui changeait, sous les auspices involontaires de Rimbaud. L'usage nouveau du mot impliquait moins de penser « ailleurs » que d'y vivre – cette vie, ou simplement ce désir de vie, s'accompagnant d'une quête de sens d'un genre nouveau. Les espaces lointains du monde se donnaient comme les lieux de sécularisation d'un désir qui n'avait eu jusque-là, pour s'épanouir, que la croyance d'une vie après la mort.

Encore, tout au long de cette histoire édifiante des usages de Rimbaud, l'adverbe « ailleurs » n'était-il pas substantivé. Ce dernier processus fut l'affaire de ceux qui, souvent dans le

5. André Breton, *Manifeste du surréalisme* (1924), dans *Œuvres complètes*, tome 1, Paris, Gallimard, coll. « Bibliothèque de la Pléiade », 1988, p. 346. Voir aussi p. 329.
6. Michel de Montaigne, « De la diversion », *Essais*, Paris, Gallimard, coll. « Bibliothèque de la Pléiade », 2007, p. 875.

cadre universitaire, tentèrent de doter la notion, née aux confins de l'inspiration poétique et des calculs éditoriaux, d'un contenu conceptuel cohérent. Ces chercheurs avaient l'habitude de manier deux notions concurrentes, contre lesquelles l'Ailleurs fut précisément pensé : l'altérité et l'exotisme.

Au premier rang de ces chercheurs se trouvaient les anthropologues. Dans les dernières décennies du XXe siècle, le tournant réflexif pris par leur discipline les conduisit à renouveler la réflexion sur l'altérité. La certitude inédite que toute société ne pouvait pas être étudiée sans penser préalablement le rapport de l'observateur à son objet d'étude invita à repenser la définition de la différence entre soi et les autres. L'objet observé n'avait de sens que si l'on étudiait aussi les cadres de l'observation, c'est-à-dire les interactions entre le chercheur et son milieu d'étude, ainsi que les façons de penser et de sentir du chercheur lui-même. Ces impératifs nouveaux se traduisirent par de belles réussites dans le domaine du récit de voyage (lisez, pour vous en convaincre, les ouvrages hilarants de Nigel Barley). Ils furent également à l'origine de savantes réflexions sur l'ontologie de l'altérité. Or celles-ci – la bibliographie en témoigne[7] – s'accompagnèrent de l'introduction de l'Ailleurs, défini comme le cadre spatial dans lequel s'effectue l'expérience de l'altérité.

Ce faisant, les anthropologues perdirent souvent de vue les sociétés lointaines qui avaient été leur objet d'étude initial, au profit d'une réflexion sur les désirs de découverte des sociétés européennes, l'Ailleurs n'étant qu'une représentation que se

7. *L'Autre et l'Ailleurs. Hommages à Roger Bastide*, Paris, Berger-Levrault, 1976 ; Dominique Lecoq et Jean-Luc Lory (dir.), *Écrits d'ailleurs. Bataille et les ethnologues*, Paris, MSH, 1987 ; Stanislas Breton, *L'Autre et l'ailleurs*, Paris, Descartes et Cie, 1995 ; *Anthropologie de l'Ailleurs : présence de Louis-Vincent Thomas*, Montpellier, Université Montpellier 3, 1997 ; Jean Chesneaux, *L'Art du voyage. Un regard (plutôt) politique sur l'autre et l'ailleurs*, Paris, Bayard, 1999.

font ceux qui vivent Ici[8]. En cela, ils retrouvèrent les préoccupations des spécialistes des études littéraires, qui s'employaient depuis longtemps à analyser le code esthétique de l'exotisme[9]. L'ensemble participait du reste de ce glissement général de l'anthropologie vers la littérature, dont témoigne parfaitement la gloire de Claude Lévi-Strauss[10].

La réflexion littéraire sur l'exotisme, en l'occurrence, était bien plus ancienne. Elle datait des origines mêmes du mot – lorsque, vers 1830, l'*exotisme* vint désigner le goût pour les choses exotiques. Les écrivains qui l'utilisèrent eurent inévitablement à penser les causes, les manifestations et les conséquences du désir de ce qui vient de loin. Cette antécédence explique que, parmi les chercheurs qui ces dernières années ont le plus explicitement tenté de doter la notion d'Ailleurs d'un contenu conceptuel, figurent des spécialistes des études littéraires[11]. L'Ailleurs semblait l'outil adéquat pour analyser

8. Franck Michel, *Désirs d'ailleurs. Essai d'anthropologie des voyages*, Paris, Armand Colin, 2000.

9. Francis Affergan, *Exotisme et altérité. Essais sur les fondements d'une critique de l'anthropologie*, Paris, PUF, 1987.

10. Rappelons qu'en 1992, *Tristes Tropiques* était au programme de l'épreuve de français des classes préparatoires scientifiques, sous l'appellation générique « L'Autre et l'Ailleurs », au même titre qu'*Un barbare en Asie* de Henri Michaux (et que les chants v à xiii de l'*Odyssée*). Parmi les manuels à l'usage des étudiants parus cette année-là, citons Geneviève Dewulf, *Entretiens sur l'Autre et l'Ailleurs avec Philippe Jacottet et Jacqueline de Romilly*, suivi de *Réflexions avec Claude Lévi-Strauss*, Nancy, Presses universitaires de Nancy, 1992. Sur ce lien entre anthropologie et littérature, voir les analyses d'Alban Bensa, *La Fin de l'exotisme. Essais d'anthropologie critique*, Toulouse, Anacharsis, 2006 et de Vincent Debaene, *L'Adieu au voyage. L'ethnologie française entre science et littérature*, Paris, Gallimard, 2010.

11. Jean-Marc Moura, *L'Europe littéraire et l'ailleurs*, Paris, PUF, 1998 et Patrick Née, *L'Ailleurs en question : essais sur la littérature française des XIXe et XXe siècles*, Paris, Hermann, 2009. Pour d'autres études, voir *Images de l'ailleurs dans la littérature anglo-américaine*, Reims, Université de Reims, 1981 ; Jean-Michel Racault (dir.), *Ailleurs imaginés. Littérature, histoire, civilisations*, Paris, Didier Erudition, 1990 ; Belinda Cannone, *Le Bonheur en littérature. Représentations*

des esthétiques que la référence à l'exotisme obscurcissait un peu. D'une part, en effet, l'histoire longue de l'exotisme s'était accompagnée de nombreuses mises en cause de la notion, qui en compliquaient l'usage (comme l'écrit Tzvetan Todorov : « C'est un compliment bien ambigu que de louer l'autre simplement parce qu'il est différent de moi[12] »). D'autre part, l'Ailleurs permettait de renouveler la réflexion sur l'exotisme en invitant à penser le lointain sans penser nécessairement le désir de celui-ci.

Chaque fois, l'enjeu était d'exporter la notion vers des époques et des textes qui ne l'avaient pas connue, mais qui était susceptibles de l'accueillir à des fins d'analyse. En réalité, c'est toute une littérature née des lendemains du tournant des XVIIIe et XIXe siècles – de ce temps où furent précisément définis et l'anthropologie et l'exotisme – qui semblait un terrain d'étude propice pour tester l'efficacité de la notion d'Ailleurs.

Retour aux Zoulous

Dans l'ensemble, les études historiques n'ont guère participé à cet effort de conceptualisation. Sans doute ont-elles fait de l'histoire de l'exotisme, depuis longtemps, un chapitre non négligeable de l'histoire des mœurs[13]. Elles ont également participé à l'étude du processus historique et social de construction

de l'autre et de l'ailleurs, Paris, Klincksieck, 1998 ; Jean Bessière et Jean-Marc Moura (dir.), *Littératures postcoloniales et représentations de l'ailleurs : Afrique, Caraïbe, Canada*, Paris, Champion, 1999 ; Claudine Le Blanc et Jacques Weber (dir.), *L'Ailleurs de l'autre. Récits de voyage extra-européens*, Rennes, PUR, 2009 ; Albéric d'Hardivilliers, *L'Écriture de l'ailleurs : petit propos sur la littérature nomade*, Paris, Transboréal, 2009 ; Daniel Lançon et Patrick Née (dir.), *L'Ailleurs depuis le romantisme. Essai sur les littératures en français*, Paris, Hermann, 2009.

12. Tzvetan Todorov, *Nous et les autres. La réflexion française sur la diversité humaine*, Paris, Seuil, 1989, p. 356.

13. André Bourde, « Histoire de l'exotisme », dans Jean Poirier (dir.), *Histoire des mœurs*, Paris, Gallimard, 1991, tome 3, p. 599-701.

de l'altérité (ce processus que l'on désigne de plus en plus volontiers par le terme anglais *othering*). Mais, à de rares exceptions près[14], les études historiques n'ont pas jugé nécessaire d'introduire dans leur raisonnement la notion d'Ailleurs. Certains ont toutefois pratiqué un type de raisonnement qui, même s'il ne faisait pas explicitement référence à cette notion, peut être mieux compris grâce à elle. Or ces historiens ne travaillaient pas nécessairement sur des objets exotiques ou sur des populations lointaines. Et c'est ici qu'il nous faut revenir aux Zoulous de Patrick J. Geary.

Quelle était en effet leur fonction dans le raisonnement de l'historien ? Résumons les deux moments de son analyse. Geary commençait par rappeler que les études historiques ont joué un grand rôle dans le processus de construction des identités nationales, tout particulièrement au XIXe siècle, en fournissant d'efficaces mythes de fondation. En reprenant les textes mêmes desquels ces érudits avaient tiré leurs conclusions, Geary montrait que la principale erreur de ces derniers avait été de ne pas imaginer que, derrière des mots semblables – Francs, Germains, Huns, etc. – se dissimulaient des réalités sociales très différentes selon les époques. La réification de tels noms avait préparé l'idée selon laquelle l'essence des peuples ainsi désignés échappait à l'histoire. Ce faisant, les historiens du XIXe siècle avaient légitimé (quand ils ne l'avaient pas tenu eux-mêmes) le discours nationaliste qui voulait que les nations européennes soient les héritières directes de peuples rendus célèbres par leur lutte contre les Romains.

D'autre part, Geary soulignait que les propositions d'ordre ethnographique des historiens du XIXe siècle reposaient elles-

14. Hervé Mazurel, *Désirs de guerre et rêves d'ailleurs. La croisade philhellène des volontaires occidentaux de la guerre d'indépendance grecque (1821-1830)*, thèse, Université Paris 1, 2009.

mêmes sur des catégories datant de l'Antiquité. S'en prenant directement aux concepts proposés par Benedict Anderson ou Eric Hobsbawm, il affirmait qu'« il ne suffit pas d'employer des formules magiques comme "communautés imaginées" et "traditions inventées" pour effacer les processus complexes, souvent violents et obscurs, qu'ont traversés les peuples et les nations d'Europe jusqu'à aujourd'hui[15] ». Il ne niait pas le travail de relecture du passé entrepris, sous les auspices de l'idée moderne de nation, par les historiens du XIXe siècle. Mais il invitait à replacer ce travail dans une histoire longue de la construction des identités et des peuples.

Il y avait là, sûrement, un classique conflit de compétences. Le spécialiste du haut Moyen Âge administrait une leçon à des historiens de l'époque contemporaine, jugés partiellement ignorants des objets sur lesquels ils travaillent. Néanmoins, on ne peut pas réduire la réflexion de Geary à cette seule dimension polémique. On le peut d'autant moins que Geary légitimait finalement sa démarche par l'analyse d'une société dont lui-même ignorait tout : celle des Zoulous.

Geary retrouvait en effet dans l'historiographie des Zoulous les traits remarquables de l'historiographie des peuples européens. Non seulement il était possible de mettre au jour « l'invention d'une tradition » – celle qui conduit, par exemple, aux célébrations actuelles du *Shaka Day* – mais il était également possible de réinterpréter correctement les témoignages recueillis par Bryant, sur lesquels cette tradition était fondée. De fait, c'est bien en accordant une attention inédite à la situation spéciale des interlocuteurs de Bryant et à l'histoire du sens

15. Patrick J. Geary, *Quand les nations refont l'histoire*, *op. cit.*, p. 219. L'auteur fait référence à Benedict Anderson, *Imagined Communities* (1983), London, Verso, 1991 et à Eric Hobsbawm et Terence Ranger (eds), *The Invention of Tradition* (1983), Cambridge, Cambridge University Press, 1993.

des mots que ceux-ci utilisaient que les spécialistes peuvent écrire aujourd'hui l'histoire des Zoulous.

Geary n'était pas lui-même un spécialiste de l'histoire zouloue. L'intérêt de sa démarche provient justement de cette ignorance de départ, qui distingue son propos de celui du simple spécialiste d'une aire géographique différente de celle dans laquelle il vit. Si Geary jugeait en effet que l'analyse de l'historiographie zouloue méritait d'être rapportée dans les dernières pages d'un ouvrage consacré au mythe des origines médiévales des nations européennes, c'était pour la raison suivante :

> Toute tentative de révision des perceptions les plus répandues de l'identité des peuples européens se heurte à un obstacle fondamental : ces perceptions ont pénétré si profondément dans les consciences européennes qu'elles ne sont plus comprises comme des reconstructions historiques mais comme des éléments essentiels et allant de soi de l'identité nationale. Elles se situent dans un domaine extérieur à l'histoire, celui de la mémoire collective, une mémoire d'autant plus puissante qu'elle est mythique. Le meilleur moyen d'échapper aux confusions et aux présupposés qui se sont accumulés pendant des siècles au sujet de l'identité des peuples européens est d'essayer, au moins un instant, de s'éloigner de l'Europe[16].

L'historien demandait donc aux Zoulous une chose bien simple et plus originale qu'il n'y paraît : l'éloignement. L'histoire zouloue, que Geary ne connaissait pas, mais sur laquelle il se documenta sérieusement, représentait pour lui un Ailleurs – cet Ailleurs qui devait lui permettre d'échapper aux pièges de la mémoire afin d'être un historien meilleur. Ce faisant, Geary retrouvait une vieille morale, qui était celle-là même de Montaigne et que de nombreux chercheurs ont reprise à leur

16. Patrick J. Geary, *Quand les nations refont l'histoire*, *op. cit.*, p. 201.

compte en appelant à leur tour à « penser ailleurs[17] » ou en définissant la bonne attitude de l'historien comme la recherche de « l'effet d'estrangement[18] ».

Cependant, de telles formules ne sauraient résumer l'intérêt des études historiques pour l'Ailleurs. Elles flattent certes le désir intellectuel et moral de décentrer le regard, qu'il s'agisse de voir ce que les autres chercheurs ne voient pas ou bien de ressentir une proximité privilégiée avec son objet d'étude. Mais elles me paraissent manquer les deux enseignements majeurs que l'on peut tirer de l'utilisation par Patrick J. Geary de l'exemple zoulou.

Le premier est que le détour par les Zoulous ne produit aucune connaissance neuve. Geary espère sans doute que son lecteur comprendra mieux le propos de son livre à la lumière de l'analyse de l'historiographie des Zoulous. Mais l'essentiel a précisément été dit dans les deux cents pages qui précèdent cette analyse. L'invocation de l'Ailleurs n'apprend donc rien, au sens strict. Cependant elle produit – c'est du moins l'intention de Geary – un *effet d'intelligibilité*.

Le second enseignement tient au fait que Geary n'a pas choisi un Ailleurs absolu – un « Extrême-Ailleurs », comme aurait pu dire Victor Segalen. Il n'a pas fait de l'histoire zouloue un point de comparaison résolument extérieur à l'Europe. Il ne cherchait pas à identifier les hypothétiques ressemblances profondes entre des sociétés que tout opposerait. Il n'entendait pas mettre en pratique une leçon d'ordre anthropologique – leçon toujours dangereuse, en ce qu'elle a pour horizon cette quête des invariants par laquelle l'anthropologie se distingue fondamentalement de l'histoire.

17. Nicole Lapierre, *Pensons ailleurs*, Paris, Stock, 2004.

18. Carlo Ginzburg, *À distance. Neuf essais sur le point de vue en histoire*, Paris, Gallimard, 2001, p. 36.

Au contraire, Geary a choisi, pour s'éloigner de l'Europe, une société d'abord définie par son *lien* avec l'Europe : non pas par ses luttes avec les Boers ou les Britanniques, en l'occurrence, mais par le fait que son histoire a d'abord été écrite par un Européen, Alfred T. Bryant. Si les Zoulous représentent un Ailleurs pour l'historien, c'est bien parce qu'il existe un Ici grâce auquel l'Ailleurs peut être pensé. Sans Bryant, l'histoire zouloue serait simplement une histoire autre que la nôtre. Avec lui, elle devient l'histoire d'un Ailleurs. Et Geary pouvait l'intégrer, à ce titre, dans une réflexion qui échappait au principe de la comparaison anthropologique.

Alors que se définissent aujourd'hui les contours d'une histoire-monde dont les ambitions les plus louables sont sans doute de comprendre les phénomènes d'interconnexion des sociétés, il peut être utile de réfléchir à cet usage raisonné de la notion d'Ailleurs. Il ne s'agit pas seulement de renouveler utilement les anciennes catégories d'analyse que sont l'altérité et l'exotisme. Il s'agit de mieux comprendre les effets d'intelligibilité créée par la notion d'Ailleurs, sans jamais oublier que de tels effets n'ont de valeur que dans la mesure exacte où les sociétés que nous comparons sont liées entre elles, d'une façon ou d'une autre.

17.

Pour décrire le monde qui vient

Pent Farm, 1903. Depuis cinq ans, Joseph Conrad est installé dans ce petit coin du Kent, en Angleterre. Il a quarante-six ans. On ne l'appelle presque plus par le nom sous lequel il est né, celui de son père, Korzeniowski, un noble polonais exilé en Ukraine par le pouvoir russe à cause de ses opinions libérales. Conrad a cessé sa vie de voyages, lui qui fut d'abord engagé dans la marine marchande française, avant de rejoindre celle des Britanniques. Il parle couramment anglais – quoique, dit-on, avec un léger accent de Marseille, où il a appris le métier de marin. Quelques années plus tôt, il a obtenu la nationalité britannique. Il a déjà publié sept livres, tous en anglais.

La petite maison où il vit avec sa jeune femme et son fils lui a été sous-louée par un ami écrivain, Ford Madox Ford. Non loin de là vivent Henry James et Herbert George Wells. Dans le Kent, Conrad a définitivement abandonné la mer pour la littérature. Cette année 1903, il publie un livre écrit à quatre mains avec Ford, *L'Aventure* – très certainement son plus mauvais roman, comme si les talents des deux amis s'étaient dissouts en se mêlant l'un à l'autre.

En janvier, il s'est mis à son bureau avec un nouveau projet, qui sera un de ses chefs-d'œuvre et dont il tient déjà le titre : *Nostromo*. Ce sera la première fois qu'il écrira un livre sans se fonder sur ses souvenirs personnels. Jusque-là, il a écrit sur la vie en mer, sur l'Asie du Sud-Est, où il a tant voyagé, sur le Congo, qu'il a connu. Cette fois, c'est différent. Il écrira sur l'Amérique du Sud, qu'il ne connaît pas. Tout au plus, en 1875 ou 1876, il ne sait plus très bien, il a passé un jour ou deux sur un navire au large des côtes du Venezuela – des impressions trop fugitives pour en faire un roman. *Nostromo* sera une œuvre toute d'imagination. Pour Conrad, cela signifie peut-être qu'il est véritablement devenu romancier.

D'ailleurs, son Amérique du Sud sera imaginaire. Conrad crée un pays qui n'existe pas : le Costaguana, dont il invente l'histoire et la géographie. Il se documente, lit beaucoup. Plus encore, il se fait raconter l'Amérique du Sud par un de ses amis, qui y a vécu : Robert Cunninghame Graham.

En voilà un qu'on a oublié en France et on a tort. Aristocrate comme Conrad et un peu plus âgé que lui, Cunninghame Graham était parti en Argentine au lendemain de ses études. Il s'y était lancé dans l'élevage. Puis, il avait voyagé au Paraguay et ailleurs. Revenu en Angleterre, où ses amis le surnommaient « Don Roberto », il s'était fait élire à la Chambre des Communes. Cunninghame Graham fut le premier député socialiste britannique. Il dénonçait les atrocités coloniales et le règne de l'argent[1]. Avec Conrad, ils avaient bien des choses à se dire.

Conrad n'était pas socialiste. Mais dans *Cœur des ténèbres*, le premier livre qu'il a écrit à Pent Farm, il avait su montrer les atrocités commises dans l'État indépendant du Congo au nom des objectifs économiques du roi des Belges[2]. En 1903, son Amérique du Sud imaginaire sera soumise aux intérêts financiers. Au cœur du Costaguana et de ses problèmes politiques et sociaux, il y a une mine d'argent.

On peut bien sûr y voir une obsession personnelle. Conrad peine alors à gagner sa vie – sans compter que, pendant qu'il écrit *Nostromo*, la banque où il avait ses économies fait faillite.

1. Sylvain Venayre, *Les Guerres lointaines de la paix. Civilisation et barbarie depuis le XIXe siècle*, Paris, Gallimard, 2023, p. 183-185.
2. *Cf. supra*, chapitre 14.

Plus que jamais, il doit travailler. Pour *Nostromo*, il écrit toute la journée, jusqu'à avoir le soir, comme un mineur, les mains si douloureuses qu'il ne peut plus tenir sa plume. Après le dîner, il dicte à Ford Madox Ford un autre roman, *Le Miroir de la mer*. Puis, le matin, il poursuit *Nostromo* et ainsi de suite, chaque jour. Continument, Conrad travaille. Il a besoin d'argent.

Mais ce n'est pas pour des raisons personnelles qu'il met l'argent au cœur de son Amérique du Sud. Cunninghame Graham le lui a confirmé : non seulement la conquête espagnole du XVIe siècle a donné naissance là-bas au mythe de l'El Dorado mais, depuis les indépendances des républiques sud-américaines, tout y est une question d'argent. Ce n'est peut-être pas un hasard si la traduction exacte du « *Rio de la Plata* » aurait dû être, non pas « *The River Plate* », comme on le dit en anglais, mais la « Rivière d'Argent » (qui donne son nom à l'Argentine). Certes, les sociétés sud-américaines ne sont plus soumises à l'ancienne tutelle espagnole, mais elles doivent leur développement économique aux financements occidentaux, surtout britanniques. Tout au long du XIXe siècle, les banquiers londoniens de la City ont prêté les fonds qui ont permis de construire des chemins de fer, des usines, des télégraphes. Si Buenos Aires s'est couverte de bâtiments magnifiques, si la capitale argentine ambitionne d'être le Paris du Nouveau Monde, c'est d'abord grâce à l'argent britannique.

Conrad s'efforce de donner une forme à cette histoire et, peut-être justement parce qu'il n'est pas socialiste, cette forme ne sera pas celle d'un roman à thèse. Il emprunte bien sûr aux souvenirs de Cunninghame Graham. Son Costaguana a quelque chose à voir avec l'Argentine et le Paraguay. Mais, au sommet de son art de romancier, il les transfigure en compliquant les descriptions et les récits du pays qu'il invente. Vous le savez si vous avez lu *Nostromo* : c'est un roman ardu, dans lequel il n'est pas facile d'entrer et où il est très facile de se perdre. Conrad entrelace les scènes, les époques et les récits. Tout en suivant dans ce cadre mouvant les fébriles émotions de la société costaguanaise et les aventures de Gian' Battista Fidanza, le *capataz de cargadores*, nous voyons progressivement se mettre en place deux grands thèmes politiques, subtilement traités : l'avènement de la puissance états-unienne, d'une part ; celui de l'impérialisme, d'autre part.

Le XXe siècle des États-Unis d'Amérique

Le propriétaire de la mine d'argent, Charles Gould, est né au Costaguana, où on l'appelle cérémonieusement Don Carlos. Son grand-père s'était battu avec les armées de Bolivar au temps des guerres d'indépendance. Mais il est Anglais. Or, en ce début du XXe siècle, les financiers de Londres sont remplacés en Amérique du Sud par ceux de New York. Pour investir dans la modernisation de sa mine d'argent – cette mine qui permettra de construire le chemin de fer du Costaguana –, l'Anglais Charles Gould se tourne donc vers les États-Unis d'Amérique. En l'occurrence, les prêts viennent de Californie : cette Californie où avait eu lieu, cinquante ans plus tôt, la première des grandes ruées vers l'or.

Cela correspond aux évolutions de l'époque, dont Conrad est un témoin informé. Entreprise pour le contrôle de Cuba, la guerre entre les États-Unis d'Amérique et l'Espagne s'est conclue en 1898 par une victoire éclatante des troupes de Washington. La « splendide petite guerre », comme on l'appelle aux États-Unis, a manifesté aux yeux du monde ce fait nouveau et spectaculaire : les grandes puissances ne résident plus toutes en Europe. Au lendemain de la victoire, Rudyard Kipling affirme même que c'est au tour des États-Unis de porter « le fardeau de l'homme blanc » – entendez : de civiliser les sociétés sauvages. De son côté, le géographe Halford Mackinder tire la conclusion suivante : « la phase européenne de l'histoire est en train de passer[3] ».

Incarnation de ces nouvelles ambitions, Theodore Roosevelt, héros de la guerre contre l'Espagne et nouveau président des États-Unis d'Amérique, entreprend en 1903 une tournée de conférences visant à exposer la nouvelle politique extérieure de Washington. Désormais, dit Roosevelt, le continent américain est sous la protection des États-Unis. Les États européens, qui dominent l'Afrique et l'Asie, n'y sont plus les bienvenus.

Un projet exprime cela avec faste : le canal qui doit réunir l'océan Atlantique et l'océan Pacifique. De ce canal, on parlait depuis longtemps. Une compagnie française avait même commencé à le creuser sur le territoire de la Grande-Colombie, dans l'isthme de Panama. Mais elle avait fait une faillite retentissante. Sous l'influence de Roosevelt, le gouvernement de Washington reprend l'affaire. En janvier 1903, au moment où Conrad commence à écrire *Nostromo*, les États-Unis et la Grande-Colombie signent un traité accordant aux premiers un bail renouvelable de cent ans sur une bande de terre de presque dix kilomètres de large tout le long du chantier. On allait enfin y creuser, comme le dit Roosevelt, « une des futures grandes voies de communication de la civilisation[4] ».

Or, non. Coup de théâtre : le Sénat de Grande-Colombie rejette le traité. Le projet sera-t-il éternellement ajourné ? Dans l'isthme de Panama, on s'agite. Soutenus par le gouvernement de Washington, certains réclament la sécession de la région. Comme aurait pu le dire un des personnages de *Nostromo*, Martin Decoud : « La nature elle-même semble nous crier :

3. Cité dans Maya Jasanoff, *Le Monde selon Joseph Conrad*, Paris, Albin Michel, 2020, p. 291, à qui ce chapitre doit énormément.
4. *Ibid.*, p. 280.

faites sécession ! » Le 3 novembre 1903, cependant qu'une flotte des États-Unis se rassemble au large des côtes du Panama, la révolution éclate. Trois jours plus tard, l'administration Roosevelt reconnaît le nouvel État qui en est issu. La Grande-Colombie a vécu. Grâce à un second accord, encore plus avantageux, les États-Unis contrôlent désormais 16 kilomètres de terre de part et d'autre du chantier du canal.

Comment s'étonner que Conrad, qui lit tout cela dans les journaux à Pent Farm, dans le Kent, puisse imaginer à son tour la sécession de la république de Sulaco, sur le littoral du Costaguana, et sa reconnaissance immédiate par les États-Unis d'Amérique ? Les lieux sont imaginaires. Les faits, beaucoup moins.

Le XXe siècle de l'impérialisme

Autour de Charles Gould, les autorités de Sulaco ont à la bouche les mêmes mots que les autorités de la nouvelle République du Panama : progrès, raison, liberté, patrie, démocratie. Mais, caché derrière la puissance nouvelle des États-Unis d'Amérique, il y a un autre mot, tout récent et plein d'avenir : impérialisme.

Conrad avait d'abord imaginé un roman sur les Italiens dans le Nouveau Monde. Cunninghame Graham lui avait raconté la légende de Garibaldi. Dans les années 1840, le célèbre patriote italien n'avait-il pas combattu pour la République du Rio Grande do Sul contre l'Empire du Brésil puis, en Uruguay, aux côtés des Rouges contre les Blancs soutenus par la dictature argentine ? On trouvait encore, en Amérique du Sud, de ces vieux patriotes républicains et anticléricaux, garibaldiens exaltés qui avaient défendu, carabine à la main, les idéaux de patrie et de liberté.

Mais les temps ont changé. La guerre anglo-boer, qui vient de ravager l'Afrique australe, a inauguré un nouvel âge.

Non seulement les combats y ont pris des formes nouvelles et effrayantes – à commencer par ces camps de concentration dans lesquels les Britanniques ont enfermé femmes, enfants et vieillards –, mais les raisons de combattre au loin ne sont plus les mêmes. En Afrique du Sud, il était difficile de croire que les Britanniques faisaient la guerre au nom de la civilisation et de l'humanité, ces flatteuses justifications des conquêtes coloniales. Il y avait eu là-bas, autour de Johannesburg, la dernière des grandes ruées vers l'or. Aux yeux de nombreux observateurs, il était évident que le gouvernement de Londres y envoyait des soldats pour s'assurer l'exploitation des gisements aurifères. Il n'y avait plus d'autres valeurs que les intérêts matériels.

Ainsi s'était exprimé, notamment, cet intellectuel aux sympathies socialistes, John Atkinson Hobson. En 1902, il avait fait paraître le premier ouvrage théorique sur une notion qu'on commençait à utiliser pour penser les raisons profondes des guerres lointaines : *Imperialism. A study*. Une quinzaine d'années plus tard, Lénine s'en inspirera pour écrire *L'Impérialisme, stade suprême du capitalisme*. Entre-temps, Conrad aura fait paraître *Nostromo*, en feuilleton, dans une revue progressiste, le *T.P.'s Weekly*, à partir de janvier 1904.

Conrad n'aurait pas apprécié que son roman si complexe, si plein de personnages, si artistiquement construit, pût être comparé à des libelles – surtout ceux de Hobson et de Lénine, avec lesquels il était sûrement en désaccord sur de nombreux points. Cependant, *Nostromo* raconte bien un moment particulier de l'histoire du monde : celui où, dans le cimetière des idéaux, les justifications humanitaires et civilisatrices des empires coloniaux venaient rejoindre les valeurs libérales des patriotes garibaldiens – celui où l'avènement conjoint des États-Unis d'Amérique et de l'impérialisme se faisait au nom d'une seule réalité, que Conrad nomme à plusieurs reprises : celle des « intérêts matériels ». On ne voyagerait plus dans le même monde.

Ainsi Gian'Battista Fidanza perd-il son si beau nom (Fidanza signifie confiance). Ainsi devient-il le *capataz de cargadores* d'une compagnie de navigation à vapeur, c'est-à-dire, plus prosaïquement, son débardeur en chef. Ainsi est-il Nostromo, une contraction de « nostro uomo », c'est-à-dire « notre homme » : celui qui nous sert. Au Costaguana, « notre homme » sert, contrairement à Garibaldi, les Blancs contre les Rouges. Au sein de la province sécessionniste de Sulaco, il sert les intérêts de cette concession Gould dont le lien avec l'impérialisme est tel qu'on la qualifie d'« *imperium in imperio* ». Puis, il finira par servir l'argent lui-même. Au Nouveau Monde, « notre homme » a vu naître le nouvel ordre mondial, celui du XXe siècle de la domination états-unienne et du triomphe de l'impérialisme – et pour Conrad, l'ancien voyageur qui n'était même pas socialiste, ça ne pouvait que mal finir.

Conclusion

Où va le XIXe siècle ?

Si vous vous demandez quelle est, aujourd'hui, l'actualité du XIXe siècle, vous songerez peut-être, en voyant certains reportages à la télévision ou certaines photographies dans les journaux, à ce qui arrive ces derniers temps à pas mal de statues. Par exemple, vous aurez vu l'enlèvement, à Richmond, dans l'État de Virginie, le 8 septembre 2021, de la statue du général en chef des armées confédérées pendant la guerre civile des États-Unis d'Amérique, Robert E. Lee. Elle avait été inaugurée en 1890. Elle était l'œuvre d'un sculpteur français, Antonin Mercié, à qui l'on doit également la sculpture qui, au Père Lachaise, orne le tombeau de Jules Michelet – une allégorie féminine avec, en guise d'épitaphe, la célèbre citation : « L'histoire est une résurrection ». À Richmond, il n'était pas exactement question de résurrection.

Les États confédérés ayant combattu pour le maintien de l'esclavage des Africains-Américains, la statue du général Lee est depuis longtemps considérée comme un symbole raciste. Elle a été une des cibles privilégiées du mouvement Black Lives Matter. Lors des émeutes qui ont suivi la mort de George Floyd, en 2020, elle a été abondamment taguée. Finalement, le 8 septembre 2021, les autorités de la ville de Richmond ont entrepris de la faire disparaître de l'espace public.

Nous aurions tort de considérer cet événement comme relevant de la seule actualité des États-Unis d'Amérique. D'autres statues, ailleurs, ont été visées de la même manière[1].

1. Bertrand Tillier, *La Disgrâce des statues. Essai sur les conflits de mémoire, de la Révolution française à Black Lives Matter*, Paris, Payot, 2022.

À Paris, par exemple, la statue de Colbert qui se trouve devant l'Assemblée nationale est régulièrement prise pour cible au motif que Colbert a été l'initiateur de la loi de 1685 sur les rapports entre maîtres et esclaves dans les colonies françaises d'Amérique, que l'on connaît sous le nom de « code noir » et qui constituerait, ainsi que l'ont dénoncé de multiples tags, une des preuves de la « négrophobie d'État » française. À Mexico, sur le Paseo de la Reforma, la statue de Christophe Colomb, elle aussi régulièrement vandalisée, devrait être remplacée par la statue d'une femme olmèque – ce qui signifierait tout à la fois la reconnaissance de la violence commise par les Espagnols sur les Amérindiens, mais aussi de la domination des hommes sur les femmes, dans le contexte sanglant de la conquête du Nouveau Monde.

Vous m'objecterez qu'en évoquant Christophe Colomb, qui est mort en 1506, et Jean-Baptiste Colbert, qui est mort en 1683, je ne parle pas du XIXᵉ siècle. Je vous répondrai que, si Colomb fut en effet un homme du XVᵉ siècle, et Colbert un homme du XVIIᵉ, leurs statues, quant à elles, comme la statue du général Lee, datent bien du XIXᵉ siècle. Celle de Colbert a été inaugurée à Paris en 1822 et celle de Colomb, à Mexico, en 1877. Or ce qui est en jeu, dans ces atteintes aux statues de Colomb et de Colbert, c'est moins la réalité des crimes commis aux XVᵉ et XVIIᵉ siècles que la façon dont ceux-ci ont été, par la suite, intégrés au récit historique. Et ce récit a été écrit au XIXᵉ siècle.

Les historiens s'enorgueillissent parfois de ce siècle où leurs pairs étaient au pouvoir. François Guizot, principal ministre de Louis-Philippe ; Victor Duruy, ministre de l'Instruction publique de Napoléon III ; Adolphe Thiers, chef de l'État ; Henri Martin, sénateur de la IIIᵉ République : tous étaient historiens. Mais c'est oublier un peu vite que cette reconnaissance politique et sociale s'accompagnait à l'époque d'une certaine vision du cours de l'histoire, singulièrement oublieuse d'une grande partie de la réalité. Ce que ces historiens du XIXe siècle ont élaboré, avec une érudition et un enthousiasme incontestables, c'est le récit d'un sens particulier de l'histoire. Et ce que contestent aujourd'hui celles et ceux qui s'en prennent aux statues de Colomb et de Colbert – entre autres –, c'est ce même sens de l'histoire.

J'en veux pour preuve le terme qu'on utilise aujourd'hui pour désigner le retrait de ces statues de l'espace public – ou, au moins, le désir de ce retrait. On parle de « déboulonnage ». Or « déboulonnage » est un mot inventé au XIXe siècle, d'ailleurs caractéristique de la révolution industrielle. On n'y a jamais tellement réfléchi mais, au fond, on devrait peut-être nommer ainsi le XIXe siècle : avant d'être le siècle des révolutions, comme on l'écrit parfois, voire le siècle de la vapeur, il a peut-être été, surtout, le siècle du boulon. Et ce que certains cherchent à déboulonner aujourd'hui, ce sont moins des statues – qui sont rarement fixées à leurs socles par des boulons – que le XIXe siècle lui-même, dont le boulon serait, en quelque sorte, la métonymie.

Examinons ce problème du point de vue du livre qui se conclut ici : l'histoire des voyages et de leurs récits. Après tout, si les boulons usinés au XIXe siècle ont assez peu servi à assembler des statues, ils ont été très utiles pour la construction des locomotives et des bateaux à vapeur. Or il me semble que le jugement que l'on porte sur ces locomotives et sur ces bateaux à vapeur a, lui aussi, un peu changé ces dernières années.

Considérons ainsi le modeste tableau ci-dessous. Il a été peint en 1872. Un de ses titres (il en a eu plusieurs) est *American Progress*. Il s'agit d'une peinture à l'huile de petite taille : 40 centimètres de long sur 32 centimètres de haut. Elle est aujourd'hui conservée à Los Angeles, au Autry Museum of the American West. Elle avait été initialement réalisée à la demande d'un éditeur de guides de voyages, George Crofutt, qui l'avait reproduite à des dizaines de milliers d'exemplaires, d'abord dans ses livres et dans la revue qu'il éditait, *Crofutt's Western World*, puis sous la forme d'estampes chromolithographiques. Les moyens de diffusion de ce dessin – les collections de guides de voyage, les revues illustrées, la gravure sur bois et la lithographie – sont caractéristiques du XIXe siècle.

L'auteur de l'œuvre, à qui Crofutt avait passé sa commande, était un artiste nommé John Gast, alors âgé de trente ans. Sa vie, elle aussi, est caractéristique du XIXe siècle. John Gast s'appelait en réalité Johannes Gast et il était né à Berlin. Il a fait partie de cette grande masse d'émigrés européens partis s'installer en

John Gast, *American Progress*, 1872.

Amérique du Nord – et même, plus exactement, il a fait partie de cette grande masse d'émigrés allemands partis s'installer aux États-Unis. Nous en connaissons d'autres : Henry Steinway, par exemple, qui a donné son nom à la célèbre marque de pianos Steinway, et qui était né en Basse-Saxe, non loin de Brunswick, sous le nom d'Heinrich Steinweg – ou Levi Strauss, l'inventeur du *blue jean*, qui était né en Bavière, à Buttenheim, sous le nom de Löb Strauss. John Gast est représentatif, comme tant d'autres, de ces existences européennes qui, pour s'épanouir, ont pris la route de l'Ouest.

C'est bien le sujet de cette peinture : mettre en scène le progrès américain en direction de l'Ouest – ce qu'on appelait aux États-Unis depuis les années 1840 la « destinée manifeste », c'est-à-dire la théorie selon laquelle, en progressant de l'océan Atlantique vers l'océan Pacifique, les États-Unis accompliraient les desseins de la Providence. La figure centrale du tableau est d'ailleurs une allégorie des États-Unis d'Amérique : non pas Oncle Sam ou Brother Jonathan, qui existaient aussi à l'époque, mais Columbia, qui tient son nom de Christophe Colomb et qui était, au XIXe siècle, une des personnifications des États-Unis d'Amérique (elle a disparu aujourd'hui, même s'il en reste des traces, tels l'université Columbia de New York ou, peut-être plus connu, le logo de la compagnie cinématographique Columbia Pictures).

Le sujet du tableau est donc très américain – et même, comme on dit désormais, états-unien. Mais il renvoie à une allégorie du progrès qu'on devrait plutôt dire occidentale. En peignant en effet le lever du soleil, à droite de son tableau, John Gast ne suggère pas seulement l'aube radieuse se levant sur l'humanité ou la lumière de la civilisation chassant les ténèbres de la barbarie. Il peint également toute une philosophie de l'histoire, très prégnante au XIXe siècle et que Jules Michelet avait exprimé à sa façon en 1831 dans son *Introduction à l'histoire de l'humanité*. Pour Michelet, comme pour le plus grand nombre de ses collègues occidentaux, l'histoire de l'humanité suivait, depuis ses origines, la course du soleil – ce que résumait la formule latine *Fiat oriente lux* (« la lumière vient de l'Est »). La civilisation serait née à l'Est, en Inde, dans ce que Michelet nommait « *the womb of the world* », la matrice du monde. Puis, elle se serait propagée et perfectionnée d'Est en Ouest, en suivant la course du soleil : après l'Inde, la Mésopotamie, puis l'Égypte, la Grèce, Rome et enfin l'Europe occidentale (c'est-à-dire, pour Michelet, la France, qui depuis la Révolution était devenue, comme il le dit en employant une métaphore empruntée à l'imaginaire des transports, le « pilote du vaisseau de l'humanité[2] »). Du point de vue américain, celui de John Gast et de son commanditaire, éditeur de guides de voyages dans l'Ouest, les États-Unis poursuivaient cette longue histoire et c'était Columbia qui était désormais aux avant-postes du progrès.

Ce progrès, Columbia l'exprime en tenant un manuel scolaire, un « *school book* », car il était bien évident, pour les Occidentaux du XIXe siècle, que l'instruction des enfants était la première condition du progrès – même s'il ne serait pas très difficile de leur objecter aujourd'hui que cet impératif d'instruction ne s'appliquait pas de la même façon aux enfants des élites et aux enfants des classes populaires, ni de la même façon aux garçons et aux filles. Surtout, John Gast illustrait ce progrès en mettant en scène les moyens modernes de transport et de communication. C'était logique, puisque sa peinture était censée accompagner un discours sur le voyage, celui de l'éditeur de guides Crofutt. Cependant, John Gast ne faisait que reprendre une croyance très largement partagée par les

2. Jules Michelet, *Introduction à l'histoire universelle*, édition de S. Venayre, Paris, Points, 2013.

Occidentaux du XIXe siècle : non seulement le progrès était lui-même représenté comme un voyage (cette course d'Est en Ouest, suivant la course du soleil), non seulement les nations les plus civilisées étaient représentées comme des guides de l'humanité (à l'image de la France, pilote de vaisseau pour Michelet ou, ici, de Columbia, guide aux avant-postes de la marche vers l'Ouest), mais les transports et les communications étaient considérés comme le premier moyen du progrès[3].

Voyage et progrès

Il y a ainsi ce qu'on voit en haut à droite du tableau : ces fleuves, qui s'enfoncent profondément à l'intérieur du continent. Leur domestication était depuis longtemps un enjeu de première importance. Au XIXe siècle, on avait mis au point deux nouveaux moyens pour que les cours d'eau cessent définitivement d'être des obstacles et qu'ils deviennent véritablement des atouts pour la communication. Le premier était la technologie qui avait permis de créer des ponts suspendus – ces ponts d'un nouveau genre qui épataient Stendhal dans les *Mémoires d'un touriste* et qui s'étaient multipliés en France depuis le premier d'entre eux, lancé sur le Rhône, entre Tournon et Tain, en 1825. Aux États-Unis, le pont suspendu de Wheeling, en Virginie occidentale, avait été inauguré en 1849 ; celui de Cincinnati, dans l'Ohio, en 1867 ; celui de Waco, au Texas, en 1869. Mais ils ne ressemblent pas à celui peint par John Gast. Ici, on reconnaît, au nord-est des États-Unis, le port de New York, avec l'île de Manhattan et, d'un côté, l'Hudson

3. Sylvain Venayre, « Transports et communications : les paradoxes du réseau », dans Pierre Singaravélou et Sylvain Venayre (dir.), *Histoire du monde au XIXe siècle*, Paris, Fayard, 2017, p. 48-63, dont je reprends certaines analyses pour les paragraphes qui suivent.

River, de l'autre côté, l'East River – et donc, au-dessus de l'East River, un magnifique pont suspendu, qui ne peut être que le pont de Brooklyn. Sauf que le pont de Brooklyn n'a été mis en service qu'en 1883, onze ans après que John Gast a peint son tableau. En 1872, le pont de Brooklyn était toutefois en construction depuis trois ans, d'après des plans établis cinq ans plus tôt. En le peignant sous la forme qu'il devait avoir, une fois le phénoménal chantier fini, Gast témoignait là aussi d'une ferme croyance dans le progrès – et dans le progrès par les transports.

Le second moyen qu'on avait mis au point pour utiliser les fleuves et les rivières, c'était de les relier à tout un système de canaux. La chose n'était alors ni nouvelle, ni spécialement occidentale (on s'en convaincra en rappelant l'existence, en Chine, du Grand Canal qui relie Pékin et Hanghzou, et dont les parties les plus anciennes ont plus de deux mille ans). Néanmoins, les canaux avaient pris une importance nouvelle au XIXe siècle avec l'invention du barrage mobile à fermettes et à aiguilles, qui permettait de canaliser les fleuves et les rivières et de les relier aux canaux. En amont du port de New York, représenté par John Gast, on avait ainsi inauguré, dès 1825, le canal de l'Érié, qui avait raccordé l'Atlantique aux Grands Lacs, puis, en 1829, le canal Welland, qui avait encore facilité les déplacements entre les côtes de la Nouvelle-Angleterre et l'intérieur du pays, en contournant les chutes du Niagara. Ce sont d'ailleurs ces deux canaux qui ont décidé du triomphe du port de New York sur celui de Boston.

Les canaux furent une des grandes passions du XIXe siècle. On en creusait partout. Trois ans avant que John Gast ne peigne son tableau, l'inauguration de l'un d'eux avait fait grand bruit : le canal de Suez. On connaît de multiples représentations de ces fêtes d'inauguration, à commencer par les gravures d'Édouard Riou, un dessinateur qui fut par ailleurs un des plus célèbres illustrateurs des romans de Jules Verne (cette même année 1869, il publiait les illustrations de *Vingt Mille Lieues sous les mers*). Parmi les journalistes qui ont couvert l'événement se trouvait en Égypte l'explorateur Henry Morton Stanley, à qui le *New York Herald* avait demandé un reportage sur la route qui devait le conduire en direction des rives du lac Tanganyika, à la recherche de Livingstone. L'existence du canal de Suez a eu de très grandes conséquences en termes géopolitiques. À l'époque, elle a d'abord été célébrée, en Occident, comme le moyen de réunir l'Orient et l'Occident ou, pour le dire encore comme Michelet, de réunir les deux moitiés de l'humanité[4]. Aucun autre chantier, sans doute, n'a eu au XIXe siècle une telle importance symbolique. Ce que prouvait le canal de Suez, c'était la capacité des moyens de communication modernes à unifier le monde entier, sous le signe du progrès.

Ces canaux et ces rivières canalisées étaient d'autant plus fascinants qu'ils accueillaient, ainsi qu'on le devine sur l'Hudson River dessinée par Gast, des bateaux à vapeur. L'Hudson River a d'ailleurs joué dans cette histoire un rôle important, puisqu'on s'accorde généralement à reconnaître à l'Américain Robert Fulton l'invention de la navigation à vapeur et c'est bien sur l'Hudson que Fulton a créé, en 1807, entre New York et Albany, la première ligne de passagers sur des navires à vapeur. Le triomphe de la vapeur a néanmoins mis un peu de temps à se préciser. Dès 1819, un premier navire, battant pavillon des États-Unis, franchissait l'Atlantique en s'aidant de la vapeur, mais son équipage n'a utilisé sa chaudière que trois jours sur les vingt-cinq de la traversée. Pendant plusieurs décennies, la fragilité et les inconvénients des roues à aube ont empêché d'utiliser la vapeur en pleine mer. Il a fallu attendre la mise

4. *Cf. supra*, chapitre 5.

au point de l'hélice propulsive, aux alentours de 1840, pour que les *steamers*, comme on les appelait, soient véritablement efficaces sur l'océan. Le plus célèbre de ces immenses navires est à coup sûr le *Great Eastern*, mis en service en 1859, et à bord duquel Jules Verne fit huit ans plus tard son seul voyage aux États-Unis. Jules Verne a été tellement impressionné par le gigantisme du navire qu'il en a tiré un petit roman, intitulé *Une ville flottante*. En réalité, ainsi qu'on peut le voir aussi sur le tableau de John Gast, les navires à vapeur furent également équipés de voiles jusque dans les années 1870, les machines n'étant pas jugées suffisamment fiables.

Ces machines à vapeur ont également bouleversé les transports terrestres, sous la forme d'une invention elle aussi bien visible sur le tableau de John Gast : les chemins de fer. La première ligne de circulation générale avait été ouverte en 1830 entre Manchester et Liverpool. L'origine britannique du phénomène a d'ailleurs conduit à imposer un peu partout dans le monde l'écartement standard des voies d'1,42 mètre, dans la mesure où la Grande-Bretagne avait exporté les premières locomotives, construites selon cette norme. Dès le milieu du siècle, les États-Unis d'Amérique détenaient le record mondial des voies ferrées (et en 1914, sur le million de kilomètres de voies très inégalement réparties à la surface du globe, ils en possédaient plus de 300 000). En 1869, trois ans avant la peinture de John Gast, la même année que l'inauguration du canal de Suez, avait d'ailleurs eu lieu aux États-Unis une cérémonie elle aussi très médiatisée. Le 10 mai, à Promontory Summit, dans l'Utah, on achevait le premier chemin de fer transcontinental américain. Ce jour-là, on plantait symboliquement le dernier clou sur cette voie ferrée et ce clou était en or. On comprend l'importance des trois trains dans le tableau de John Gast : il était désormais possible de traverser les États-Unis, de l'océan

Atlantique jusqu'à l'océan Pacifique, par le chemin de fer. Cette même année 1872, Jules Verne ne s'en privait pas, puisque Phileas Fogg et Passepartout, poursuivis par le détective Fix, empruntaient le chemin de fer transcontinental pour traverser le territoire des États-Unis dans *Le Tour du monde en quatre-vingts jours.*

J'ajoute que la cérémonie de Promontory Summit avait été retransmise en direct par le fil télégraphique à travers toutes les grandes villes des États-Unis. Et c'est évidemment le dernier point à considérer dans le tableau de John Gast – puisque, de sa main gauche, Columbia dévide le fil télégraphique depuis la côte atlantique et ce fil télégraphique suit assez précisément le trajet d'une ligne de chemin de fer. De fait, les lignes de télégraphie électrique étaient volontiers construites le long des voies ferrées. En 1838, la première ligne commerciale avait ainsi relié les gares britanniques de Paddington et de West Drayton. Les États-Unis ont d'ailleurs joué un rôle non négligeable dans le développement de la nouvelle technologie puisque c'est à un peintre américain, Samuel Morse, que l'on doit le code qui a rendu plus simple l'utilisation du télégraphe.

En 1872, au moment où John Gast peignait son tableau, l'enjeu était moins la pose du télégraphe terrestre que celle des lignes sous-marines. Depuis une vingtaine d'années, on s'était avisé que la gutta-percha permettait d'isoler convenablement les câbles et qu'il était donc possible de les dévider au fond des mers et des océans. Après un échec en 1851, on avait réalisé l'année suivante, entre Douvres et Calais, la première liaison sous-marine télégraphique au monde. Puis, en 1866, à l'issue de plusieurs tentatives infructueuses, on était parvenu à poser un câble à travers l'océan Atlantique – en utilisant, pour dévider des milliers de kilomètres de ce câble sous-marin, le fabuleux *Great Eastern*. En 1927, Stefan Zweig a compté cette histoire au nombre de ce qu'il appelait « les très riches heures de l'humanité », sous un beau titre : *Le premier mot qui traversa l'Océan.*

Dans la seule année 1870, on posait ainsi des câbles sous-marins entre Singapour et Batavia, Madras et Penang, Penang et Singapour, Suez et Aden, Aden et Bombay, Penzance et Lisbonne, Lisbonne et Gibraltar, Gibraltar et Malte, Malte et Alexandrie, Marseille et Bône, Bône et Malte, Salcombe et Brest, Beachy Head et Le Havre, Santiago de Cuba et la Jamaïque – et dans quelques autres endroits encore. Pour coordonner ces efforts, une Union télégraphique internationale avait été fondée à Paris en 1865. On considère aujourd'hui cette Union télégraphique comme la première instance internationale de régulation d'un réseau technique.

En Occident, ces réalisations étaient célébrées d'une façon extraordinaire. Dans *La Légende des siècles*, Victor Hugo consacrait un long poème au *Great Eastern.* « Pas de lointain pays qui pour lui ne fut près », écrit Hugo. À propos des chemins de fer, on parlait désormais de « révolution ». La figure du réseau s'imposait et, avec elle, la *ligne.* Les lignes de chemins de fer, les lignes télégraphiques, les lignes maritimes envahissaient les représentations des cartographes. En français, quand l'adjectif « mondial » a fait son apparition, aux alentours de 1890, ça a été précisément pour désigner les conséquences du processus d'unification du monde par les réseaux de transport et de communication.

En Europe et en Amérique, ce processus a été célébré comme un triomphe de l'Occident. Les ingénieurs, les diplomates, les grands capitalistes qui avaient permis de tels exploits apparaissaient comme les véritables héros du XIXe siècle. Certains avaient brillamment réussi, d'autres étaient morts dans la misère. Tous étaient proposés à l'admiration du public : le Britannique George Stephenson, inventeur de la locomotive

Rocket ; l'Américain Cyrus Field, qui s'était ruiné en finançant les premiers essais du câble transatlantique (et qui a donné son prénom au Cyrus Smith de Jules Verne dans *L'Île mystérieuse*) ; bien d'autres encore – qui, vous l'aurez noté, étaient tous des hommes blancs. Parmi eux, citons le Français Ferdinand de Lesseps, considéré comme le bâtisseur du canal de Suez et incarnation de l'imaginaire viril de cette révolution des transports. Le dessinateur Émile Carjat nous a laissé une caricature de Lesseps en Hercule, muni d'un énorme gourdin dans lequel il est difficile de ne pas voir un attribut de la virilité, de même qu'il est difficile, dans ce système de représentations, de ne pas percevoir la dimension sexuelle de l'acte consistant à percer un canal en direction d'un Orient représenté non par un sphinx, mais par une sphinge, dont la poitrine est bien visible sur le dessin de Carjat[5]. De fait, Lesseps incarnait assez bien l'idéal viril de l'époque, lui qui a eu dix-sept enfants, les douze derniers avec une femme qui avait quarante-trois ans de moins que lui. C'est cet homme qui était le héros de l'unification du monde, son canal permettant enfin aux navires à vapeur de voguer aisément d'Occident en Orient et d'Orient en Occident.

Comme en témoigne le tableau de John Gast, les transports et les communications étaient donc bien devenus la figure du progrès sous toutes ses formes. Grâce à eux parvenait la lumière de la raison et de la connaissance. Les taches blanches étaient appelées à disparaître des mappemondes. Les techniques nouvelles annonçaient un avenir meilleur, comme si un bien-être universellement partagé devait résulter, logiquement, des plus grandes facilités du déplacement. Certains prédisaient qu'un jour les frontières disparaîtraient. On attendait beaucoup

5. Sylvain Venayre, « Les valeurs viriles du voyage », dans Alain Corbin, Jean-Jacques Courtine et Georges Vigarello (dir.), *Histoire de la virilité*, tome 2, Paris, Seuil, p. 307-330.

de la navigation aérienne, de la navigation sous-marine. C'était le monde de Jules Verne et de ses héros, Robur le Conquérant ou le capitaine Nemo. On était convaincu qu'on percerait un jour le tunnel sous la Manche (les premiers travaux ont d'ailleurs débuté à la fin des années 1870). On envisageait de créer une mer de 8 000 kilomètres carrés dans l'intérieur de la Tunisie en perçant l'isthme de Gabès pour inonder un système de dépressions situées dans l'intérieur des terres mais au-dessous du niveau de la mer. En 1883, Ferdinand de Lesseps créait à Paris un Comité de la mer intérieure africaine. En 1905 encore, Jules Verne publia à ce sujet un roman, dans lequel il défendait le sérieux du projet : *L'Invasion de la mer*.

Tout cela constituait un imaginaire puissant. Lorsque Karl Marx a voulu exprimer le rôle des révolutions, qui n'étaient pas une petite chose de son point de vue, une métaphore s'est logiquement imposée à lui : les révolutions, disait-il, sont les « locomotives » de l'histoire. Lorsque Gustave Flaubert, qui partageait assez peu d'idées avec Karl Marx, a voulu ironiser sur la mystique du progrès à l'œuvre dans la révolution de 1848, il a imaginé (c'était en 1869 dans *L'Éducation sentimentale*) un tableau incongru qui représentait « la République, ou le Progrès, ou la Civilisation, sous la figure de Jésus-Christ conduisant une locomotive, laquelle traversait une forêt vierge ». On n'est pas si loin que cela du tableau de John Gast.

Critique du monde d'hier

Il me semble qu'on n'est plus là aujourd'hui – et qu'il faut même faire un effort pour essayer d'opérer la résurrection, comme dirait Michelet, de l'enthousiasme des Occidentaux du XIXe siècle pour les voyages, les transports et les communications. Ce n'est pas que nous ne voyageons plus, au contraire, ou que nous ne soyons pas fascinés par les transports et les communications modernes – il suffit de penser aux efforts déployés par une poignée de milliardaires pour créer un tourisme spatial ou, plus simplement, à l'addiction que nous développons à l'égard de nos smartphones. Mais nous n'associons plus aussi naïvement que les gens du XIXe siècle la plus grande facilité des transports et des communications et le progrès général de l'humanité. Il me semble même que nous leur en voulons désormais un peu de leur naïveté, à ces gens du XIXe siècle.

Cela a sans doute quelque chose à voir avec le fait que le XIXe siècle s'est récemment éloigné de nous. Quand j'étais jeune, je connaissais des gens qui avaient vécu au XIXe siècle. Mon arrière-grand-mère, que j'ai connue assez longtemps, était née en 1896. Le XIXe siècle m'était encore un peu présent. D'ailleurs, on en parlait comme du « siècle dernier » (une expression qui ne s'applique plus depuis 2001). À l'école, on nous faisait lire Jules Verne et la comtesse de Ségur et, par la suite, au collège et au lycée, Balzac, Hugo, Flaubert – et nos professeurs nous donnaient à voir une sorte d'apogée de la poésie quelque part entre Baudelaire et Rimbaud. Il me semble que c'est moins vrai aujourd'hui. Les écrivains du XIXe siècle ont cessé d'être les contemporains de la jeunesse. Ceux qui ont résisté au temps, et qu'on lit donc encore, ont rejoint leurs prédécesseurs des XVIIe et XVIIIe siècles. Pour mes étudiantes et mes étudiants, les écrivains du XIXe siècle sont plus proches de Racine et de Voltaire que de nos préoccupations actuelles. C'est un peu comme une falaise qui progressivement s'écroule dans la mer : les auteurs du XIXe siècle, qui pouvaient encore passer pour nos contemporains il y a une trentaine d'années, se sont brusquement effondrés dans le passé. La lecture de Jules Verne, pour ne parler que d'elle, a presque disparu en l'espace de deux générations.

Nous ne regardons plus exactement le XIXe siècle comme le temps des origines glorieuses de notre présent – le siècle de Victor Hugo et de Louis Pasteur, dans le cas français, le siècle où se sont enracinées nos institutions politiques, à commencer par la République. Nous le regardons différemment. Nous le regardons comme nous pouvons regarder, à présent, le petit tableau de John Gast.

Considérons-le en effet non pas avec les yeux de son auteur et de ses contemporains, mais avec nos yeux du début du XXIe siècle. Alors on sera évidemment gêné et énervé par beaucoup de choses, à commencer par la place qu'y occupent les femmes. Certes, c'est une femme qui figure en son centre, mais elle est une allégorie. On devine quelques présences féminines à l'intérieur des chariots. Mais elles sont presque invisibles et – si l'on se concentre sur les personnages occidentaux – ce sont des hommes qui montent les chevaux, labourent la terre, conduisent les diligences et, très vraisemblablement, les trains et les navires à vapeur. C'était le cas à l'époque mais justement il convient de tirer toutes les conclusions du choix de célébrer le progrès par le biais des transports et des communications. Le progrès était alors une affaire toute virile. Si les femmes étaient embarquées dans le grand voyage du progrès, elles n'en étaient pas les actrices – mais des passagères. De fait, le XIXe siècle, industriel et capitaliste, a distingué plus fortement que jamais l'ordre de la production, qui était l'affaire des hommes, et l'ordre de la reproduction, qui était celle des femmes. Or l'implicite de la reproduction est de produire à l'identique, comme on a toujours produit – et ce grand partage des rôles éloignait les femmes de l'imaginaire du progrès.

On doit également constater, en regardant avec nos yeux du XXIe siècle le tableau de John Gast, la mise en scène du grand partage entre les animaux domestiques, bœufs et chevaux, et les animaux sauvages – ours, coyotes et surtout bisons, chassés du territoire nord-américain afin que le progrès puisse s'y établir. Nous connaissons bien, aujourd'hui, les conséquences de cette chasse – non pas l'expulsion, comme pourrait le donner à penser la mise en scène de la fuite vers l'Ouest, mais ce mot terrifiant : l'extermination. Nous savons que les troupeaux de bisons ont été abattus en masse, notamment pour nourrir les ouvriers qui travaillaient aux chantiers des chemins de fer. Et lorsque ces chantiers ont été finis, les tueries ont continué, facilitées par la possibilité de tirer depuis les fenêtres des wagons. Je l'ai déjà dit et je le répète : des 60 millions de bisons qui peuplaient l'Amérique du Nord aux alentours de 1800, il n'en restait plus, vers 1900, que quelques milliers.

Nous connaissons aussi l'avenir de ces bœufs conduits dans les Grandes Plaines des États-Unis d'Amérique pour y remplacer les troupeaux de bisons. Grâce au chemin de fer, il fut en effet possible de spécialiser d'immenses régions et d'engager ainsi un rapide processus d'industrialisation de l'élevage et, du même coup, de l'abattage. Dans les États-Unis de la fin du XIXe siècle, c'est par trains entiers qu'on acheminait les bêtes depuis les Grandes Plaines jusqu'à Chicago devenu le terminus, dans tous les sens du terme, d'un nombre incalculable de bœufs – mais aussi de porcs, absents du tableau de Gast. Du point de vue animal, il est difficile de considérer le XIXe siècle comme un siècle de progrès. Or ce point de vue nous importe aujourd'hui, plus que jamais, de la même façon que nous importent les atteintes faites à ce que nous appelons l'environnement – ce que les gens du XIXe siècle appelaient la nature.

Les fumées crachées par les locomotives peintes par John Gast, par exemple, nous émeuvent différemment qu'au XIXe siècle. Sans doute les premiers trains avaient-ils alimenté les anxiétés. On s'amuse parfois d'un célèbre rapport de 1836, dans lequel le savant français François Arago soulignait les graves dangers encourus par les voyageurs dans les tunnels, à cause de la fumée des locomotives. Mais les gens du XIXe siècle étaient tout de même moins naïfs que nous le supposons parfois. Un grand nombre d'entre eux avaient parfaitement conscience des pollutions nouvelles entraînées par l'industrialisation. Cette prise de conscience s'est accélérée à notre époque avec l'identification du changement climatique d'origine anthropique et des problèmes posés par l'épuisement des énergies non renouvelables, à commencer par le charbon. Les gens du XIXe siècle éprouvaient parfois une certaine méfiance vis-à-vis du chemin de fer. Mais ce qui leur faisait peur relevait de l'imaginaire de l'accident – à l'image du célèbre accident de Meudon lorsque, en 1842, l'explorateur Jules Dumont d'Urville, de retour de l'Antarctique, a trouvé la mort dans l'incendie de son wagon de chemin de fer. Au début du XXIe siècle, nous ne regardons plus exactement de la même façon ces locomotives à vapeur. Elles sont devenues un des symboles de l'entrée de la Terre dans une nouvelle époque, cette époque où les activités humaines ont des conséquences visibles et mesurables sur la planète elle-même – cette époque que l'on nomme parfois l'anthropocène.

Enfin, il est impossible de considérer aujourd'hui, avec la même impassibilité que John Gast, le sort des Amérindiens – d'ailleurs lié à celui des bisons, dont l'extermination servait la cause du gouvernement des États-Unis (comme le disait le général Sheridan, le massacre des bisons a plus fait que les opérations militaires pour régler le « problème » posé par les Amérindiens). Ici, il faut considérer deux choses.

La première est l'impression générale que produit un tel tableau, qui nous donne le sentiment d'un Occident parti à la conquête du reste du monde pour le peupler en le civilisant. L'impression n'est pas entièrement fausse, bien sûr, y compris du point de vue démographique. L'Europe effectuait alors sa transition démographique, en avance sur le reste du monde – et un des résultats fut que les Européens, qui constituaient un cinquième de la population du globe en 1800, en représentaient un quart en 1900. Une partie de cet excédent démographique a évidemment fourni les moyens de ces migrations transcontinentales, dont l'essentiel a concerné l'Amérique du Nord. Cependant, à l'échelle du monde, ces migrations, dites « blanches », ont été minoritaires. Tout au long du XIXe siècle, la majorité des migrations internationales ne concernait pas l'Europe. Pensons à ces Chinois, partis eux aussi pour l'Amérique du Nord, mais en passant par la Californie – où ils ont d'ailleurs fourni une main-d'œuvre importante pour la construction des voies ferrées dessinées par John Gast, mais selon une orientation qui n'est pas celle du tableau, puisque ces travailleurs étaient arrivés par l'ouest et que les voies ferrées qu'ils ont contribué à construire étaient donc parties de l'ouest (une réalité que John Gast ne peint pas, car elle contredirait sa vision de l'histoire, selon laquelle la lumière vient de l'Est). Ces migrations chinoises en Amérique du Nord étaient parfaitement connues des Occidentaux du XIXe siècle – et pas toujours en bien, d'ailleurs, puisqu'à partir des années 1870, on parlait même, à leur propos, de « peste jaune » (en 1879, Jules Verne en fera un des éléments de son roman *Les Tribulations d'un Chinois en Chine*). Mais elles échappèrent au genre de représentations glorieuses de John Gast. La réalité des migrants indiens et chinois partis s'établir tout autour de l'océan Indien, et jusqu'en Amérique du Sud, a ainsi été longtemps absente des considérations historiques occidentales.

Il faut en dire autant d'une absence si incroyable, dans ce tableau, qu'elle peine à nous sauter aux yeux. Alors même que la guerre de Sécession était finie depuis sept ans seulement, que l'esclavage était enfin aboli dans les États-Unis d'Amérique et que les Africains-Américains y étaient soumis aux terribles lois « Jim Crow », qui organisaient la ségrégation, aucun d'entre eux, homme ou femme, n'y est représenté. Le sujet même de la peinture aurait pourtant pu y conduire, dans toute son injustice : certains de ces Africains-Américains avaient été recrutés par l'armée fédérale pour faire la chasse aux Amérindiens, dans le cadre de ces régiments particuliers qu'on surnommait les « *Buffalo Soldiers* ». Mais non : quel que soit le sens de leur action, les Africains-Américains, pour plusieurs décennies encore, n'allaient pas être des personnages de l'histoire des États-Unis, telle que l'envisageaient John Gast et son commanditaire.

La seconde chose à considérer, en observant les Amérindiens de John Gast, c'est qu'on n'oubliera pas, aujourd'hui, que les progrès des transports et des communications ont aussi été, au XIXe siècle, comme dans le cas de la conquête de l'Ouest américain, le moyen de la domination militaire occidentale sur le reste du monde. Les canaux, les navires à vapeur, les voies ferrées, les fils télégraphiques ont permis de porter la guerre plus loin que jamais. Les navires à vapeur, en particulier : leur faible tirant d'eau les autorisant à remonter profondément en amont des fleuves, ils ont été le premier moyen des innombrables expéditions lointaines que la plupart des États européens ont conduites au XIXe siècle. Sans compter que, grâce au canal de Suez, il était devenu plus facile d'envoyer des soldats d'Europe en Asie : la conquête de l'Indochine par la France, pour ne citer qu'un seul exemple, en procède en grande partie.

Les gens du XIXe siècle en étaient bien conscients. Dans son *Dictionnaire des idées reçues*, rédigé dans les années où John Gast peignait son tableau, Gustave Flaubert écrivait, à l'article « Chemins de fer » : « si Napoléon les avait eus à sa disposition, il aurait été invincible ! » Certes, au XIXe siècle, un peu partout dans le monde, les inaugurations de lignes de chemins de fer manifestèrent la marche en direction de l'unification de l'humanité. Ce fut le cas dès les années 1850 dans l'Algérie française comme dans l'Inde britannique. En 1898, l'ouverture de la voie ferrée Matadi-Léopoldville, en permettant de contourner l'obstacle des cataractes du fleuve Congo, était également censée manifester les bienfaits de la politique du roi des Belges dans la région. Mais, au-delà de ces célébrations toutes pacifiques, on n'oubliera pas les terribles effets de domination de cette politique. Non seulement les infrastructures de transport et de communication étaient pour les Occidentaux des outils de contrôle des territoires lointains, mais leur construction même passait par tout un ensemble de servitudes, depuis la corvée imposée aux ouvriers égyptiens dans les premiers temps de la construction du canal de Suez jusqu'au travail forcé des porteurs dans l'Afrique subsaharienne. La construction du chemin de fer Matadi-Léopoldville, par exemple, a mobilisé 60 000 porteurs. Dans les années 1920 encore, la construction du chemin de fer Congo-Océan, en territoire français, a impliqué plus de 120 000 porteurs – et causé directement la mort de 20 000 d'entre eux.

Tout cela rend compliqué, aujourd'hui, l'appréciation tranquille du XIXe siècle. Même sur un sujet *a priori* aussi consensuel que les voyages, il est difficile de poser le regard serein et plein de certitudes qui était celui de John Gast en 1872. Où va le XIXe siècle ? La question a un air bizarre. Elle est pourtant posée dans les termes mêmes du XIXe siècle – cette époque où le progrès était représenté comme un voyage et où les conditions du voyage constituaient des preuves du progrès. Nous n'avons sans doute jamais autant voyagé et jamais autant communiqué qu'aujourd'hui – ce qui fait de nous, incontestablement, des héritiers de la révolution des transports et des communications du XIXe siècle. Cependant, nous ne considérons plus cette révolution de la même façon que les gens du XIXe siècle (et qu'une grande partie des gens du XXe siècle). Face aux locomotives et aux navires à vapeur, nous avons un peu la même réaction que ceux qui, aujourd'hui, veulent faire disparaître certaines statues de l'espace public, tout en utilisant pour désigner leur action politique cette métaphore du « déboulonnage » qui date précisément de l'époque qu'ils contestent. Nous voyons bien l'envers de la révolution des transports et des communications – cette partie sombre, à gauche, du tableau de John Gast, mais aussi certains aspects de sa partie claire, à commencer par les significations environnementales de la vapeur et les significations politiques de l'absence des Africains-Américains. Mais nous ne voulons pas non plus renoncer à ce qui était d'emblée posé, dès le XIXe siècle, comme les possibles conséquences heureuses de cette révolution.

Si je cherche un mot qui, aujourd'hui, permettrait de rendre compte de notre inconfort vis-à-vis de cette révolution des transports et des communications au XIXe siècle, je crois que ce serait : *steampunk*. Ce courant littéraire et esthétique, né aux États-Unis à la fin des années 1980, imagine ce qu'aurait été le monde s'il en était resté à la première révolution industrielle – si le voyage de l'humanité avait continué à se faire uniquement grâce à la vapeur et aux boulons. Pour les tenants du *steampunk*, dont Jules Verne, que j'ai souvent cité, constitue une sorte de figure tutélaire, rien n'est aussi fascinant que les futurs non advenus du XIXe siècle : celui des ballons dirigeables à vapeur, par exemple, ou celui des automobiles à vapeur. Le cinéma a volontiers accueilli le *steampunk* : songeons, pour rester dans l'Ouest américain, au *Wild Wild West* de Barry Sonnenfeld en 1999. La bande dessinée aussi : ainsi *La Ligue des gentlemen extraordinaires* d'Alan Moore et Kevin O'Neill, dont les premières aventures, qui font la part belle au capitaine Nemo de Jules Verne, ont également été publiées en 1999. Après tout, ce n'est peut-être pas un hasard si ces deux œuvres datent de 1999, c'est-à-dire juste avant que le XIXe siècle ait cessé d'être, à nos yeux, le « siècle dernier ». On allait désormais voir celui-ci de moins en moins comme l'origine de notre monde et de plus en plus comme le temps d'une modernité exotique et désuète, celle-là même que met en scène l'esthétique *steampunk* – une modernité qu'il faut comprendre et interpréter pour mieux la dépasser. Je ne sais pas s'il est utile de « déboulonner » les statues de l'espace public. Certes, il convient de prendre ses distances par rapport aux images que le XIXe siècle nous a imposées – ces images qui, comme le tableau de John Gast, impliquaient une vision partielle et partiale de l'histoire de l'humanité. Mais, plutôt que de les occulter ou de les enfouir, il vaut peut-être mieux au contraire les montrer et, patiemment, expliquer les méthodes de leur construction et la dynamique de leurs effets : moins un déboulonnage symbolique, si l'on veut, que ce que nous pourrions appeler, à propos du siècle du boulon, une leçon de mécanique. C'est au prix de cet effort que nous pourrons continuer à tirer, avec et malgré lui, des enseignements du XIXe siècle.

Remerciements

Depuis trente ans que je travaille sur l'histoire de l'aventure, du voyage et de l'éloignement, j'ai eu l'occasion d'être invité à prononcer des communications et des conférences devant des publics très variés. Certaines d'entre elles ont fourni la matière ce livre. Je leur ai adjoint quelques textes écrits à l'occasion de commandes originales. Pas mal d'autres ont été écartés afin de conférer à l'ensemble du propos le maximum de cohérence. Tous ont été réécrits, parfois presque entièrement – non seulement pour tenir compte de la bibliographie récente, mais aussi parce que je fais partie de ces auteurs inquiets, qui ne peuvent s'empêcher de corriger leurs textes jusqu'à la veille de leur impression. Pour toutes ces opportunités qui m'ont été données, je tiens à remercier :

Pour l'introduction, Valérie Hannin, qui m'a commandé un article sur les conséquences de la pandémie de Covid-19 dans le cadre du numéro spécial « Comment une pandémie change le monde » du magazine *L'Histoire* (« Un monde sans voyages », *L'Histoire*, n° 475, septembre 2020, p. 54-57).

Pour le chapitre 1, Marie-Ève Thérenty, qui m'a invité en 2006 à une journée d'étude sur l'*Itinéraire de Paris à Jérusalem* de Chateaubriand à l'université Paul-Valéry de Montpellier (« Les figures du voyageur dans l'*Itinéraire de Paris à Jérusalem* de Chateaubriand », *Fabula*, 2006 [On line]. URL : http://www.fabula.org/colloques/document398.php).

Pour le chapitre 2, Catherine Mariette, qui m'a invité en 2016 à un colloque de l'université de Grenoble sur la pratique de l'histoire de Stendhal (« *Mémoires d'un touriste* : Stendhal, voyageur et historien ? », *Recherches & Travaux, 2017* [On line]. URL : http://journals.openedition.org/recherchestravaux/890).

Pour le chapitre 3, Guillaume Pinson et Marie-Ève Thérenty, qui m'ont invité en 2015 au premier congrès Médias 19 à Paris (« "MM. les voyageurs sont invités à replacer la planchette et le journal à l'endroit qui leur est assigné dans la voiture" : la littérature de la route et le journal gratuit », *Médias 19*, 2017 [On line]. URL : http://www.medias19.org/index.php?id=22702).

Pour le chapitre 4, les organisateurs du colloque de l'université de Strasbourg, lequel avait pour objet en 2007 les formes du voyage (« Catholicisme, romantisme et tourisme : le pèlerin en France de 1815 à 1870 », dans D. Dinet, J.-N. Grandhomme et I. Laboulais (dir.), *Les Formes du voyage. Approches interdisciplinaires*, Strasbourg, Presses universitaires de Strasbourg, 2010, p. 79-92).

Pour le chapitre 5, Daniel Lançon et Patrick Née, qui m'ont invité en 2008 au colloque de Cerisy consacré à la notion d'Ailleurs (« L'Ailleurs dans la pensée historique de Jules Michelet », dans *L'Ailleurs depuis le romantisme. Essais sur les littératures en français*, Paris, Hermann, 2009, p. 147-168).

Pour le chapitre 6, Geneviève Rudolf, à la demande de qui j'ai rédigé l'introduction à la somptueuse réédition du livre de David Roberts, *Terre Sainte. Syrie, Idumée et Arabie* (2 vol., Paris, Citadelles & Mazenod, 2014).

Pour le chapitre 7, Pierre Gaudin et Claire Reverchon, qui m'ont demandé un texte pour accompagner les photographies de Robert Escomel (« "Aller chercher des images, voilà tout" », dans *Impressions d'Orient*, Paris, Créaphis, 2015, p. 5-15), texte qu'ils ont réédité en 2020 sous la forme d'un petit livre intitulé *Écrire ou photographier. Flaubert et Du Camp en Égypte* (Paris, Créaphis, 2020).

Pour le chapitre 8, Martine Lavaud et Marie-Ève Thérenty, qui m'ont invité en 2007 à la journée d'étude de l'université Paul-Valéry de Montpellier consacrée à Théophile Gautier et la contrainte médiatique (« Les Recueils de Gautier *reporter* ou la mise en forme d'un art du voyage », *Bulletin de la Société Théophile Gautier*, n° 30, 2008, p. 145-164).

Pour le chapitre 9, François Moureau, qui m'a invité en 2000, au nom du Centre de Recherches sur la Littérature des Voyages de l'université Paris-IV, au colloque de La Napoule sur l'aventure maritime (« Gustave Aimard et la flibuste : un phénomène de sédimentation culturelle dans les années 1860 », dans S. Linon-Chipon et S. Requemora (dir.), *Les Tyrans de la mer. Pirates, corsaires et flibustiers*, Paris, Presses de l'Université de Paris-Sorbonne, 2002, p. 389-402).

Pour le chapitre 10, Christophe Reffait et Alain Schaffner, qui m'ont invité en 2005 au colloque de l'université d'Amiens sur Jules Verne (« Les motifs du retour dans les *Voyages extraordinaires*. Étude des fins de romans de Jules Verne », dans *Jules Verne ou les inventions romanesques*, Amiens, Encrage Université, 2007, p. 219-232).

Pour le chapitre 11, à nouveau François Moureau, qui m'a invité en 1999, toujours au nom du Centre de Recherches sur la Littérature des Voyages de l'université Paris-IV, au colloque de La Napoule sur la poésie et le voyage (« Écriture poétique et mystique de l'aventure : le silence de Rimbaud (1880-1940) », dans S. Linon-Chipon, V. Magri-Mourgues et S. Moussa (dir.), *Poésie et voyage. De l'énoncé viatique à l'énoncé poétique*, Château de La Napoule, Éditions La Mancha, 2002, p. 237-250).

Pour le chapitre 12, Sabine Melchior-Bonnet, qui m'a confié la rédaction du chapitre consacré au voyage de noces pour la somme qu'elle a codirigée sur l'histoire du mariage (« L'avènement du voyage de noces (XIXe-XXe siècle) », dans

S. Melchior-Bonnet et C. Salles (dir.), *Histoire du mariage*, Paris, Robert Laffont, coll. « Bouquins », 2009, p. 757-778).

Pour le chapitre 13, mon maître Alain Corbin, qui m'a commandé une recherche sur les grandes chasses pour le volume qu'il dirigeait sur l'histoire des émotions (« Le temps des grandes chasses », dans A. Corbin, J.-J. Courtine et G. Vigarello (dir.), *Histoire des émotions*, tome 2, Paris, Seuil, 2016, p. 257-276).

Pour le chapitre 14, Jean-Marie Seillan, qui m'a invité en 2008 au colloque de l'université de Nice sur l'aventure coloniale (« "L'aventure coloniale", entre littérature et histoire », dans *L'Aventure coloniale*, Paris/Pondichéry, Kailash, coll. « Cahiers de la S.I.E.L.E.C. », 2011, p. 9-27).

Pour le chapitre 15, le musée Albert-Kahn, qui m'a proposé de participer au catalogue de l'exposition *Autour du monde* (« Voyages et images : l'insoluble problème du tour du monde (XVIe-XIXe siècles) », dans *Autour du monde*, Paris, Liénart, 2022, p. 113-119).

Pour le chapitre 16, Franck Laurent, avec qui j'ai codirigé deux numéros de la revue *Écrire l'Histoire* consacrés à la notion d'Ailleurs (« L'historien ailleurs », *Écrire l'Histoire*, n° 7, 2011, p. 9-22).

Pour le chapitre 17, mon éditeur et ami Claude Gendrot, qui m'a demandé une postface pour l'adaptation du *Nostromo* de Joseph Conrad en bande dessinée (« Notre homme et le monde nouveau » dans Maël, *Nostromo*, tome 1, Paris, Futuropolis, 2024, p. 120-125).

Pour la conclusion, Jean-Noël Jeanneney et Alain Rousset, qui m'ont fait l'honneur de me confier en novembre 2021 la conférence inaugurale du festival du film d'histoire de Pessac (dont le thème était *Le XIXe siècle, à toute vapeur !*), publiée ici pour la première fois.

Pour l'ensemble, mes éditrices, Blandine Genthon, qui a eu l'astucieuse idée de la forme de ce livre, Léa Souquet-Basiège, dont les habiles suggestions ont permis d'en assurer la cohérence, et Claire Martz, qui a entrepris de le faire connaître alors même qu'il n'était pas encore imprimé.

Table des matières

L'éditeur de cet ouvrage s'engage dans une démarche éco-responsable
en utilisant des papiers issus de forêts gérées durablement
www.cnrseditions.fr

Cet ouvrage est imprimé avec des encres végétales
sur papiers certifiés PEFC, Munken Print White 80 g/m^2 pour l'intérieur
et Carte couchée 1 face Invercote G 240 g/m^2 pour la couverture.

Achevé d'imprimer en août 2025
sur les presses de la Nouvelle Imprimerie Laballery
58500 Clamecy
Dépôt légal : septembre 2025
N° d'impression : 507740

Imprimé en France

Composition et mise en pages
Le vent se lève... à Rioux-Martin (16)